LES
SAULX-TAVANES

TYPOGRAPHIE FIRMIN-DIDOT. — MESNIL (EURE).

LES
SAULX-TAVANES

ÉTUDES

SUR

L'ANCIENNE SOCIÉTÉ FRANÇAISE

LETTRES ET DOCUMENTS INÉDITS

PAR

L. PINGAUD

PROFESSEUR A LA FACULTÉ DES LETTRES DE BESANÇON

PARIS

LIBRAIRIE DE FIRMIN-DIDOT ET CIE

IMPRIMEURS DE L'INSTITUT, RUE JACOB, 56

1876

Tous droits réservés

INTRODUCTION

L'ancienne société française n'est plus ; on peut en prononcer l'oraison funèbre, on ne saurait guère encore en écrire l'histoire. Ce qui faisait la force et la vie de cette société, c'était la famille ; or nous sommes encore, si je puis dire, sous le coup de la réaction révolutionnaire, nous ne voyons dans le passé que ses abus, heureusement détruits. Nous commençons seulement à nous rappeler ce qu'avait de vraiment grand la famille d'autrefois ; à peine pouvons-nous donc la comprendre et la juger équitablement.

Qu'était-ce en effet qu'une famille dans l'ancienne France ? Elle ne durait pas comme aujourd'hui l'espace d'une génération ; c'était un être de raison qui survivait aux individus, qui conservait d'âge en âge les mêmes traditions, la fidélité aux mêmes souvenirs ; c'était l'arbre qui étendait et multipliait sans cesse ses rameaux, mais qui ne cessait de leur distribuer, autour d'un tronc commun, la même séve. L'arbre généalogique était plus qu'un *memento*, c'était un symbole.

Au plus grand nombre, aux familles qui se contentaient de l'honneur dans une vie obscure, le *livre de raison* servait d'histoire. Testaments, mentions de naissance et de décès illustrés de pieux commentaires, comptes de recettes et de dépenses, affaires de la commune et de l'État, tous les actes, tous les sentiments, tous les intérêts qu'abrite le foyer domestique y trouvaient leur expression. Plusieurs publications récentes nous ont fait lire dans ces registres intimes. En subissant le grand jour auquel ils n'étaient pas destinés, ces mémoriaux sont devenus un témoignage historique. Nous visitons maintenant avec une curiosité émue la maison de nos ancêtres jusque dans ses moindres recoins, nous entendons pour ainsi dire jusqu'à leurs pensées et jusqu'aux battements les plus secrets de leur cœur.

Il est aussi d'autres familles qui, de génération en génération, ont connu la gloire. Celles-là avaient à tâche de compter toujours quelqu'un des leurs dans la vie publique; un soldat, un magistrat, un savant ou un homme d'église au service du pays. Noblesse oblige, y disait-on; la noblesse, c'était un aïeul qui avait rendu le nom illustre, et sur les traces duquel on s'efforçait de marcher. Ainsi vécurent presque toutes nos grandes familles de robe ou d'épée; elles conservaient leurs archives, leurs titres d'alliance ou de propriété, leurs correspondances, comme autant de témoignages qui servaient à confondre leurs annales domestiques avec celles de la patrie. Parmi elles il s'élevait parfois un personnage considérable par ce qu'il avait fait ou vu, qui prenait la plume et qui écrivait ses Mémoires. Les Mémoires, je le sais, ne méritent pas une confiance absolue, car l'amour-propre les a inspirés, et l'amour-propre ne vit que rarement, comme par hasard, en bons termes avec la vérité. De telles œuvres sont néanmoins précieuses, pour peu qu'elles soient contrôlées et éclaircies par d'autres documents. Les lettres, quel que soit leur caractère, dépêches politiques ou effusions privées, apportent une lumière incomparable à l'historien; car elles offrent l'expression vivante, spontanée de la pensée de leur auteur, sans l'intermédiaire d'un apologiste suspect. Que de trésors domestiques, aujourd'hui amoindris ou mutilés, qui nous révéleraient davantage la vieille France, si le temps les avait épargnés ou s'ils étaient mis sous nos yeux! Que d'enseignements utiles offrirait leur contemplation! C'est avec l'espoir d'intéresser à ce double titre qu'on a étudié ici l'histoire de la maison de Saulx-Tavanes, depuis le seizième siècle jusqu'à la Révolution française.

Cette maison, l'une des plus illustres de la Bourgogne, sort de l'obscurité au lendemain des temps féodaux. Elle a eu pour tige un maréchal de France redouté à la guerre, bien vu à la cour, tout-puissant dans sa province. Gaspard de Saulx est assurément, sous le règne de Charles IX, un des capitaines les plus renommés, un des adversaires les plus ardents de la Réforme. Après lui, ses deux fils, Guillaume et Jean, représentent en face l'un de l'autre les deux partis qui divisèrent un moment la France catholique, l'un fidèle à tout prix au roi, quel qu'il fût, l'autre serviteur ardent des princes lorrains et de la sainte Ligue : ils se combattent à outrance dans le champ-clos de leur province natale. Puis, au temps d'Henri IV et de Louis XIII, ils se recueillent, ils disparaissent de la scène du monde, et, quittant l'épée pour la plume, ils rédigent leurs précieux mémoires. Mais vienne la Fronde, cette dernière insurrection d'une classe qui prenait plus au sérieux les faveurs de la cour que ses anciens priviléges, et nous trouverons un arrière-petit-fils du maréchal, Jacques, debout aux côtés du grand Condé, capitaine d'aventure comme son aïeul et son grand-oncle, comme eux réduit à combattre un de ses parents, comme eux enfin mettant, par ses Mémoires, la postérité dans la confidence de ses exploits.

Cependant le siècle de Louis XIV s'écoule; les Saulx-Tavanes rentrent malgré eux dans leur obscurité. Cette race de ligueurs et de frondeurs ne s'habituera que lentement à la vie de cour. Elle y entre pleinement au dix-huitième siècle. Son chef, Henri-Charles, est alors lieutenant général en Bourgogne comme Gaspard de Saulx; mais les luttes qu'il y soutient ne sont plus, comme au temps des guerres de religion, de celles où l'on fait bon marché de sa vie : ce sont de petites querelles de préséance où le point d'honneur est engagé plus que l'honneur, et que perpétue sans se lasser la vanité des corporations ou des hommes. A côté du lieutenant général, son frère s'élève aux plus hautes dignités ecclésiastiques. Dans le même temps, les deux marquis de Tavanes-Mirebel réveillent par leurs malheurs ou leurs fautes l'intérêt jadis attaché à leur nom : tous deux condamnés à mort, l'un pour meurtre, l'autre pour rapt; celui-ci héros des plus singulières aventures, qui tiennent à la fois du roman historique et du drame judiciaire.

La dignité ducale, conférée en 1786 au chef de la maison de Saulx, jeta un dernier éclat sur cette race, qui ne survécut guère à la Révolution de 1789.

Ainsi vécut cette illustre famille, du seizième au dix-neuvième siècle. Nous avons essayé de la faire revivre, en esquissant une série de portraits où l'on trouvera, sinon l'intérêt, au moins la variété. Nous avons pu mettre à contribution, outre les Mémoires connus de Jean, de Guillaume et de Jacques de Saulx, des documents inédits assez nombreux : il nous suffira d'indiquer entre autres la correspondance politique du maréchal de Tavanes, et, dans un autre ordre d'idées, les curieux Mémoires de la dernière duchesse de Saulx sur l'émigration.

Dirons-nous que ces souvenirs offrent dans leur ensemble de sérieuses leçons à recueillir? On en jugera. Peut-être en tout cas y verra-t-on quelque chose de plus qu'une galerie où défile une suite de personnages d'attitude et d'expression diverses. Telle peinture sans valeur acquiert du prix par ce qui l'entoure : un portrait dédaigné à juste titre dans une boutique de brocanteur redeviendra,

INTRODUCTION.

sous son cadre armorié et dans une collection de famille, un trésor; ce sera une page médiocre mais nécessaire au milieu d'une œuvre unique. Et en vérité l'histoire d'une famille illustre offre presque l'aspect d'une biographie, car le même nom, l'unité de pensée sous la diversité apparente des faits se représentent à toutes les pages ; en traversant les siècles, elle offre l'image d'un homme subissant les diverses conditions de la vie, et conservant sa *personnalité*, comme on dit aujourd'hui, au milieu des circonstances qui changent autour de lui et influent sur ses actions. Dans un autre sens, cette histoire est un peu un chapitre de l'histoire générale du pays. Ainsi, pour nous en tenir à notre sujet, en faisant passer devant nous, l'un après l'autre, les principaux membres de la maison de Saulx, ne verrons-nous pas apparaître, à propos de chacun d'eux, les principaux faits de nos annales : la Réforme, la Ligue, la Fronde, la Révolution? L'horizon qu'ils ont connu est celui sous lequel s'est déroulée notre histoire politique et militaire; leur nom évoque les souvenirs terribles, glorieux ou frivoles de la Saint-Barthélemy, de Rocroy, de la cour de Louis XV : on est transporté tour à tour au milieu des agitations de la politique, du tumulte de la guerre, des incidents de la vie de province, des tourments de l'exil; puis, quand la vieille monarchie s'écroule, la maison de Saulx-Tavanes ne tarde pas à disparaître. Est-ce trop dire que, toute proportion gardée, l'histoire de cette noble race reproduit, dans un cadre restreint, l'histoire de la société française, de la vieille France elle-même?

LES SAULX-TAVANES

CHAPITRE PREMIER

LES GUERRES D'ITALIE ET DE RELIGION
(1509-1562)

GASPARD DE SAULX (1).

I.

Les maisons de Saulx et de Tavanes. — Gaspard de Saulx; son origine, sa naissance (1509), ses premières armes. — Sa faveur auprès du duc d'Orléans. — La *bande enragée des enfants de France*. — Mariage de Gaspard (1546). — Son portrait. — Sa situation en Bourgogne et à la cour d'Henri II. — Part qu'il prend à l'occupation de Metz. — Il est gouverneur de Verdun. — Son brillant fait d'armes à Renty. — Il est nommé lieutenant général en Bourgogne (1556). — Sa campagne en Italie à la suite du duc de Guise. — Le bastion de Saulx à Dijon.

Au commencement du seizième siècle, Gaspard de Saulx-Tavanes réunit sur sa tête les noms de deux familles illustres au moyen âge.

L'auteur de ses Mémoires affirme qu'un certain Faus-

---

(1) Les sources principales pour la vie de Gaspard de Saulx sont :
Manuscrits :
1° Sa correspondance (à la Bibliothèque nationale, manuscrits français 4630-

tus *continuait* déjà, vers l'an 214, l'antiquité de la race de Saulx, et comptait parmi les premiers chrétiens de la Bourgogne ; que ses descendants, au temps de Charlemagne, s'allièrent aux rois de Bohême. Il eût dû se contenter de nommer Gui de Saulx, qu'on sait avoir vécu au XIe siècle, et qui est le fondateur authentique de sa maison. Après lui, les Saulx tinrent constamment les premiers emplois à la cour et dans les armées des ducs de Bourgogne (1). Jean, qui mourut sous le règne de François Ier, fut le père de notre héros.

Il avait épousé Marguerite de Tavanes, dernière héritière d'une famille du comté de Ferrette, dont la légende a également illustré les origines. Un roi d'Alsace, époux d'une princesse d'Écosse, aurait établi cette famille

---

4641), et un certain nombre de pièces dans les portefeuilles Fontette, surtout 36 A, 40.

2° Les Registres de la chambre de ville de Dijon.

3° Les Papiers de Saulx (Archives de la Côte-d'Or) ne contiennent sur lui qu'un très-petit nombre de pièces.

Imprimés :

1° **Les *Mémoires* dits *de Tavanes***, imprimés d'après l'édition originale (sans date) dans les collections Petitot, Michaud et Poujoulat, Buchon. Nous les avons cités d'après l'édition originale.

2° *Mémoires de Guillaume de Tavanes*, liv. I.

3° *Correspondance de la Mairie de Dijon*, t. II (publiée récemment par M. J. Garnier dans les *Analecta Divionensia*).

4° *Mémoires de Castelnau* (avec additions de Le Laboureur), *de Claude Haton, de François de Guise*, etc. ; surtout *Brantôme* (Édit. de la Société de l'Histoire de France, t. V.)

5° Théodore de Bèze, *Histoire ecclésiastique*, livres V et XV ; de Thou, *Histoire universelle*, liv. XXXI et sq.

6° *Histoire de Châlon-sur-Saône*, par Perry ; l'*Illustre Orbandale*; *Histoire de la Réforme et de la Ligue dans le département de l'Yonne*, par Challe; *Histoire de la Réforme et de la Ligue à Autun*, par Abord.

La Vie du maréchal de Tavanes par Pérau (*Hommes illustres de la France*, t. XVI) n'est qu'une amplification sans valeur.

(1) Sur la maison de Saulx au moyen âge, cf. aux *Mémoires de Tavanes* Dom Plancher, *Histoire de Bourgogne*, t. II, p. 409-468.

en 692 sur les terres de l'évêché de Berne. Elle est en tout cas souvent mentionnée au moyen âge dans les chroniques helvétiques, et sa meilleure part de gloire lui échut quand elle se fut greffée sur un tronc étranger (1). Alors apparut la race des Saulx-Tavanes, dont Gaspard de Saulx fut le chef, et dont il demeure le plus célèbre représentant.

Il est surtout connu par des Mémoires qui portent son nom, mais dont il n'est pas l'auteur. Ils ont été écrits par son fils Jean, plus de quarante ans après sa mort. C'est une œuvre étrange, où des digressions inattendues et trop fréquentes dérobent à chaque instant au lecteur l'image du héros; c'est en même temps une apologie tardive, inspirée par l'amour filial et l'orgueil de race, par conséquent suspecte. Quant à Gaspard, il refusa toujours d'écrire le récit de sa vie : c'est à peine s'il a laissé quelques pages sur les principales batailles auxquelles il avait assisté (2). En revanche, dans sa correspondance administrative et militaire, il a lui-même mis en pleine lumière sa rude et martiale figure, et il a retracé à son insu, sans arrière-pensée, son histoire.

Gaspard de Saulx, né à Dijon en mars 1509, était le second de trois fils. Son oncle Jean de Tavanes, un des

---

(1) Sur les origines de la maison de Tavanes, voir le manuscrit n° 481 de la Bibliothèque de Dijon, puis la notice intitulée *Pierre-Pertuis-Tavanes*, dans les *Actes de la Société jurassienne d'Émulation*, 1872, p. 104-123. — Le village actuel de Tavanes (Dachsfelden) est dans le canton de Berne.

Dom Plancher (t. II, p. 468-469) justifie l'orthographe que nous avons adoptée pour le mot *Tavanes*, et qui est, à part quelques exceptions, l'orthographe traditionnelle de la famille.

(2) « Le sieur de Tavanes n'a laissé que ce combat (près de Gravelines), celui de Moncontour et de Cérisoles desseignés de sa main. » (*Mémoires de Tavanes*, p. 101.)

héros de Marignan, qui commandait un corps de lansquenets au service de François Ier, l'emmena à l'âge de treize ans à la cour (1522), le fit admettre parmi les pages, et lui laissa en mourant l'année suivante l'héritage de son nom et de sa faveur auprès du roi. Bientôt après, le jeune gentilhomme gagnait ses éperons sur le champ de bataille de Pavie, où il fut fait prisonnier.

Il eut pour second protecteur le grand écuyer Galliot. Pendant tout le règne de François Ier, tour à tour archer, guidon, capitaine d'hommes d'armes, il partage son temps entre les fatigues de la vie militaire et le soin de sa fortune à la cour. Il est avec Lautrec lors de la malheureuse campagne de 1528 en Italie; quand les hostilités reprennent en 1536, on le retrouve au premier rang sur la Doria, où il capitule avec honneur dans la petite place de Fossano; sous les ordres de Montmorency, il défend la Provence envahie. Monluc, au début de ses Commentaires, nous le montre associé à un de ces coups de main audacieux où il était lui-même passé maître, et qui eurent pour résultat d'affamer l'armée impériale; il le dépeint en quelques traits, déjà violent et hardi jusqu'à la témérité, irrité de ce qu'on a voulu l'écarter d'une entreprise périlleuse, de ce qu'on ne le laisse pas aborder le premier l'ennemi. « Je lui répondis, ajoute Monluc, que je connaissais bien qu'il n'était pas encore rusé, et que ce n'était le lieu pour mourir un si homme de bien que lui, et se fallait garder pour une bonne brèche et non pour un chétif moulin (1). »

---

(1) Monluc, *Commentaires* (éd. de la Société de l'Hist. de France), t. 1, p. 120. — Les *Mémoires* (p. 41) signalent cette citation dans quelques lignes

Sa compagnie ayant passé sous le commandement du duc d'Orléans, second fils du roi, Gaspard s'insinua dans les bonnes grâces de ce prince, et devint « son favori et tout son cœur (1) ». Il le suivit et l'assista dans ses campagnes du Luxembourg; et s'il faut en croire les Mémoires, il sut combattre et contrebalancer auprès de son maître l'influence du chef de cette maison de Guise, qu'on voyait déjà partout au premier rang. Le cadet de noblesse bourguignon enviait le prince lorrain ; il osa le provoquer en combat singulier, sous le feu de l'ennemi, dans la tranchée d'Ivoy, et le duc d'Orléans les apaisa l'un et l'autre à grand'peine. *Je me pousse de moi-même,* telle avait été la première devise de Tavanes; à cette époque il plaça dans ses armes un Persée monté sur un Pégase sans bride, avec cette légende : *Quo fata trahunt.* C'était avouer, dans la langue symbolique et païenne du temps, toute l'étendue de ses ambitieuses espérances (2).

Vers la fin du règne de François Ier, il quitta une seule fois le duc d'Orléans pour rejoindre cette élite de volontaires qui, aux côtés du comte d'Enghien, vengea plusieurs années de revers sur le champ de bataille de Cérisoles. Avec Monluc, il fut de ceux qui contribuèrent le plus au gain de la journée. Relégué d'abord à l'arrière-garde, il vit l'infanterie culbutée par les Espagnols, et sut trouver, au moment décisif, l'inspiration qui nous rendit la vic-

---

où perce une certaine jalousie contre Monluc ; est-ce parce que Monluc n'a point nommé Tavanes dans son récit de la bataille de Cérisoles?

(1) Brantôme. — La notice de Brantôme sur Gaspard est peu intéressante, malgré quelques anecdotes caractéristiques; elle encadre une longue et oiseuse dissertation sur l'ordre du Saint-Esprit.

(2) Plus tard il placera dans ses armes un homme faisant tête à des vents furieux, et les frappant de son coutelas, avec ce mot : *malgré vous.*

toire : « Chargeons, Monsieur, cria-t-il au comte d'Enghien, courons sus à cette mauvaise cavalerie italienne et aux bataillons espagnols. » Et cette fois, plus heureuse qu'à Pavie, la gendarmerie française rétablit le combat, et d'une défaite certaine fit une victoire honorable. Gaspard fut un de ceux qu'on chargea d'aller en porter au roi la nouvelle.

Sa faveur à la cour ne grandissait pas moins que son renom à la guerre. Il y était un des plus ardents de la *bande enragée des enfants de France;* ses compagnons étaient Vieilleville, Bourdillon, La Châtaigneraie, Coligny, et bien d'autres qu'il devait suivre ou combattre dans la mêlée des guerres civiles. Presque à lui seul il résume la légende de leurs défis insensés et de leurs folles équipées. Un jour il trouve ingénieux de cacher des tiercelets sous les draps du duc d'Orléans, un autre jour de placer le corps d'un pendu dans le lit de Madame de Crussol : ces plaisanteries puériles ou barbares servent d'intermède à des aventures chevaleresques et galantes. Monter sur les toits et franchir les rues étroites d'un bond, d'une maison à l'autre; faire soixante lieues en poste pour chercher un combat singulier; se livrer aux exercices les plus périlleux de la gymnastique et de la chasse, tels étaient les passe-temps ordinaires de cette jeunesse. Tavanes fit, dit-on, à cheval, dans la forêt de Fontainebleau, un saut prodigieux d'un rocher à un autre; et cet exploit lui paraîtra digne d'être transmis à la postérité, dans un bas-relief qui orne encore son château du Pailly (1).

(1) *Mémoires*, p. 60.

Il brillait au premier rang dans les tournois, auxquels prenaient part les fils du roi, en présence de la cour. Un jour qu'il avait eu la tête atteinte d'un coup de lance, il s'arracha, malgré les médecins, le tronçon de l'arme de la plaie. Son fils, en célébrant ses prouesses au grand tournoi de 1549, lui donne une véritable attitude de Fier-à-Bras : « Tous les tenans blessés, excepté le sieur de Tavanes, qui les soutint durant les huit jours….. brise soixante lances par jour, allait au bal quand les autres se couchaient et n'en pouvaient plus ; il plongeait son bras dans l'huile d'amandes douces, avec de ligatures qui le conservaient quand les autres l'avaient tout noirci (1)… » Il sera juge du camp au tournoi où périt Henri II, et cette passion toute féodale ne l'abandonnera jamais, malgré les plus graves soucis de la politique et de la guerre ; ses Mémoires contiennent un programme de tournoi rédigé par lui, au milieu des préparatifs de la Saint-Barthélemy.

Devenu lieutenant des gens d'armes du duc d'Orléans, Gaspard suivit son maître en 1544 aux conférences de Crespy, où l'on traitait de la paix avec l'empereur. Telle était encore sa naïveté provinciale, sa foi dans l'organisation politique du moyen âge, qu'il conseilla au duc de demander la Bourgogne en apanage ; c'eût été ressusciter cette funeste maison de Philippe le Hardi qui avait mis le royaume à deux doigts de sa perte. La noblesse bourguignonne n'en regrettait pas moins encore ; on peut le conjecturer par cet exemple, le régime illustré par les *grands ducs*. Gaspard encourut pour ce fait la disgrâce mo-

---

(1) *Mémoires*, p. 127.

mentanée du roi et du dauphin, et c'était justice. Les services qu'il rendit depuis à la royauté devaient faire oublier cette incartade de jeune homme, qui n'eut du reste pas de suites (1).

Après une courte campagne en Picardie, il revint à la cour pour assister à la mort de son protecteur le duc d'Orléans : « Mon ami, lui dit le prince, tous nos desseins sont rompus, je meurs avec le regret de ne pouvoir récompenser vos services. » La fortune du jeune gentilhomme paraissait compromise ; il la maintint en s'attachant par une alliance de famille au cardinal de Tournon, alors tout-puissant à la cour. En décembre 1546, il épousa une de ses nièces, Françoise de La Baume-Montrevel, fille du gouverneur de la Bresse. Le futur ennemi des protestants ne pouvait mieux choisir. Il entrait dans une famille où la haine contre le calvinisme semble héréditaire. Un de La Baume fut le dernier évêque de Genève, chassé de son siége par Calvin ; un autre, archevêque de Besançon, combattit les huguenots l'épée au poing, dans les rues de sa ville épiscopale : enfin, sous Louis XIV, le maréchal de Montrevel devait être dans les Cévennes la terreur des Camisards.

Gaspard avait, au moment de son mariage, trente-huit ans. C'était avant tout un soldat, par l'extérieur comme par le caractère. Je n'oserais le reconnaître dans ce vulgaire spadassin vêtu de noir qui le représente à Versailles ; il a l'air d'avoir été peint la veille de la Saint-Barthélemy. Je crois plus volontiers au portrait qui subsiste

(1) *Mémoires*, p. 98.

dans la galerie du château de Lux (1), ou à celui qui est placé en tête de la première édition des Mémoires. Son nez aquilin, son front élevé et saillant, son grand œil clair et dur, à la pupille dilatée, complètent l'image esquissée par son fils. Il avait, dit celui-ci, une riche taille, entre médiocre et grand; il était un peu haut en couleur, avait les cheveux blonds, la barbe rousse, les sourcils élevés (2). On tremblait devant ses fréquentes colères, promptes à se traduire en injures et même en brutalités; mais on savait que son cœur n'était pas inflexible, et qu'il avait, en face de ses subordonnés, la main plus prompte à distribuer des soufflets qu'à signer des arrêts de mort.

Jusqu'alors on ne voit pas qu'il soit allé souvent en Bourgogne. Ses Mémoires l'y font paraître une seule fois, dans des circonstances qui mettent en présence d'une façon assez plaisante le jeune courtisan et son père le vieux gentilhomme de province : « Arrivé avec vingt chevaux d'Espagne et d'Italie, d'abordée ses gens indiscrets délogent les chevaux du vieillard qui, depuis, en l'absence de son fils, coupe les licols et les chasse dehors... et sur la prière qu'il lui fit de lui aider d'argent pour poursuivre sa fortune, lui donne la clef de son cabinet de Dijon, l'admoneste de n'y prendre tout; où arrivé il trouve cent sols en liards, qu'il jette par la fenêtre (3). » N'est-ce pas là un fragment de comédie, presque une scène de l'*Avare?*

(1) Lux en Bourgogne, entre Dijon et Langres, a été la dernière résidence seigneuriale des Tavanes. Le château appartient aujourd'hui au comte Greppi, petit-fils par sa mère de l'avant-dernier duc de Saulx.
(2) Voir l'Appendice I.
(3) *Mémoires*, p. 70.

Après la mort de François Ier, Gaspard vint se faire oublier un moment au fond de sa province. Ses amis n'étaient plus en faveur; son beau-père, enveloppé dans la disgrâce du cardinal de Tournon, avait perdu son gouvernement. Montmorency, les Guises, Diane de Poitiers disposaient de tout à la cour. Tavanes gardait du moins l'amitié royale ; de tout temps le proverbe qu'il vaut mieux avoir affaire à Dieu qu'à ses saints semble lui avoir dicté sa ligne de conduite. Il n'en réussit pas moins à se faire bien voir des Bourbons comme des Guises. Quand son fils aîné vint au monde à Dijon en 1549, il lui donna les noms d'Henri-Charles-Antoine, conciliant habilement sa reconnaissance posthume envers le duc d'Orléans avec ses devoirs envers les rois de France et de Navarre. La duchesse de Savoie fut marraine de cet enfant ; et, à l'occasion du baptême, le père donna à ses compatriotes des fêtes splendides, qui furent comme l'inauguration de sa souveraineté provinciale. A la cour, son hostilité contre Diane de Poitiers le mit en faveur auprès de Catherine de Médicis. Il offrit un jour à la reine délaissée d'aller couper le nez à la favorite, et de ruiner ainsi l'empire qu'elle devait à sa beauté. On reconnaît là son goût pour la plaisanterie soldatesque et sauvage, mais n'est-il pas singulier qu'il ait voulu d'avance mettre en action la pensée de Pascal : « Le nez de Cléopâtre, s'il eût été plus court, toute la face de la terre aurait changé. »

Après avoir suivi Henri II dans l'expédition qui aboutit à la reprise de Boulogne, Gaspard passe en Piémont auprès du maréchal de Brissac. Il est bientôt rappelé, malgré son général, pour prendre part, comme un des deux maréchaux de camp de l'armée, à la célèbre entreprise contre les Trois-Évêchés ; et il eut en particulier, lors de l'occupation de Metz, un rôle moitié diplomatique et moitié militaire. Pour les Messins, à cause de son origine alsacienne, c'était presque un compatriote. Envoyé auprès d'eux, il sut à la fois les intimider et les séduire. Quand il eut obtenu d'eux la promesse qu'ils recevraient dans leurs murs le roi de France, il demanda le même avantage pour son escorte et pour le connétable de Montmorency. Cette permission obtenue, il était facile de s'assurer des portes de la ville. « Soudainement, disent les Mémoires, tous les meilleurs hommes de l'armée sont mis sous une enseigne ; entre en la ville de Metz, les deux maréchaux à la tête. Le sieur de Bourdillon s'avance en la place, le sieur de Tavanes demeure à la porte que les bourgeois voulaient à tout coup fermer, voyant cette enseigne si accompagnée, et toujours les en garda par de belles paroles. Un capitaine suisse à la solde de ceux de Metz, tenant les clefs, en ayant vu entrer plus de sept cents hommes, les jette à la tête du sieur de Tavanes, avec le mot du pays, *tout est choué,* et quitte la porte que le sieur de Tavanes tint jusqu'à ce que le connétable arrive (1). »

C'est ainsi que Metz fut surpris, par une ruse de guerre dont les habitants étaient complices pour la plupart. Les magistrats même, d'après une chronique, étaient si bien préparés à ce qui allait arriver, qu'ils avaient ordonné aux bourgeois de se tenir renfermés dans leurs demeures.

---

(1) *Mémoires*, p. 141.

Verdun ayant été occupé deux mois après, Tavanes eut pour récompense le commandement militaire de cette ville. C'était un poste de confiance, car on ignorait encore si l'armée impériale en marche vers la France s'arrêterait à la Moselle ou se dirigerait droit vers la Meuse. Gaspard, de concert avec l'évêque, passa l'automne à réunir des approvisionnements et à mettre les fortifications en état de défense. Nuit et jour, les soldats, les bourgeois, les paysans réfugiés dans la place et mis en réquisition, les femmes, les clercs et l'évêque lui-même portèrent la hotte, ou manièrent la pioche sur les remparts. La place restait en communications d'une part avec François de Guise renfermé dans Metz, d'autre part avec Montmorency qui, établi à Saint-Mihiel, couvrait la Champagne. Malgré les maladies contagieuses qui décimèrent les travailleurs et la garnison, Verdun fut bientôt prêt à recevoir l'ennemi. Or, en ce temps-là, les Allemands n'entrèrent point à Metz, qui fut conservé à la France ; et Gaspard perdit ainsi l'occasion de s'illustrer par une défense qui l'eût sans doute rendu populaire comme Guise, ou comme son ami Monluc à Sienne (1).

En 1554, nous le retrouvons à l'armée de Flandre, et il se couvre de gloire à l'affaire de Renty. Ce combat eut lieu autour de la petite place de ce nom, assiégée par les

---

(1) Lettres de Gaspard au connétable de Montmorency du 18 novembre 1552 au 11 octobre 1553. — *Histoire de Verdun*, par Roussel. — *Étude sur Nicolas Psaulme, évêque de Verdun*, par M. l'abbé Gabriel, 1867.

Dans le pays, Tavanes a laissé son nom à un bois, sous lequel passe le chemin de fer de Verdun à Metz, et à une fontaine située sur la lisière de ce bois, à 8 kil. de la ville. On construit à cette heure un immense fort dit *de Tavanes* qui commandera l'entrée du tunnel, la grande route de Verdun à Metz et qui dominera au loin les vastes plaines de la Woëvre.

Français, secourue par l'empereur : indécis dans ses résultats, il a gardé un certain renom, à cause de la brillante valeur qu'y déploya la noblesse française. C'était là son sort ; elle ne causait plus de défaites par son imprudence, néanmoins les victoires qu'elle remportait à la pointe de l'épée demeuraient souvent stériles. Ici ce fut une héroïque charge de cavalerie qui livra le champ de bataille aux Français. Tavanes et Guise étaient en tête. Le premier fit une habile manœuvre de flanc qui jeta le désordre dans les rangs ennemis, et il resta maître de quatre pièces d'artillerie et de plusieurs enseignes. Il avait eu un cheval tué sous lui : « Monsieur de Tavanes, s'écria Guise en le rejoignant, nous avons fait la plus belle charge qui fut jamais. » L'autre se retourne, déjà tout enivré de son succès, et le regardant fièrement : « Monsieur, vous m'avez bien soutenu. » Suivant les Mémoires, Guise aurait ensuite essayé de l'écarter du champ de bataille, pour que sa propre compagnie y demeurât la dernière ; mais le hardi capitaine aurait répondu qu'il restait à la place que Dieu et son épée lui avaient acquise. Brantôme prête au défenseur de Metz une générosité qui est plus dans son caractère ; d'après lui, Guise conduisit son émule au roi, et insista sur le mérite de ce fait d'armes, qui avait eu toute l'armée pour témoin. Henri II détacha son collier de l'ordre de Saint-Michel, et le passa au cou du jeune vainqueur : « Vous êtes un lion, lui dit-il, qu'il faut enchaîner (1). »

Cet exploit et la haute récompense qui s'ensuivit con-

---

(1) Un tableau de Brenet, au musée de Versailles, a conservé le souvenir de cet événement.

sacrèrent la réputation militaire de Tavanes. Quelque temps après, par lettres patentes de novembre 1556, il reçut la lieutenance générale de Bourgogne ; il avait quarante-sept ans.

Sa dignité nouvelle lui conférait, sous l'autorité du duc d'Aumale, gouverneur de la province, le commandement des troupes et des places fortes. C'était là encore une faveur qu'il devait certainement aux princes lorrains ; mais jusqu'à la fin du règne d'Henri II, il délégua presque continuellement ses fonctions à son frère aîné, Guillaume de Villefrancon. Celui-ci, malgré ses services militaires, paraît avoir été un homme d'un caractère bien plus rassis que le sien, d'une ambition bien moins ardente. Il aimait l'étude et la retraite ; Gaspard, après la prise de Calais, lui envoya toute une bibliothèque de livres grecs, latins et hébreux qui avaient été sa part du butin.

Quant au héros de Renty, il dut d'abord, sur l'ordre exprès du roi, servir de maréchal de camp à Guise allant conquérir le royaume de Naples. Cette expédition stérile et malheureuse ne lui donna pas plus qu'à ses compagnons d'armes l'occasion de se distinguer. Tout au plus peut-on recueillir dans ses lettres de cette époque un trait qui peigne son caractère. Les habitants de Termo lui avaient demandé en quel lieu ils pourraient lui apporter leur soumission solennelle. « Je leur répondis que le plus ho-
« norable était sous nos enseignes. Voyant cela, ils
« demandèrent à voir ma patente pour les recevoir. Je
« leur dis que ma patente était celle que je portais au
« côté, qui avait fait obéir ceux de Camply, et qu'ils dis-
« sent soudain s'ils voulaient être amis ou ennemis. Ils

« élurent en se prosternant de faire ce qu'on voudrait. Je
« leur fis à l'instant lever les mains et faire le serment
« au roi comme ses sujets (1). »

La nouvelle du désastre de Saint-Quentin rappela en France Guise et son armée. Dix mille Espagnols, conduits par un cousin de Tavanes, le baron de Polweiler, se jetèrent sur la Bourgogne. Villefrancon eut à peine le temps de mettre Dijon à l'abri d'une surprise. Les ennemis se rejetèrent sur la Bresse et mirent le siége devant Bourg ; c'est là qu'ils furent atteints par Gaspard, qui ramenait en toute hâte d'Italie l'avant-garde de l'armée de Guise; devant lui ils se débandèrent presque sans combat et repassèrent en désordre la frontière.

De retour dans sa province, le lieutenant-général acheva les fortifications de Dijon, commencées sous François Ier, en élevant deux boulevards, dont l'un a porté jusqu'à nos jours le nom de boulevard de Saulx. Ces murailles devaient protéger la ville contre les invasions des reîtres ; elles n'étaient plus qu'une ruine délabrée quand elles les ont vu paraître. Le 30 octobre 1870, lorsque les Allemands, maîtres des hauteurs qui couronnent Dijon, tentèrent de forcer l'entrée des faubourgs, le bastion de Saulx, occupé par une vingtaine de soldats de ligne et de gardes nationaux, arrêta quelques heures les grenadiers de la garde badoise, dont plusieurs vinrent se faire tuer à ses pieds (2). Le vieux rempart n'aura pas disparu sans avoir fait ses preuves contre l'ennemi.

Jusqu'à la paix de Cateau-Cambrésis, Gaspard ne cessa

---

(1) Lettre au duc de Guise, sans date (1558).
(2) *Journal de la guerre de 1870 à Dijon*, par Clément Janin.

guère de tenir la campagne aux côtés de François de Guise, dont il était devenu l'inséparable lieutenant. Il se distingua aux siéges mémorables de Calais et de Thionville, remplissant à la fois avec dévouement son office de maréchal de camp et avec éclat son devoir de chevalier. La paix de 1559 vint dissiper pour lui comme pour tant d'autres ses rêves de fortune militaire. La mort d'Henri II, qui arriva presque aussitôt et amena une nouvelle révolution à la cour, acheva de déconcerter ses projets. Il se retira dans son gouvernement de Bourgogne pour y attendre les événements.

Ici commence une nouvelle phase de sa vie.

II

Le protestantisme en Bourgogne. — Ses progrès, ses tendances. — Esprit politique et religieux des Bourguignons. — Attitude de Gaspard en face des réformés, des catholiques, de la cour. — Séditions d'Auxerre et de Dijon. — Campagne de 1562. — Gaspard reprend Châlon-sur-Saône aux huguenots. — Il assiége à deux reprises Mâcon. — Marche sur Lyon. — Il est remplacé par le duc de Nemours. — Suites de la guerre en Bourgogne. — État de la province après la paix d'Amboise.

Gaspard n'était pas depuis longtemps rentré en Bourgogne lorsqu'il y vit éclater la guerre, et la plus terrible de toutes, la guerre civile.

Sous les règnes d'Henri II et de François II, la réforme protestante s'était introduite dans la province comme dans tout le royaume. Dès 1554, elle a ses partisans à Dijon (1). Les années suivantes, des églises calvinistes s'établissent à Mâcon, à Châlon et à Autun; puis à Beaune, à Châtillon, à Auxerre. La secte a pour propagateurs un petit nombre d'ecclésiastiques et de magistrats, des bourgeois et surtout des artisans pour prosélytes. D'après certains documents, les protestants de la Bourgogne manifestaient plus vivement que partout ailleurs des tendances aux réformes politiques et à la révolution sociale. Les catholiques citaient un conciliabule à Châlon, où il avait

---

(1) Registres de la chambre de ville de Dijon, 17 juillet 1554. — Le bruit était alors répandu que les deux tiers de Dijon étaient luthériens.

été parlé « de jeter hors de la république les trois vermines, que l'on disait être les moines, la noblesse et les gens de robe longue servant à la justice du roi. » Ils ajoutaient qu'à Mâcon, au milieu d'un prêche, des menaces avaient été proférées contre les riches. La stricte vérité est qu'ici comme ailleurs les novateurs ne cachaient pas leur désir d'abolir complétement le « papisme », et marchaient à leur but avec un zèle bien supérieur à leurs forces. Tout outrage envers leurs adversaires leur était bon ; ils dérobent ou ils brisent les statues des églises et les madones des carrefours ; on en vit baptiser un chien en pleine rue. Enfin, partout où ils furent un moment les plus forts, ils interdirent la messe et dépouillèrent les lieux saints. La réaction ne se fit pas attendre, et tantôt au nom du roi, tantôt se levant de lui-même pour venger les symboles de son culte profané ou détruit, le peuple catholique infligea aux huguenots les plus cruelles représailles.

Nulle part ailleurs la lutte ne fut plus vive. Placée sur le grand chemin de Genève à Paris, la Bourgogne subissait le premier flot de ces émissaires de toute sorte, combattants par la parole ou par l'épée, dont la Rome protestante inondait le royaume (1). Voisine de la Lorraine et de la Suisse, de la Franche-Comté et de la Savoie, elle sentait la guerre étrangère inséparable pour elle de la guerre civile. Elle eût voulu écarter à tout prix ces dissensions religieuses qui livraient périodiquement son territoire aux

---

(1) Da Ginevra solo, dopo la morte del re Francesco II, sono uscite dieci mila anime e piu, che sono venute in questo regno. (Lettre de l'ambassadeur de Toscane au grand-duc, 14 octobre 1561.)

bandes italiennes ou allemandes; et quand le calvinisme s'introduisit chez elle, elle le repoussa, autant comme une source de troubles intérieurs que comme un démenti donné à sa foi traditionnelle. Dans chacune de ses villes, deux peuples étaient en présence : d'un côté, les catholiques supérieurs en nombre, se réunissant sous les bannières et au son des cloches de leurs paroisses, pour fermer au culte nouveau l'entrée de la cité; de l'autre côté les protestants disséminés çà et là, abritant leur prêche sous une grange de faubourg, s'appelant la nuit dans les rues à coups d'arquebuse, et rêvant moins la tolérance pour eux que l'extermination de leurs adversaires.

L'esprit de concorde n'habite plus nulle part, si ce n'est à la cour, dans la pensée de Lhopital; mais, comme on le sait, la « messe » du chancelier était aussi suspecte aux catholiques qu'odieuse aux religionnaires, et son éloquence, qui finit par importuner le roi, ne pouvait être comprise de la foule. Partout se manifeste avec plus ou moins d'intensité ce fléau qui prolongea et envenima les guerres de religion, l'intervention continue et violente de la multitude aveugle et exaltée. Dans les deux camps, les excès commis appelèrent la vengeance; les représailles s'ensuivirent, et les époques de trêve officielle n'étaient pas moins troublées que celles de guerre ouverte. La Saint-Barthélemy fut un grand crime politique, parce qu'un roi en avait donné le signal; mais auparavant, par toute la France, il n'y eut guère de ville qui n'eût subi une Saint-Barthélemy catholique ou protestante. Les archives et les relations locales attestent, par mille récits plus ou moins lugubres, combien le fanatisme et d'autres passions plus basses faisaient oublier souvent le respect de la vie et de la propriété d'autrui, de l'autorité royale, de la foi jurée, de la charité chrétienne.

Au-dessus du peuple, les hommes éloquents se combattaient avec d'autres armes. L'activité intellectuelle des Bourguignons, loin d'être ralentie, fut surexcitée par cette lutte violente. Théodore de Bèze était né aux portes de la province; Hubert Languet y grandit, avant d'aller écrire en Allemagne son manifeste politique et religieux contre la tyrannie (*Vindiciæ contra tyrannos*). Le premier magistrat d'Autun, Jacques Bretagne, à l'assemblée de Saint-Germain en 1560, s'inspira de l'indépendance hardie de Philippe Pot aux États de 1484; il réclama la confiscation des biens du clergé et une liberté sans limites pour les apôtres de la *pure parole de Dieu*. En face des novateurs s'élèvent successivement un savant jurisconsulte, Bégat, un diplomate célèbre depuis, Pierre Jeannin, un habile homme d'État, Étienne Bernard, qui furent les uns et les autres, à un moment de leur vie, des voix éloquentes au service de la cause catholique. Derrière eux tout ce qui est investi d'une autorité quelconque, États, conseils élus, Parlement, officiers de justice, déploie un zèle ardent contre la Réforme. Chacun conforme avec empressement sa conduite à la vieille devise : Une foi, une loi, un roi. La Chambre de ville de Dijon, tout en réprimant les moines trop violents dans leurs prédications ou trop libres dans leur vie, bannit ceux qui mangent de la viande en carême, interdit le chant des psaumes en français, remet en vigueur les ordonnances de saint Louis contre les blasphémateurs, et surveille sous chaque toit les serviteurs suspects d'hérésie comme autant d'émissaires de l'étranger (1). Le clergé livre les trésors des églises pour les frais de la guerre sainte, et, à un moment donné, enrôlera les fidèles dans les *confréries du Saint-Esprit*. Le Parlement multiplie les arrêts rigoureux contre les prêches ; il présente au roi les célèbres remontrances de Bégat contre les édits de tolérance (2).

Ce sont ces remontrances qu'il faut lire, si l'on veut connaître le caractère et les mœurs de la province ; au milieu d'un déluge de digressions pédantesques, d'allusions sacrées ou profanes, elles nous rappellent en même temps combien alors étaient étendus les priviléges de chaque ville, et comment ils faisaient de chacune d'elles, pour la résistance catholique, un boulevard inexpugnable. Voici entre autres une page naïve et curieuse : « Notre peuple, dit Bégat,... qui est un pays rapportant de toutes choses nécessaires pour la vie de l'homme, assez commodément et sans abondance, a cette simplicité de ses anciennes mœurs..... si que le reste de la France nous note de quelque lourdise... Entre ce peuple donc qui est toujours à fouir sa vigne et labourer sa terre... comment ferez-vous passer et recevoir à sûreté l'opinion de ceux qui apportent quelque chose de nouveau à leur religion ? Comment sera-t-il possible qu'à la première grêle qui leur tombera

---

(1) Registres de la chambre de ville, 7 juillet 1559, 5 avril 1560, 28 mars et 16 août 1561, 9 mars 1562, 11 février 1563, etc.

(2) Ces remontrances sont imprimées dans les *Mémoires de Condé*, t. IV, p. 356-412.

M. Baudoin a lu au Congrès provincial tenu à Avallon en 1857 un mémoire sur l'*esprit religieux et politique des Bourguignons au seizième siècle*. Ce mémoire a été inséré dans la *Revue des sociétés savantes*, 1re série, t. III, p. 450-459.

sur leurs vignes, ou à la première défortune qui adviendra, ils ne s'en prennent à ceux qu'ils estiment auteurs des nouvelletés, qui leur seront d'ailleurs suspects et ennemis : vu que l'ancien auteur note, qu'ils ont accoutumé d'imputer tels inconvénients à l'administration de la république, et s'en prendre même à leurs seigneurs... Il n'y a si petit vigneron qui, quand il faut créer le maire, ne laisse son œuvre rustique, et ne se trouve au parquet avec sa houe, pour en dire son opinion ; étant tel privilége partout, que les voix y sont comptées, et à la pluralité, sans avoir égard à la dignité, ce magistrat est déféré. Sur ce fait d'élection donc, combien de tumultes et de séditions verrons-nous advenir ? Car si deux peuples sont retenus en même cité, chacun comme citoyen et en tels droits qu'il était avant les troubles... qui est-ce qui doute que tous les hommes n'aient aussi le vouloir d'avoir leur voix à l'élection, et qu'un chacun ne veuille le nagistrat de sa religion ?... Comment donc se pourra-t-il faire que nos maires soient élus entre nos vins de Bourgogne, où la raison ne peut pas toujours avoir lieu, sans cet inconvénient ?..... Et si c'est un de la nouvelle prétendue religion qui soit élu, comment satisfera-t-il à la forme du serment qui est..... que l'élu doit jurer les priviléges et la fidélité devant le grand autel, sur le corps de Dieu et sur les saintes reliques ?.... Et si tant est, sire, que vous dispensiez de ce serment, et que vous en ôtiez l'usage de votre république, qui doute que le peuple en sa conscience en demeurera édifié pour n'avoir plus d'obéissance au magistrat, qui est la plus grande force que puisse avoir une république..... »

Gaspard de Saulx donna l'unité et la force à ce mouvement, en s'y associant par ses ordonnances, en choisissant partout de bons catholiques pour commander les garnisons ou administrer les villes, en armant au besoin toutes les mains fidèles qui pouvaient tenir une épée. Il subissait l'entraînement populaire, mais il le subissait volontiers. Comme gentilhomme et comme soldat, il voyait dans la lutte à outrance le plus sacré des devoirs et la meilleure des politiques. Il se croyait tenu de combattre les hérétiques par son serment de chevalier, comme le roi par son serment du sacre. Théodore de Bèze émet à son égard une étrange assertion, que rien ne confirme : « Homme d'autant plus dangereux, dit-il, qu'il avait eu connaissance des vérités de la religion (1). » En tout cas eût-il comme tant d'autres assisté à un prêche par curiosité ou chanté les psaumes de Marot au Pré-aux-Clercs, il n'en fut pas moins le plus implacable ennemi des religionnaires. La dernière partie de sa vie ne fut qu'une campagne contre eux ; sa haine ne fléchit pas un instant, et si, par respect pour la volonté royale, il s'interdit parfois de leur en faire sentir tout le poids, il ne leur en épargna jamais l'expression, même dans ces jours sinistres où la cour préludait par des caresses à la grande trahison du 24 août 1572. C'était là une tradition de famille à laquelle furent fidèles son frère de Villefrancon, ses cousins Alexandre de Torpes et Claude de Vantoux, qui lui servirent d'auxiliaires dans l'administration de la province.

Habitué à la discipline militaire, n'aimant pas plus voir

---

(1) *Histoire ecclésiastique*, liv. V.

s'affaiblir l'obéissance que le commandement, Tavanes entra dans la guerre civile sans hésitation, mais sans ardeur. L'honneur de faire exécuter les ordres du roi lui était encore plus à cœur que le succès. Il avait fait ses preuves dès 1543 à la Rochelle, où il avait réprimé, avec dureté et non sans adresse, une émeute occasionnée par la gabelle.

A la première nouvelle que les huguenots s'agitent autour de lui, il se hâte d'écrire au roi : « Si je puis sa-
« voir qu'ils s'assemblent pour faire tels sermons ou pour
« chose qui vous importe, je départirai avec votre auto-
« rité l'assemblée si rudement que les autres y pren-
« dront exemple. Voilà tout le sermon que je sais (1). »
Néanmoins il n'était pas étranger aux tempéraments qu'exige, surtout en temps de guerre civile, le gouvernement des hommes. Dès 1559, quand il fut envoyé en Dauphiné pour y étouffer les troubles naissants, il lui était enjoint d'être sans pitié envers les novateurs, de les « exterminer (2) » : il se borna à gagner les uns et à effrayer les autres. Les chefs se laissèrent lier les mains par des pensions et des honneurs, et les bourgeois de Valence se turent lorsque Gaspard, se présentant dans leur assemblée, eut souffleté brusquement, emprisonné et menacé de la potence le plus hardi d'entre eux. Une autre fois, au plus fort de la lutte, il enverra au terrible baron des Adrets ces mots qui font honneur à la fois à la clairvoyance de son esprit et à la générosité de son cœur : « Ne faut point que sous

---

(1) Lettre du 1er février 1560.
(2) Lettre du roi du 12 avril 1559 (dans les *Négociations du règne de François II*, publiés par M. Paris, p. 341-343). — *Coll. des Doc. inédits.*

« ce manteau de religion où je trouve si peu de différend,
« puisque tous nous voulons Jésus-Christ, nous nous
« coupions ainsi la gorge les uns aux autres (1). » Néanmoins, la trêve achevée, la main qui avait écrit ces lignes restait ferme, et tenait vaillamment l'épée (2).

Cette loyale attitude, qui augmenta si rapidement son prestige en Bourgogne, n'était pas aussi appréciée à la cour. La reine-mère tantôt laissait les Guises l'exhorter à être intraitable, tantôt lui recommandait les ménagements et la prudence. Une semblable politique avait, aux yeux de Tavanes, le double défaut de manquer de suite et de manquer de sincérité. Il répugnait à la dissimulation, qu'il estimait « en ce temps autant ou plus punissable au magistrat que le méfait au sujet (3). » Aussi demandait-il à son maître de ne plus aller d'un parti à l'autre, et de faire la loi à tous. S'agissait-il de ses intérêts personnels ? On voyait reparaître le courtisan attentif à ne heurter personne, le gentilhomme ambitieux, avide d'argent comme de gloire. S'agissait-il des intérêts de son gouvernement et de l'état ? Sa franchise était entière, et lui était parfois imputée à crime. Il présentait alors sa défense comme il avait offert ses conseils, à visage découvert, et Catherine de Médicis recevait de lui des lettres comme celle-ci :

---

(1) Lettre du 9 juillet 1562.

(2) Le Bourguignon Hubert Languet, dans une lettre du 1ᵉʳ janvier 1562, caractérise ainsi la position difficile des gouverneurs de province : « Vident gubernatores necessario secuturam mutationem in religione, et paulatim aliquid concedunt ; sed tamen mutatio est tam subita, ut semper antevertat eorum concessiones, ita ut nihil concedant, quod non prius sit sumptum. »

(3) Lettre au lieutenant général de Mâcon, du 4 juillet 1563.

« J'ai vu ce qu'il vous a plu m'écrire de votre main,
« et ne sais guère bien que vous y répondre, d'autant
« que cela est tant éloigné de la raison qu'il n'y a
« homme hors de sens qui dût penser que voulussiez
« ruiner votre propre sang et cette couronne qui vous
« honore tant. S'il vous plaît me dire ceux qui vous ont
« dit que j'ai parlé de vous, je m'essayerai de leur
« fermer la bouche, de sorte qu'ils ne mentiront jamais
« d'un si homme de bien que je suis, ni plus affectionné
« à votre service. Je ne vous en ferai point d'autre ex-
« cuse sinon de vous supplier très-humblement penser
« que je ne suis point changé depuis le temps que
« vous me connaissez votre serviteur, et demeurerai en
« cette opinion tant que ma vie pourra durer.... Ce
« que je me plains le plus est de savoir quelles gens
« je dois tenir pour ennemis de Sa Majesté, et à qui je
« dois faire la guerre résolûment (1)... »

Un jour il ne se contenta pas d'écrire : il envoya à Fontainebleau un gentilhomme avec charge de demander expressément à la cour une attitude plus franche, ou tout au moins des instructions plus précises. Catherine, pour éviter de répondre, prit le parti de tourner la chose en plaisanterie : « Ne connaissez-vous Tavanes? dit-elle à ses conseillers. Je sais quel il est, nous avons été nourris pages ensemble. » Elle écartait ainsi une demande sérieuse comme une boutade sans portée; elle affectait d'abandonner un fidèle serviteur, prête à le laisser se compromettre pour profiter de son audace, s'il réussis-

---

(1) Lettre du 29 mai 1562.

sait, pour dégager sa propre responsabilité en cas d'insuccès. « Quant à moi, répétait en vain Tavanes, je
« n'ai point de masque, passion, ni rien de caché, et
« suis résolu de faire du tout la guerre ou du tout la
« paix, ou, pour ne savoir servir mon maître avec
« dissimulation, ne m'en mêler plus (1). » Et il était
heureux quand il pouvait ajouter : « Les éléments de
« la politique montrent tous les jours qu'il n'y a guère
« à gagner aux dissimulations ; aussi le roi n'entend
« point que l'on dissimule, mais veut des serviteurs
« qui exécutent raidement ses ordres (2). »

Ce rude soldat n'était guère fait pour appliquer une politique d'atermoiements et de compromis, qu'il savait du reste imposée à la cour par la nécessité et qu'il ne jugeait pas utile en Bourgogne. La reine-mère, dans des avis secrets ou dans des ordres verbaux, lui laissait entrevoir le fond de sa pensée, et dans ses instructions officielles se démentait elle-même. Gaspard n'était pas d'une nature assez souple pour la suivre pas à pas et se contredire volontairement avec elle. Poussé aujourd'hui au combat pour être enchaîné le lendemain devant l'ennemi, il chercha autour de lui un point d'appui solide et le trouva au milieu d'une population très-ardente dans sa foi et très-passionnée pour ses libertés. Dès lors l'esprit de la Ligue est le maître en Bourgogne; c'est la guerre sans repos ni trêve avec la Réforme qui s'engage. Tavanes est au centre du champ de bataille : en face de lui les huguenots qu'il n'épargne

---

(1) Lettre au baron des Adrets, du 9 juillet 1562.
(2) Lettre au vierg d'Autun, du 11 juillet 1569.

pas durant la lutte, qu'il désarme à l'occasion des trêves conclues malgré lui, et qu'il protége à peine, comme des rebelles impénitents; autour de lui une foule ardente dont il voudrait régler le zèle militant, qu'il ne contient qu'à regret et dont il sait mal punir les excès; au-dessus de lui, une cour impénétrable dans ses résolutions, à qui il doit obéissance et dont il interprète souvent à son gré les ordres. Telle fut, pendant dix ans, la situation en Bourgogne.

Dès 1561, on peut voir, par le récit des séditions de Dijon et d'Auxerre, quelle était l'effervescence des esprits. « Il y eut alors, dit de Thou, une grande émeute à Dijon. Le peuple vint fondre sur les protestants qui étaient assemblés.... et ils marchèrent tambour battant, comme s'ils eussent été à un combat. Les protestants se servirent pour se défendre des armes qu'ils avaient, et repoussèrent leurs ennemis. La populace, n'ayant pu avoir aucun avantage sur les protestants, tourna sa fureur contre leurs maisons, et en pilla quelques-unes (1). » C'est là sans doute le récit légèrement exagéré d'une querelle qui éclata entre les vignerons du quartier Saint-Philibert et les armuriers de la rue des Forges, à l'occasion d'une statue de la Vierge, que ceux-ci étaient accusés d'avoir dérobée. Pendant plusieurs jours, les chaînes furent tendues dans les rues et la milice bourgeoise sous les armes. Il fallut fermer les portes pour empêcher les vignerons du dehors de venir se mêler à cette échauffourée.

---

(1) De Thou, *Histoire universelle*, liv. XXVIII.

Un mois auparavant (9 octobre), à Auxerre, plus de deux mille personnes étaient venues cerner une assemblées calviniste qui se dispersa à leur approche; furieuse de sa déconvenue, cette multitude se jeta sur les maisons des bourgeois accusés d'hérésie, et en pilla une trentaine. Plusieurs huguenots furent tués. Gaspard, chargé d'informer sur ce tumulte, fit pendre trois des pillards; après cette satisfaction donnée à l'ordre public, il n'oublia pas les religionnaires, cause première à ses yeux du désordre; il en bannit cinq, dont il confisqua les biens, et en condamna cinq autres à mort en effigie. C'était leur faire payer cher la protection qu'il leur avait accordée.

Tavanes pensait par là intimider les uns et les autres; mais il faisait ainsi dans chaque ville de la population protestante une bande de suspects désarmée, irritée, et toujours prête à la révolte. De leur côté les catholiques se sentant menacés n'étaient préoccupés que des moyens d'écraser complétement leurs adversaires. Quand parut l'édit de janvier 1562, qui autorisait dans une certaine mesure le culte réformé, le désordre fut à son comble.

Dès le premier jour, l'édit sembla à Tavanes « la porte par où les huguenots sont entrés en France (1), » et, sûr de l'assentiment populaire, il en fit ajourner l'enregistrement par le Parlement, ce qui était en suspendre l'exécution. Qu'on juge de la situation qui s'ensuivit : dans les autres provinces, les religionnaires

---

(1) *Mémoires*, p. 244.

étendant, comme dit d'Aubigné, l'édit par delà les bornes, voulaient aussitôt substituer leur domination exclusive à la tolérance restreinte qu'on leur accordait; en Bourgogne, au contraire, cette tolérance elle-même leur était refusée, faute d'une formalité légale. Ne pouvant comprendre que le Parlement et le gouverneur méconnussent, en vertu de priviléges particuliers, la volonté royale, les plus ardents n'hésitèrent pas à désobéir.

A Châlon, las de prêcher sur les places et sur le pont de la Saône, ils s'emparèrent des abbayes désertées par les moines, et les concessions que leur fit le lieutenant royal pour obtenir le rétablissement de la messe ne les empêcha point de faire monter dans les chaires catholiques leurs prédicants. A Dijon, ils occupèrent les rues en armes et forcèrent les passants à se joindre à leurs cérémonies. On lut sur les murs des placards menaçant la ville entière d'incendie. Le premier président du Parlement, alors malade, vit sa maison envahie et lui-même dans son lit menacé de mort par une bande de fanatiques. Enfin Tavanes craignait un coup de main contre lui. D'après les Mémoires, les huguenots étaient « douze cents, résolus de le tuer et de se saisir de la ville; ils avaient percé les maisons de la rue des Forges.... et se pouvaient secrètement assembler tous en un quand ils le voulaient; les gens de métier huguenots s'étaient fournis chacun de cinq ou six soldats qu'ils disaient être leurs serviteurs ou apprentis (1). »

Averti de leurs projets, le lieutenant général se retira

---

(1) *Mémoires*, p. 251.

dans le château, prêt à tout événement. On essaya de lui persuader que les religionnaires étaient les plus forts et que la résistance était inutile. Il répondit que le lendemain toute la ville serait debout pour se défendre, et il interdit, sous peine de mort, de sortir des maisons de nuit. « La rébellion était si ouverte, que les huguenots tiraient des arquebusades aux trompettes qui publiaient ce commandement. » Les catholiques effrayés se cachaient au fond de leurs maisons; il n'en vint pas cent se ranger autour de Gaspard. Celui-ci paya d'audace. Ayant pu introduire dans le château la compagnie d'hommes d'armes de son beau-frère Montrevel, il occupa fortement, au cœur de la ville, la maison dite du Miroir, de là fit enlever à l'improviste douze otages choisis parmi les citoyens suspects, et les conduisit derrière les murs de la forteresse comme caution de sa vie menacée. Ce coup de main lui donnait la victoire sans combat. Il l'assura en faisant apporter à la maison de ville toutes les armes, et plus de quatre cents huguenots récemment introduits dans les corps de métiers furent expulsés comme fauteurs de troubles.

Théodore de Bèze a raconté avec détails les vexations que subirent alors ses religionnaires. Un trait cité par lui prouve pourtant que le vainqueur avait l'âme moins dure que son impitoyable consigne : « Ayant Tavanes, dit-il, mandé une bonne partie de ceux de la religion de se trouver devant son logis (ce à quoi ils obéirent) et sur cela leur ayant fait plusieurs aigres remontrances jusques à user souvent de ce mot de pendre, un sellier nommé Hugues Grillière, en s'approchant, lui dit tout haut ces mots :

Monsieur, je vous supplie de commencer par moi. Laquelle parole émut tellement Tavanes qu'il fut contraint de larmoyer devant tous. Ce néanmoins contre sa conscience il leur fit commandement de sortir hors la ville, et de fait en fit mener hors la ville plusieurs par le comte de Montrevel (1). »

Pareilles exécutions furent faites par ses cousins de Torpes et de Vantoux à Auxonne et à Beaune, sans doute en vertu d'ordres secrets qu'ils avaient reçus. Tavanes compléta ces mesures par deux ordonnances de nature à ôter toute espérance au parti calviniste. Dans les villes il fit distribuer des armes à tous les catholiques; dans les campagnes, les paysans durent refuser l'hospitalité aux protestants fugitifs, et leur courir sus, sous peine d'être regardés comme criminels de lèse-majesté. Au jugement de Tavanes, il n'était que temps de couper court au désordre, car un autre ennemi se montrait à la frontière du duché.

C'était le moment où, dans tout le royaume, Condé et Coligny appelaient aux armes leurs partisans; où la cour, contrainte à la lutte, se réfugiait sous la protection de François de Guise et de ce qu'on appelait le Triumvirat. Les huguenots, maîtres du Dauphiné, avaient occupé Lyon le 1er mai 1562, et la révolte, comme une marée montante, envahit aussitôt la Bourgogne. Le 3, les images étaient abattues à Mâcon. Quelques jours après, ce fut le tour de Châlon. Le fameux Montbrun, à la tête des bandes recrutées dans le Midi, se fit ouvrir les portes de

---

(1) *Histoire ecclésiastique*, liv. XV.

cette dernière ville par ses coreligionnaires; on désarma et on taxa aussitôt les catholiques, on interdit la messe, et on confisqua les trésors des églises au nom et pour le service du roi. A Autun, les huguenots reprirent leurs prêches, la dague et le pistolet au poing. Dijon était menacé. Si le soulèvement dépassait la Bourgogne, l'armée du Triumvirat était prise entre deux feux; la route était ouverte aux reîtres pour pénétrer jusqu'au cœur du royaume. Tavanes, par sa campagne de 1562, dispersa l'aile droite des forces protestantes. Son mérite fut d'autant plus grand qu'il dut combattre à peu près avec les seules forces de la province, et sans savoir jusqu'au bout si le roi lui saurait gré de sa victoire.

Au début de ses opérations, tout lui faisait défaut, l'argent et les hommes. La cour eût été fort embarrassée de le seconder activement, quand trois provinces seulement sur dix-huit restaient fidèles (1), et pourtant elle lui envoyait l'ordre exprès de marcher en avant. Ce fut donc de la Bourgogne qu'il dut tirer toutes ses ressources. Des emprunts forcés sur les huguenots ne suffisaient pas à remplir sa caisse militaire; il s'adressa au Parlement et à la Chambre des comptes, à la mairie de Dijon et au clergé pour être autorisé à saisir et à vendre l'argenterie des églises (2). « J'ai été contraint, écrivait-il au roi le 14

---

(1) Lettre de Santa Croce au cardinal Borromée, 1ᵉʳ juin 1562 (dans les *Archives curieuses*....... publiées par Cimber et Danjou, 1ʳᵉ série, t. VI).

(2) Toutes les pièces relatives à cette question délicate sont au portefeuille Fontette 36 A, fol. 1-18. Le procès-verbal de la saisie est aux Archives de la Côte-d'Or, B, 11720.

« Nous avons été assemblés, écrivent les présidents et conseillers du Parlement à Gaspard, et avons fait assembler le clergé, la chambre des comptes et la ville pour délibérer sur vosdites lettres..... et encore que le maire de la

« mai, d'engager un peu de vaisselle d'argent que j'avais,
« ne trouvant à cette heure un seul grand blanc à emprun-
« ter sur mon bien à cause des temps où nous sommes....
« car vous savez que sans cela on ne peut assaillir, ni se
« défendre. » Le roi lui répondit (24 mai) en approuvant
les saisies faites dans les trésors des églises, « attendu
qu'il est question de la conservation de la religion. » Six
cents chevaux et douze cents arquebusiers, telles étaient
les forces de l'aventureux capitaine quand, quelques
jours après, il entra en campagne.

En même temps, une expédition d'un autre caractère
se préparait. Le Parlement avait décidé l'envoi de deux
députés au roi pour solliciter l'abrogation de l'édit de
janvier. L'un de ces députés était le conseiller Jean Bégat,
le plus brillant orateur de sa compagnie. Ce magistrat,
mort en 1572 à quarante-neuf ans, fut célèbre durant
sa courte carrière, non-seulement dans son pays, mais
au delà même des frontières de France. Non moins zélé
catholique que profond jurisconsulte, il fut, avec Tavanes,
le fondateur de la Ligue bourguignonne, et il agit, parla,
écrivit pour elle avec une égale activité. S'il n'appartient
pas à l'école de Lhopital, il sut néanmoins se garder de
tout excès, et on peut dire qu'il a été le modèle de ces
grands magistrats qui, comme Pierre Jeannin et Etienne
Bernard, surent honorer leur pays natal sous les dra-

---

ville ait déclaré tout apertement qu'ils ne sont d'avis que vous en usiez (de l'argenterie des églises), toutefois le clergé même l'offre et ne voyons autre moyen quelconque, vu la pauvreté du peuple, par lequel puissiez avoir prompt secours..... »

M. Quantin a lu, le 1ᵉʳ février 1855, à la Société des sciences historiques et naturelles de l'Yonne un mémoire, avec pièces à l'appui, sur la levée de l'argenterie des églises à Avallon.

perplexités. Il crut un moment qu'il lui faudrait faire encore un pas en arrière et se mettre sous la protection des remparts de Dijon. Il ne perdit pas néanmoins courage : tous les paysans du bailliage, jusqu'aux serviteurs et aux servantes de la ville mis en réquisition, complétèrent les fortifications de Châlon ; l'arrivée de la noblesse fidèle du Dauphiné, l'annonce de renforts venant d'Italie, ce qu'il apprit des dispositions équivoques des Suisses, achevèrent de le rassurer. Il s'aboucha secrètement avec le commandant des Suisses, Diesbach, lui rappela l'alliance du roi avec les cantons, et s'offrit à lui prouver que Condé était, non pas un serviteur de la couronne, mais un factieux. Diesbach ne demandait pas mieux que de se retirer. Son refus de s'engager plus avant empêcha Poncenat de marcher sur Châlon, et celui-ci dut se contenter d'attaquer les petites places voisines de Mâcon. Son plus brillant exploit fut l'occupation de Cluny. Malgré les recommandations du cardinal de Lorraine, qui en était abbé commendataire, Cluny n'était point gardé ; les moines mêmes s'étaient enfuis, emportant le trésor de leur église. Les mercenaires de Poncenat se consolèrent à la façon des Musulmans, en incendiant la bibliothèque, sous prétexte qu'elle ne contenait que des livres de messe (1).

Pendant ce temps Tavanes sachant Poncenat éloigné, Diesbach indécis et la ville de Mâcon mal gardée, prenait avec lui un millier d'hommes, et faisant un détour, se glissant rapidement de nuit à travers les montagnes, apparaissait au lever du jour devant Mâcon. Cette fois en-

---

(1) Lettre du cardinal de Lorraine à Gaspard, 10 mai 1562. — *Histoire de l'abbaye de Cluny*, par Lorain, p. 277.

core, il eut recours à la ruse. Trois chariots chargés de blé et de paille, conduits par des soldats déguisés en paysans, se présentèrent à une des portes; à peine étaient-ils sur le pont-levis qu'un essieu préparé à dessein se rompit. Aussitôt trente hommes embusqués non loin de là derrière les murailles des jardins et des vignes se précipitent et occupent le corps de garde. La garnison accourt au bruit du tocsin, mais trop tard et avec des forces insuffisantes. Le reste des troupes royales, caché dans les bois, se montre; après un court engagement, la ville est prise (19 août) (1).

Entragues, qui battait alors la campagne, rebroussa chemin promptement pour tâcher de rentrer dans la place : la pluie qui tombait à torrents l'empêcha de profiter du premier élan de ses troupes, et il se retira du côté de Lyon. Poncenat le suivit de près, perdant en chemin ses canons, ses munitions et ses bagages. A Lyon, la débandade devint complète, « et semblait qu'il (Tavanes) menait toute cette armée battant devant lui, pleine de morts et d'épouvante. »

Le général victorieux arriva ainsi jusqu'à trois lieues de Lyon; il établit son camp dans le gros village d'Anse. Les Suisses rappelés par le gouvernement de Berne, qui ne voulait point rompre son alliance avec Charles IX, se retiraient vers leurs montagnes (2), et Gaspard, sur des

---

(1) Varillas (t. I, p. 239) prétend que Tavanes s'aida, pour entrer à Mâcon, de la trahison d'un avocat nommé Du Perron, et qu'il fit ensuite tuer son complice. Mais on sait le juste discrédit où est tombé cet historien.

(2) « ... Ils ont derechef dépêché un personnage noble et authentique de leur conseil pour aller en poste audit Lyon et faire les plus exquises et nécessaires remontrances que possible auxdits capitaines et compagnons, aux fins de

« lui disait-elle, que j'ai perdu mes peines de croire pa-
« cifier les choses par la douceur, et avoir voulu indul-
« ger à ceux-ci, ce que je vous écris avec très-grand
« regret. »

Aussitôt Tavanes ouvrit la tranchée du côté de la basse ville, et s'établit dans un faubourg. Le 4 juillet, son artillerie commença un feu violent contre les murailles et y ouvrit une large brèche. Pour ménager sa petite armée et éviter un assaut meurtrier, il avait introduit un de ses domestiques dans la place, et comptait sur lui au moment décisif; le malheureux fut découvert, mis à mort et sa tête exposée à la vue des assiégeants. Sommé de se rendre, Entragues répondit que s'il tenait Tavanes, il lui ferait subir le sort de son valet. Les femmes elles-mêmes accouraient à la brèche pour la réparer, et accompagnaient la canonnade par le chant des psaumes. Quelques soldats parvinrent à la faveur de la nuit jusqu'aux batteries des assiégeants pour les détruire, et leur irruption soudaine causa un instant de panique que Gaspard eut peine à conjurer. Le lendemain, les assiégés, qui s'attendaient à repousser un assaut, virent avec stupéfaction leurs adversaires lever précipitamment leur camp, et disparaître dans les bois d'alentour. C'était une ruse de guerre pour les attirer en rase campagne; Entragues pressentit le piége, et retint les siens à l'abri des remparts. Tavanes se replia sans être inquiété sur Châlon, où il pensait recevoir des renforts; il avait eu soin de conserver çà et là autour de Mâcon des postes avancés, et avait laissé une garnison à Tournus.

Pourquoi cette retraite soudaine? Les principales villes, au nord du duché, étaient calmes. Villefrancon venait d'expulser les huguenots d'Autun (24 juin) ; au midi seulement, la situation s'aggravait encore. Six mille Suisses levés par ordre de la cour et poussés à leur insu en France par Calvin, venaient d'arriver à Lyon ; là, trompés par le gouverneur protestant Soubise, qui affirmait avoir pris les armes au nom du roi, ils lui avaient offert leurs services. Bientôt après, suivis d'un corps de réformés français conduits par Poncenat, ils arrivaient à Mâcon, d'où ils menaçaient la petite armée catholique.

D'autre part Gaspard redoutait des défections dans ses propres troupes, et il craignait que la politique royale ne fléchît de nouveau vers une transaction inattendue. « A Châlon, il passe un joueur de luth de la reine, qu'il envoya quérir à l'hôtellerie ; il s'étonne et cache sa valise. Le gentilhomme lui dit qu'il fallait venir, malle et tout.... Ce courrier passait sans péril parmi les huguenots que la reine favorisait, et était envoyé à Mme de Savoie, qui agréait ces nouvelles opinions, et à laquelle étaient adressées toutes les lettres qui étaient dans cette malle. La reine écrivait qu'elle était résolue de favoriser les huguenots, d'où elle espérait son salut contre le gouvernement du Triumvirat..... et priait Mme de Savoie d'aider lesdits huguenots de Lyon.... Le sieur de Tavanes, ayant vu les lettres, laisse passer le porteur ; voulant s'excuser ou s'éclaircir davantage des volontés de la reine, il reçoit maigre réponse... (1). »

La prise de Tournus par Poncenat mit le comble à ses

---

(1) *Mémoires*, p. 253.

peaux de la Ligue et bien servir ensuite la France aux côtés d'Henri IV.

Pendant que les députés du Parlement portaient à la cour le vœu de la province, Gaspard entrait à Châlon avec sa petite armée presque sans coup férir (2 juin). En s'approchant de la place, pour en reconnaître les abords, il dispersa une des compagnies que Montbrun avait envoyées battre la campagne. Aussitôt, et sous prétexte que la place n'était pas tenable, le chef huguenot s'embarqua sur la Saône avec le reste de son monde, et laissa ses coreligionnaires à la merci du vainqueur (1).

Cette facile victoire délivra de leurs craintes les Dijonnais, qui la célébrèrent par une procession générale (2), et, en encourageant les soldats de Tavanes, elle valut à leur général quelques-unes de ces paroles dont il trouvait la reine-mère trop avare envers lui. Catherine répondit à la nouvelle de ce premier succès en lui recommandant ouvertement de « nettoyer tout le pays de Bourgogne de cette vermine de prédicants et de ministres qui y ont mis la peste (3); » et elle n'en fut que mieux disposée à bien accueillir l'orateur du Parlement. Bégat gagna complétement sa cause devant le conseil privé du roi. Non-seulement le Parlement obtint que l'exécution de l'édit serait suspendue, mais il reçut les félicitations de la cour sur sa sagesse, et afin de resserrer les liens qui unissaient déjà les catholiques du duché, il imposa par arrêt à tous les officiers royaux de son ressort une solennelle profession

---

(1) Perry, *Histoire de Châlons*, p. 330.
(2) Registres de la chambre de ville, juin 1562.
(3) *Correspondance de la mairie de Dijon*, t. II, p. 22-23.

de foi. Le discours de Bégat, le formulaire promulgué par ses collègues, telles furent les premières manifestations de la Ligue en Bourgogne. Lhopital lui-même avait jugé prudent de leur céder, et il laissait le dernier mot aux arguments que l'épée de Tavanes ne devait pas tarder à produire.

Le général de l'armée catholique était déjà devant Mâcon. Pour en obtenir l'entrée, il avait fait dire aux habitants qu'il ne mettrait aucun obstacle à l'exécution de l'édit de janvier. Mais il était arrivé presque en même temps que son parlementaire en vue des murailles, et son avantgarde essaya même de les franchir de vive force. A la vue des écharpes rouges, la population protestante s'ameuta, se saisit des portes dont elle cacha les clefs, et força le conseil de ville à la résistance. Quelques jours après, un capitaine venu de Lyon, nommé d'Entragues, prenait le commandement des assiégés.

La situation de Gaspard devenait embarrassante; ses forces étaient trop peu nombreuses pour tenter un siége. D'autre part les Mâconnais s'obstinaient à lui dénier ses pouvoirs, et prétendaient justifier leur résistance par leur fidélité au roi. Lui-même ne savait trop que penser des intentions de la cour; les bruits qui couraient sur la prochaine pacification des troubles ajoutaient à ses incertitudes. Enfin il reçut coup sur coup de la reine-mère deux lettres datées du même jour (30 juin). Dans la première, Catherine lui ordonnait de suspendre ses opérations en prévision d'une conclusion assurée de la paix; dans la seconde au contraire, écrite à quelques heures d'intervalle, elle lui donnait carte blanche pour agir : « Je vois bien, maisons de ceux qui étaient rentrés et en massacrer les habitants (1).

Telles étaient les mœurs du temps, tels étaient les résultats de la guerre civile, et pour les dépositaires de l'autorité royale, aux embarras causés par cette guerre s'ajoutaient les craintes de la guerre étrangère. « Je vous
« supplie très-humblement, écrivait Gaspard au roi à pro-
« pos de Mâcon, si pour le temps que j'ai à vous y faire
« service, je n'y commets une faute si notable et si ma-
« laisée à réparer (le désarmement), en considérant le
« guet que peuvent faire nos voisins qui se jouent des
« adversités de votre royaume. Je tiendrai au demeu-
« rant la main le mieux qu'il me sera possible auxdites
« villes frontières, de sorte que vosdits sujets vivront en
« paix et que serez entièrement obéi, comme ja les choses
« y sont fort bien acheminées, y ayant fait publier l'é-
« dit et rentrer les expulsés avec tel commencement de
« douceur qu'il y a apparence que tout ira à votre con-
« tentement... (2) » Il refusa en conséquence aux commissaires royaux l'ordre de désarmer Mâcon, et Charles IX finit par lui donner raison. Ces plaintes et ces débats se prolongèrent longtemps. « Je ne puis me tenir de dire,
« s'écrie Tavanes en 1565, que je suis ébahi de toutes
« ces chicaneries où l'on me fait aujourd'hui étudier, en
« lieu des armes que je soulois ci-devant manier pour
« votre service (3). »

(1) Lettres de Vilaines et Canteperdrix, capitaines de Mâcon, à Tavanes des 16, 24, 27 juillet 1563. — Traité pour les absents de Mâcon, du 18 juin 1563.
(2) Lettre du 4 juillet 1563.
(3) Lettre au roi, juillet 1565.

voyait que réformés et catholiques n'invoquaient l'édit que là où ils étaient les plus faibles, que les uns et les autres croyaient avoir droit à une revanche jugée de part et d'autre inévitable. Sa ligne de conduite était toute tracée : ne pas heurter trop vivement les réformés, leur parler même d'union, puis lentement, doucement leur lier les mains, et à mesure qu'on sentirait leur zèle diminuer, leur foi céder et faiblir, détruire pièce à pièce leurs priviléges. Tout en proclamant son respect pour les consciences, il en voulait à la profession avouée du culte dissident, qu'il confondait avec l'impunité donnée aux factions, et il avait le vain espoir de la faire disparaître peu à peu, sans troubler la paix publique.

Aussi ne permettait-il pas sans mille précautions la rentrée des réformés dans son gouvernement et le rétablissement légal de leur culte. Les administrations locales, purgées des bourgeois suspects, lui prêtaient activement main forte (1). C'est ainsi qu'à Autun il attendit huit mois pour accorder aux huguenots, dans un hameau voisin, le lieu d'assemblée que l'édit leur assurait; et encore peu après il le transféra d'office au milieu des bois, dans un endroit éloigné et difficile d'accès (2). Ceux de Dijon étaient obligés de se rendre à Nuits, et à leur départ, dans les villages sur la route, les enfants criaient : Aux chiens! aux renards! aux méchants huguenots! et la populace se pressait sur leurs pas avec des menaces et des

---

(1) Les États de Bourgogne décident (mai 1563) que des magistrats catholiques seuls pourront être élus dans les villes du duché (Registres des délibérations des États).

(2) Abord, *Histoire de la Réforme et de la Ligue à Autun*, t.I, p. 220,240.

injures. A leur retour, malgré la présence des échevins aux portes de la ville, ce n'étaient que rires insultants et altercations dans les rues (1). Les réformés d'Auxerre n'eurent qu'au bout d'un an la permission de se réunir à Cravant, c'est-à-dire à quatre ou cinq lieues de leur résidence.

Gaspard prétendit ensuite excepter de l'amnistie ceux qui avaient pris part à la dévastation des églises. De leur côté les huguenots n'entendaient pas être accusés pour avoir poursuivi l'idolâtrie; et il n'était pas facile de découvrir les pillards au milieu des briseurs d'images. Tavanes fut implacable envers ceux qu'il appelait « gens vagabonds et séditieux, qui n'ont rien à perdre, ayant été repris de justice pour autre fait que de la religion.... qui ne demandent qu'un renversement pour venir au pillage (2). »

Enfin il se refusa absolument à désarmer les villes frontières. A Mâcon par exemple, la rentrée des huguenots eût équivalu à une invasion de reîtres. Les exilés étaient au nombre de quatre à cinq cents, et ils prétendaient être plus du double, ce qui montrait bien qu'ils songeaient à faire entrer des étrangers avec eux; de plus ils voulaient tous revenir à la fois. Ceux à qui on ferma les portes de la ville erraient dans la campagne, tuant, pour se venger, tout ce qu'ils rencontraient. Ils venaient jusqu'au pied des murailles décharger par bravade leurs arquebuses, puis ils gagnaient rapidement la Bresse, où il était impossible de les poursuivre. Le peuple de Mâcon était si animé qu'à chaque alarme il voulait forcer les

---

(1) Requête des réformés du bailliage de Dijon à Tavanes. — Registres de la chambre de ville, 10 mars 1563, 20 mai 1564.

(2) Lettre à la reine-mère, du 5 juillet 1563.

ordres venus de la cour sans doute, temporisait pour ne pas inquiéter leur retraite. Il attendait en même temps son artillerie de siége, les contingents de la Provence, du Forez et du Vivarais, et quatre mille Italiens envoyés par le pape, comptant plus sur ces moyens pour réduire Lyon que sur les négociations entamées par la reine-mère avec Soubise. Tout-à-coup il apprit que le duc de Nemours venait d'être mis à la tête de son armée. Quoiqu'il lui fût adjoint comme lieutenant, il ne se résigna pas au second rang, et se retira.

Etait-il mécontent de cette sorte de disgrâce, et de l'étrange manière dont on payait ses services? On peut le croire, d'après la mauvaise volonté qu'il mit à fournir à son successeur l'artillerie dont celui-ci avait besoin; il ne se décida que sur un commandement exprès du roi, qui dégageait sa responsabilité. Il refusa également au duc l'autorisation de faire un emprunt dans la province. Ses excuses étaient toutes prêtes : il n'avait lui-même ni trop d'argent ni trop de canons pour garder ses places fortes, et y conserver la sécurité et la paix. On lui signalait çà et là des incursions et des menaces d'émeute. Des bandes de partisans tenaient la campagne autour d'Auxerre et arrêtaient les approvisionnements (1). Plusieurs milliers de reîtres, recrutés par Dandelot en Allemagne, menaçaient le nord du duché. Tavanes s'occupa donc de renforcer l'armée du maréchal de Saint-André destinée

les retirer de là... » (Réponse faite par Mgrs du petit et du grand conseil de Berne aux ambassadeurs du roi très-chrétien, sur leur proposition du 5 septembre 1562. — *Archives fédérales*, à Berne.)

(1) Lettres du bailli de Dijon à Gaspard, 5 et 19 septembre 1562. — Lettre de Lebrioys (sans doute échevin d'Auxerre) au même, 20 octobre.

à les arrêter, en hâtant le passage de nouvelles levées faites en Suisse, et il s'appliqua tout entier à la tâche ingrate de pacifier les villes qu'il avait soumises.

La conclusion de la paix générale, signée à Amboise le 7 mars 1563, ne lui facilita pas cette tâche. Les huguenots protestèrent contre un acte qui restreignait les dispositions de l'édit de janvier; les catholiques s'indignèrent d'entendre publiquement reconnaître que leurs adversaires avaient pris les armes dans de bonnes intentions. En Bourgogne l'émotion fut grande ; elle s'accrut à la réception des lettres où la reine blâmait la sévérité des officiers de justice envers les réformés, et enjoignait d'ouvrir les portes des prisons à tous les détenus pour fait de religion. Le Parlement résolut de surseoir, comme l'année précédente, à l'enregistrement de l'édit, et les États exprimèrent leur intention de s'unir à ses remontrances. L'orateur chargé de résumer les griefs du Parlement fut cette fois encore Jean Bégat. Il arriva à la cour avec un discours rédigé d'avance, qui nous a été conservé. La tolérance entre les deux religions y était représentée comme un sacrilége envers Dieu, une source de maux pour l'État, un attentat envers les priviléges de la province. Lhopital se borna à lui répondre par l'argument décisif du bon plaisir royal. Bientôt en effet le Parlement reçut commandement exprès d'enregistrer l'édit sans modifications ni restrictions. Il n'obéit qu'à moitié et accepta le traité d'Amboise « par provision et jusqu'à ce qu'autrement en fût ordonné. »

Gaspard de Saulx, tout en protestant de son obéissance, multiplia les objections, les difficultés et les retards. Il

CHAPITRE DEUXIÈME

LES GUERRES DE RELIGION EN BOURGOGNE

GASPARD DE SAULX

(1563-1568)

I.

Accusations portées contre Gaspard après la paix d'Amboise (cruauté, cupidité). — Sa vie et son pouvoir en Bourgogne. — Sa famille. — Le château du Pailly. — Passage de Charles IX et de Catherine de Médicis à Dijon. — Les Confréries du Saint-Esprit; leur origine. — La seconde guerre de religion en Bourgogne. — Gaspard à l'armée royale en 1567.

La proclamation de la paix religieuse dans le royaume n'avait pas fait cesser la lutte en Bourgogne ; on pouvait s'y croire encore en état de guerre, puisque l'édit d'Amboise n'avait pas été enregistré par le Parlement. Gaspard, rentré dans son gouvernement, eut à subir, de la part de ses adversaires vaincus, mille outrages, mille récriminations. La nécessité de contenir les huguenots irrités et frémissants, le désir de châtier exemplairement ceux qu'il avait dû réduire à l'obéissance, l'impuissance où il se trouvait peut-être de contenir la réaction populaire, donnèrent à sa victoire, dans certaines villes, la couleur d'une vengeance. Son lieutenant à Mâcon, Saint-Point, ajouta au martyrologe protestant de nombreuses pages. Trop fidèle imitateur de des Adrets, il donnait, disait-on, aux dames le spectacle de prisonniers qu'il forçait à se jeter du haut d'un pont dans la Saône, en invitant son entourage à décider lequel sautait le plus légèrement.

La responsabilité de ces excès fut rejetée sur Tavanes, car on le voit adresser au roi une dépêche qui se termine brièvement par ces paroles vagues et embarrassées : « Quant à ceux de Châlon et de Mâcon, ils ont « reçu quelque mal pour avoir été tenus de guerre par « les soldats, l'ayant bien mérité, puisqu'ils l'avaient « commencée et amené tant d'étrangers. Si est ce que « je leur ai fait tous les plaisirs qu'il m'a été possible, « en me gardant toutefois d'eux comme de vos plus « dangereux ennemis..... (1). » Il était sans doute persuadé qu'envers des rebelles rigueur vaut justice; cependant il ne demandait cette rigueur qu'à l'autorité de la loi. A Mâcon, il arracha à des vengeances brutales ou à un fanatisme sanguinaire un certain nombre de victimes, pour qui les prisons de Dijon furent un asile contre le bourreau, et que l'édit d'Amboise rendit à la liberté. Depuis, les huguenots de Châtillon lui rendirent ce témoignage qu'ils lui devaient la sécurité de leurs personnes et le libre exercice de leur culte. « Tavanes, avoue d'Aubigné, se contenta de chasser les réformés

---

(1) Lettre du 17 novembre 1562.

des principales villes... si bien qu'il n'y eut massacres en Bourgogne que de quelque quarante personnes à Is-sur-Tille, dont encore y eut quelque justice (1). » Quant à Théodore de Bèze, il confesse que Gaspard a plutôt « vidé les bourses que coupé les têtes. »

Cette dernière accusation paraît mieux justifiée ; elle s'éleva de toutes parts contre lui. On lui reprochait d'avoir cherché dans la guerre encore plus la richesse que l'honneur, d'être plus sensible à l'argent qu'à la gloire. Catholiques et huguenots étaient unis pour lui demander un compte sévère de sa conduite. Les uns rappelaient qu'à Châlon il s'était fait livrer les châsses et les reliquaires sauvés du pillage, qu'il s'était attribué les trésors ecclésiastiques de cette ville, surpris par ses ordonnances sur un bateau de la Saône, sous prétexte que c'était un butin enlevé aux rebelles. Les autres comptaient les contributions innombrables infligées à leurs coreligionnaires avant et après la lutte.

Gaspard en effet n'hésita pas, au début de la campagne, à se procurer à tout prix les ressources financières qui lui faisaient défaut. Emprunts forcés et surcharges de taxes, réquisitions de tout genre, vente des trésors des églises, rien ne lui avait coûté. Après la victoire il dut, comme un baron féodal, prendre largement sa

---

(1) *Histoire universelle*, t. I, livre III, ch. 7. Cf. la *France protestante* de Haag, art. Bonnet.

A Dijon aussi, Tavanes se montrait plus modéré, plus enclin à la clémence que certains corps publics, toujours portés à exagérer la rigueur, parce qu'ils échappent plus facilement à la responsabilité. Ainsi on lit dans les Registres de la chambre de ville (5 juin 1562) : « La femme de Chambellan, chirurgien, expulsée de la ville, n'y rentrera pas, comme le demande M. de Tavanes. »

part du butin conquis. Mais ici les accusations s'adressent plus particulièrement à sa femme Françoise de La Baume, bonne ménagère, paraît-il, et qui, au rapport des contemporains, faisait trop bien tourner au profit de sa maison les suites de la guerre. Elle semble avoir toujours tenu et serré à l'occasion les cordons de la bourse. Bèze accuse formellement sa rapacité après la prise de Mâcon. « Les maisons de la ville de ceux de la religion, dit-il, étant ainsi pillées et si bien nettoyées qu'il semblait qu'on n'y eût rien laissé, Mme de Tavanes y sut bien découvrir les cachettes si subtilement, qu'elle eut pour sa part du pillage environ cent quatre-vingts bahuts de meubles tous pleins, outre le fil, pièces de toiles, et toutes sortes de linges, comme linceuls, nappes et serviettes..... Quant aux rançons, bagues, vaisselle et autres joyaux, on n'en a jamais bien su la valeur. Mais tant y a que ceux qui avaient le maniement de telles affaires disaient à leurs amis que Tavanes y avait acquis de quoi acheter comptant cent mille livres de rente. »

L'abbé Agut, dans son *Histoire des Révolutions de Mâcon*, va plus loin. Il raconte que lorsque Charles IX traversa cette ville en 1564, Mme de Tavanes se présenta à lui, vêtue d'une robe traînante, à fonds d'or et d'argent, faite d'un ornement d'autel enlevé à la sacristie des cordeliers. Le père Émot, gardien du couvent, vint se jeter à genoux devant elle, et se mit à prier avec des signes de ferveur, disant qu'on ne devait pas être surpris de l'honneur rendu à cette robe, puisqu'elle était faite d'une chape ayant longtemps servi à l'autel du bienheureux saint François. Tavanes appliqua un soufflet au Père devant le roi, qui n'y prit pas garde; mais tout cela, ajoute le bon abbé, ne fit pas restitution à l'église.

Quelle confiance ajouter à ce récit, quand on sait que Gaspard était, à ce moment même, retenu à Dijon par une blessure reçue dans un tournoi ? Il n'en est pas moins vrai que sa femme avait les mains longues, à en juger par un récit de Brantôme qui la montre, aux noces de Charles IX, portant, au milieu des risées des courtisans, une robe de la princesse de Condé, dérobée dans le pillage de Noyers. Les Mémoires avouent implicitement son avarice, car ils nous apprennent que Gaspard, après la capitulation de Calais, envoya à sa femme le gouverneur anglais prisonnier, et que celle-ci sut en tirer dix mille écus de rançon (1).

Ajoutons enfin à la décharge de Tavanes qu'il se préoccupait parfois des misères que la guerre entraîne après elle. C'est lui qui, dans une lettre au roi, laisse échapper cette étrange réflexion : « Les pauvres, qui sont quelquefois les meilleurs.... », et pendant le siége de Mâcon, il adresse à la reine-mère ces belles paroles : « J'ai reçu
« l'expédition qu'il vous a plu m'envoyer..... bien marri
« que les affaires du roi et les vôtres ne portent que je
« vous puisse servir sans endommager de toutes parts vos
« sujets, d'autant qu'il faudra que j'emprunte des uns, ou
« par manière de dire que je les pille pour faire la guerre
« aux autres..... Je serais bien fortuné de, avec moins

(1) *Mémoires*, p. 203.

« d'honneur, vous pouvoir faire service sans faire mal
« à votre peuple, où je prévois une infinité d'oppres-
« sions ; car je crains, au lieu de lever des gens de guerre
« pour être mal payés, je lève des brigands, comme une
« infinité d'autres qui sont à présent par ce royau-
« me..... (1). »

Cupidité et cruauté, ce sont là les vices les plus communs aux héros de guerres civiles, et le parti protestant ne pouvait manquer de les signaler à l'occasion chez ses adversaires. Tavanes a partagé sa haine avec le terrible gouverneur de la Guyenne, Blaise de Monluc. Celui-ci est allé au-devant des reproches en se vantant d'avoir orné de cadavres huguenots les arbres des chemins où il passait ; et Brantôme affirme à tort ou à raison que les troubles l'enrichirent subitement de cent mille écus. C'est à peu près l'histoire de Gaspard de Saulx. Ces deux capitaines devaient subir la même renommée, après avoir montré le même caractère et affronté les mêmes ennemis. Tous deux, dans leurs campagnes à l'intérieur, ne séparèrent jamais le protestant du factieux ; ils déclarèrent hautement qu'un manteau de religion voilait ici des ambitions plus ou moins légitimes, et malgré leur rigueur calculée, ils furent accessibles, et plus qu'ils n'ont voulu l'avouer, à des idées de tolérance et de générosité. Mais ils le furent par boutade, presque par hasard ; ils n'étaient eux-mêmes que dans le combat.

Avec un tel caractère, Gaspard de Saulx était mieux fait que personne pour entraîner à sa suite le peuple

---

1) Lettre du 16 juin 1562.

auquel il commandait. « Il se moquait, dit son fils, des affaires du gouvernement et de ceux qui en font les empêchés ; disait qu'en temps de paix il n'y avait à s'empêcher pour une heure par semaine. » En réalité il n'exerçait le pouvoir que durant les fréquentes absences du gouverneur, le duc d'Aumale. Apprenait-il son arrivée ? Il se retirait aussitôt dans un de ses châteaux, et y demeurait jusqu'au départ du duc pour la cour. C'était ce qu'il appelait, appliquant à son usage un mot de François Ier, « se mettre hors de page. »

Là en effet il vivait en souverain ou plutôt en seigneur du moyen âge, au milieu d'une splendeur à laquelle le butin fait à la guerre n'était sans doute pas étranger. Il embellit d'abord, à l'extrémité de la province, un château acheté par son père, Le Pailly près de Langres. Cette demeure, un des plus beaux modèles du style de la Renaissance, est encore à l'extérieur le château féodal avec ses fossés, ses tours rondes, son donjon, ses murs dépourvus d'ornements ; mais c'est aussi la maison de plaisance par son élégant pavillon, par sa terrasse à l'italienne où l'on marchait entre une double haie de statues. A l'intérieur, même contraste entre les salles voûtées, aux cheminées immenses, et les colonnes, les sculptures, les bas-reliefs prodigués partout. Le maître du logis semblait partager avec les divinités païennes la royauté du lieu. Ici, Neptune et Amphitrite entourés de Faunes ; là le combat des Centaures et des Lapithes. Sur l'attique du pavillon, s'élevait la statue équestre de Tavanes ; ailleurs on le voyait à genoux, revêtu de son armure, prêt à recevoir l'épée des mains de Minerve, pendant que deux autres divinités lui préparent une couronne de lauriers, et que deux petits génies se préparent à inscrire ses exploits sur leurs tablettes. Ce château fut bâti par le Langrois Nicolas Ribonnier, architecte du duché de Bourgogne; il est à croire que cet artiste a aussi élevé Sully, le *petit Fontainebleau* de la contrée, cette autre construction qui devait occuper Tavanes depuis 1567 jusqu'à la fin de sa vie (1). Qu'on joigne à ces demeures princières le château d'Arc-sur-Tille aux portes de Dijon, à Dijon même l'hôtel de Saulx rebâti au XVe siècle, l'hôtel de Tavanes que Gaspard éleva presqu'en entier, et on verra que le lieutenant-général de Bourgogne aimait autant le faste que les honneurs et la gloire (2).

Pendant la période de trêve qui suit la paix d'Amboise, Gaspard ne s'absente guère que pour aller en Auvergne disputer une succession au nom de sa femme. Pour se distraire du chagrin que lui a causé la mort de son fils aîné, il chasse, il bâtit, il recrute de beaux chevaux pour ses écuries; il veille à la première éducation de ses enfants. Son fils, volontaire dans l'armée royale, lui avait été enlevé par la maladie à quatorze ans sous les murs du Havre. Mais il lui restait, outre deux filles, deux autres fils, Guillaume et Jean, tous deux desti-

---

(1) Notice sur Le Pailly, par M. Pistollet de Saint-Ferjeux (dans les *Mémoires de la société historique et archéologique de Langres*, t. I, p. 212 et sq.). Cf. la publication de Claude Sauvageot sur les châteaux de France.

Sully fut vendu par les Saulx-Tavanes en 1714, Le Pailly en 1764.

(2) Courtépée, *Description du duché de Bourgogne*.

On a une lettre de Catherine de Médicis à Gaspard (9 janvier 1567) par laquelle elle lui demande de lui envoyer des marbres tirés des carrières de Tréchâteau pour la construction des Tuileries.

nés, dans des camps divers, à une certaine renommée.

En 1563 Gaspard les fit émanciper (1), et Guillaume, nommé bailli de Dijon, ne devait pas tarder à lui servir de lieutenant. L'un et l'autre, avant d'entrer dans la vie active des camps, furent envoyés quelque temps en Allemagne, afin de perfectionner leur éducation militaire. Ce voyage était devenu presque une nécessité pour les jeunes nobles, depuis l'intervention permanente des reîtres dans les guerres civiles de la France. Les Mémoires de Guillaume ne font point allusion à cet épisode de sa vie : Jean ne reproduit même pas contre les mercenaires allemands ces récriminations ou ces invectives dont les Haton et les Castelnau sont si prodigues ; il se borne à les trouver grossiers et ivrognes, et juge qu'il est inutile d'apprendre leur langue, par cette plaisante raison qu'ils ne veulent que de l'argent, et qu'on peut les satisfaire sans leur parler (2).

Quant à leur père, pendant leur absence, il restait dans sa patrie l'âme et le chef presque indépendant du parti catholique. Le Parlement, la chambre de ville de Dijon, les églises avaient soldé ses troupes, derrière lui tout un peuple veillait en armes. Un bref du pape (4 août 1562) le félicita de ses victoires, et il s'entendit proclamer en mauvais vers, par un poëte bourguignon,

---

(1) Lettres d'émancipation du 7 février 1563. Papiers de Saulx.

(2) *Mémoires*, p. 269. — « Plusieurs méchantes inventions sortent d'Allemagne, dit-il ailleurs, la poudre à canon, le luthéranisme et autres ; la froidure du pays les reclut sept mois dans les poêles, où ils ont loisir de méditer ces fantaisies, l'esprit n'ayant objet ni divertissement. »

C'est pourtant d'un *poêle* que devait sortir le *Discours sur la Méthode* de Descartes.

l'égal des héros de la fable et de l'histoire, d'Ulysse et de César (1).

Malheureusement pour lui, il ne reçut pas encore, comme il s'y attendait, le titre dont son ambition faisait le plus de cas, celui de maréchal de France. Catherine ne craignait pas de mettre à l'épreuve un dévouement tel que le sien, et elle devait lui faire payer encore par de nombreux services l'objet de ses désirs. Pour lui, il se consolait en Gascon, disant tout haut que Leurs Majestés eussent plus fait pour elles que pour lui en le nommant; et en courtisan habile, il ne se décourageait pas et ne croyait jamais s'humilier. Pour savoir avec quelle ardeur patiente et obstinée il réclamait le prix de ses services, il suffit de lire ce qu'il écrit à la reine en 1567, trois jours après la mort de son ancien compagnon d'armes, le maréchal de Bourdillon : « Vous voyez
« ce qui se présente pour me faire paraître le bien que
« vous me voulez et dont vous m'avez tant assuré.....
« Je vous supplie très-humblement considérer avec quelle
« raison je vous puis faire cette requête, et si vous me
« faillez à ce coup, si j'ai occasion de désespérer du
« tout de jamais être honoré ni reconnu pour serviteur
« de Vos Majestés..... Faisant pour moi, vous ne fîtes
« jamais pour homme moins ingrat, ni de qui vous teniez
« la vie plus à votre commandement.... » Et il ajoute dans sa lettre au chancelier du même jour : « Si jamais
« votre maîtresse veut faire pour moi, il se connaîtra à
« ce coup : je ne m'attends plus à promesse, à honneurs

---

(1) *Discours en vers des misères de ce temps,* anonyme. Bibl. nat., portef. Fontette 36 A, fol. 106-107.

« ni chose quelconque si elle me fault, et n'est plus ques-
« tion de rien croire, ni espérer en ce pauvre monde (1). »

Il reçut pour toute réponse de belles paroles, et attendit patiemment le jour prochain où la cour jugerait l'édit d'Amboise inutile et non avenu. Alors il redeviendrait l'homme indispensable.

Dès 1564, il put pressentir ce jour, lors du voyage de la cour en Bourgogne. Il offrit alors au roi et à la reine-mère une magnifique hospitalité à Dijon, dans l'hôtel même de Saulx. Il était allé au-devant d'eux à une lieue de la ville : « Ceci est à vous, » leur dit-il en mettant la main sur son cœur, et il ajouta en plaçant l'autre sur son épée : « Voilà de quoi je puis vous servir. » Tout l'homme est dans cette courte et significative harangue.

Il les servit, à Dijon même, de sa parole et de ses conseils, séparant moins que jamais les intérêts de l'État des siens. Catherine avait déjà reçu de lui plusieurs mémoires sur l'utilité d'écarter les ambitions princières, de se fier à des serviteurs de moins grande race et par conséquent de fidélité plus désintéressée. Elle comprit le sens de ces attaques détournées, et y répondit par d'étranges confidences : « Ceux de Guise voulaient se faire rois, je les en ai bien empêchés devant Orléans... » Et comme François de Guise n'était plus, Tavanes se croyait déjà destiné à sa succession. Il ne serait pas téméraire d'attribuer à ses conseils les édits rendus peu après à Lyon et à Roussillon, qui restreignirent les concessions de l'édit d'Amboise.

(1) Lettres du 7 janvier 1567.

Extérieurement l'hôtel de Saulx offrit, durant quelque jours, une image réduite de la cour brillante, corrompue et machiavélique du Louvre : au milieu des carrousels et des tournois dont Gaspard offre le divertissement à Charles IX, arrive la grave nouvelle de la mort de Calvin : pendant une audience solennelle, une des filles d'honneur de la reine, Isabelle de Limeuil, se trouve mal, et emportée dans une salle voisine, met au monde un fils, fruit des relations qu'elle avait nouées *par ordre* avec le prince de Condé. Ainsi religion, politique, intrigues galantes, tout était mêlé dans les préoccupations de la reine-mère et de son entourage; tout aussi était subordonné à cette idée capitale de l'appréhension d'une guerre civile prochaine.

S'il est vrai qu'à Bayonne Catherine a eu la première idée de la Saint-Barthélemy, on peut dire également que ce fut en Bourgogne qu'elle commença à prévoir la reprise des hostilités contre le parti huguenot. Et de fait, dès le lendemain du passage de Charles IX, les épées y sortaient du fourreau comme d'elles-mêmes. Les protestants essayaient de troubler une procession à Dijon, et les catholiques d'empêcher à main armée le prêche de Cravant. En dépit des traités, des ligues particulières se formaient sous le nom de confréries du Saint-Esprit. Nées du fanatisme populaire, elles aboutiront aux massacres; plus tard seulement, lorsqu'une idée politique commune inspirera les chefs, elles formeront les éléments de la Sainte-Ligue. A ce moment, ce sont les associations de ce genre qui, se posant en face des associations protestantes, déchaînent la guerre et forcent la main aux politiques. Guizot a parfaitement saisi ce point de vue, que justifient pour la Bourgogne les documents sur lesquels s'appuie ce récit, et il dit avec raison des excès qui ont déshonoré les guerres civiles du XVIe siècle : « C'est une méprise et une injustice trop communes de faire peser presque exclusivement de tels faits, et la réprobation qui leur est due, sur les grands acteurs historiques dont le nom y est resté attaché; les peuples eux-mêmes en ont été bien souvent les principaux acteurs; ils ont bien souvent précédé ou poussé leurs maîtres dans les désastreux attentats qui ont souillé notre histoire, et c'est sur les masses comme sur les chefs que doit peser le juste arrêt de la postérité. Dès qu'on parle de la Saint-Barthélemy, Charles IX, Catherine de Médicis et les Guises semblent sortir de leurs tombeaux pour subir cet arrêt. A Dieu ne plaise que je veuille les en affranchir; mais il frappe les générations anonymes de leur temps aussi bien qu'eux-mêmes, et les massacres pour cause de religion ont commencé par des mains populaires bien plutôt que par des mains royales (1). »

On peut dire que l'existence de ces ligues date du temps de la paix d'Amboise. Au commencement de 1563, Monluc a donné l'exemple en Guyenne; à Bordeaux, à Toulouse, à Agen, des associations se sont formées où entrent à l'envi les seigneurs, les bourgeois, le clergé. La paix les a dissoutes : en effet le gouvernement les suspecte, quoique organisées sous sa surveillance. Elles lui apportaient bien, en cas de lutte, un secours efficace; mais

---

(1) *Histoire de France racontée à mes petits-enfants*, t. III, p. 291.

elles lui rendaient sa tâche impossible, s'il devenait nécessaire de transiger avec l'ennemi. Elles apprenaient enfin à la noblesse et au peuple des provinces à ne plus compter que sur eux-mêmes. C'était ouvrir la carrière aux élans désordonnés de la foule, *lâcher la grande levrière,* comme dit Regnier de la Planche; c'était donner dans chaque ville une couleur de religion aux convoitises ou aux prétentions des plus hardis. On eût dit que la royauté pressentait les excès démagogiques des Seize, les intrigues des Guises et de Philippe II (1).

Les premiers auteurs des ligues provinciales ne voyaient pas si loin dans l'avenir. Il leur paraissait tout naturel de rester unis et prêts au combat, en présence d'une armée de sectaires toujours menaçante au seuil de leurs églises. Leur première pensée, en se voyant désavoués, fut de résister par la voie des représentations et des remontrances. On a la lettre curieuse dans laquelle les prêtres du clergé de Bordeaux défendent l'association dont ils faisaient partie, et que la paix venait de détruire. Ce n'était, disent-ils, qu'une bonne et sainte intelligence entre les trois états « pour plus religieusement reconnaître
« l'honneur de notre Dieu et de son Église, et nous main-
« tenir en l'amour, crainte et obéissance que nous devons
« à notre roi, et rien de sinistre. » Ils supplient ensuite la

---

(1) Condé, dans les remontrances qu'il présenta au roi en 1568, cite ce fait : « Il fut fait commandement par le capitaine de la garnison de Chablis à un personnage qui était de la religion audit lieu de sortir : lui faisant entendre qu'il avait été ordonné que là où il y aurait trois ou quatre de la religion ensemble, il les fallait faire sortir. On lui remontra que c'était contre les édits du roi ; il répondit qu'il savait bien l'intention du roi, et *que le peuple le voulait ainsi, comme si la puissance eut été transférée au peuple :* qui sont faits de très-dangereuse et pernicieuse conséquence. »

reine de peser la différence qu'il y a entre les synodes et colloques et les confédérations, les uns cause de troubles, les autres garants du repos public. Ils ont reçu la paix à bras ouverts, puisqu'elle leur promettait entière protection; par malheur elle a amené une recrudescence de meurtres contre les personnes ecclésiastiques. Ils demandent à être défendus, ou ils sollicitent la permission de sortir du royaume; car ils craignent de ne pouvoir supporter avec la patience nécessaire de semblables épreuves (1).

Rien ne constate mieux que cette pièce singulière l'attitude des deux partis de 1563 à 1567, les colères et les défiances qui survivaient dans les âmes à une guerre qu'en fait désormais nulle force ne pouvait interrompre. Aussi vers 1567, Tavanes favorise discrètement autour de lui la résurrection des ligues, pour prévenir la guerre, disait-il, pour la provoquer et la rendre inévitable, disaient ses adversaires. Ses Mémoires rapportent à cette année ce qu'on pourrait appeler la reconnaissance officieuse faite de ces confréries, comme institution de salut public contre les novateurs. Il avait pénétré l'organisation redoutable des huguenots, et il les combattait par leurs propres armes (2). Il ne se dissimulait pas les dangers d'une semblable tactique; aussi le serment qu'il imposa aux pre-

(1) Lettre du clergé de Bordeaux à Catherine de Médicis (sans date). — Bibl. nat., fonds français, ms. 15881, fol. 381.
(2) Jean de Tavanes dépeint en ces termes l'organisation des réformés : « Le secret, la fidélité, le zèle étaient par eux gardés..... Les surveillants de Genève, sans avoir été en France, y arrivant avec leurs mémoires et instructions, exécutaient dans icelle ce qui leur était commis par les moyens sus écrits; établirent les finances et recettes sur eux, réservant le tiers des butins pour employer à leur cause. Postes à pied, jargons, signes, contre-signes, écritures couvertes, chiffres ne sont épargnés; les églises, les ministres, les surveillants plus fidèles avertis, tout se prépare aux surprises..... » (*Mémoires*, p. 291.)

miers ligueurs, avait-il pour but de les faire servir à la défense du trône comme à celle de la religion. Les membres de la confrérie acceptaient un chef de la main du roi; toutefois il est à remarquer qu'ils ne juraient fidélité qu'à la maison de Valois, comme s'ils eussent déjà pressenti l'avénement des Bourbons hérétiques. En outre ils se promettent le secret le plus absolu envers les étrangers, « sinon autant que par ledit chef il nous sera permis et commandé pour l'exécution et exploit d'icelle. » Ce chef, ce devait être naturellement Gaspard, qui sans doute annonça confidentiellement à la reine-mère les forces nouvelles qu'il mettait à son service. De toute leur correspondance à cette époque, il ne reste qu'une lettre de Catherine, très-significative, pour peu qu'on en veuille peser les expressions, et lire, comme Tavanes a dû le faire, entre les lignes :

« Vous verrez, lui dit la reine, ce que le roi monsieur
« mon fils vous écrit de l'ordre qu'il désire être mis en
« Bourgogne, pour éviter que les villes dudit pays ne
« tombent en l'inconvénient de beaucoup d'autres de ce
« royaume, dont je m'assure que vous savez assez de nou-
« velles ; et pour ce que c'est le plus grand service que
« pour cette heure vous lui sauriez faire, je vous prie
« n'y oublier ne y épargner rien, et que, pour cet effet
« ne craindre *(sic)* point de vous faire si fort que vous ayez
« de quoi commander à la fureur du mal, et empêcher
« qu'elle ne passe plus outre, qui sera un service fait à
« votre maître et à moi, dont vous aurons à jamais sou-
« venance...... »

« Depuis cette lettre écrite est arrivé votre courrier avec

« vos lettres, par où nous avons vu que nous ne pouviez
« mieux faire que vous avez fait (1). »

Quel que soit le mystère dont s'enveloppe ici la reine, il est aisé de voir qu'elle se prépare, non sans terreur, à une lutte prochaine, et qu'elle est résignée à accepter toutes les alliances contre l'ennemi commun. Les événements du dehors devaient précipiter la crise. En 1567, le duc d'Albe passe près de la frontière bourguignonne avec une armée, marchant contre les révoltés des Pays-Bas, et l'on croit qu'en passant il se jettera sur Genève, le quartier général de la Réforme. Aux yeux des catholiques comme aux yeux des protestants, cette marche menaçante pourrait être le signal d'une nouvelle guerre civile. Gaspard de Saulx sent la Bourgogne remuer sous sa main, et il multiplie les précautions militaires. C'est ainsi qu'il fait expulser tous les étrangers de Mâcon, et qu'il ordonne à Dijon une revue solennelle des gardes bourgeoises (2). Ces mesures successives, une levée extraordinaire de Suisses ordonnée par la cour firent croire aux huguenots qu'un vaste complot se préparait pour les exterminer. Rien ne peut dès lors les rassurer, et comme l'écrivait le cardinal de Lorraine à Gaspard dans un moment d'épanchement, « ils ont bien raison » (3). Les uns s'enfuient à Genève qu'ils veulent défendre : les autres craignant d'être surpris, projettent de se lever partout à la fois, d'enlever le roi et de s'emparer du gouvernement. Le mot d'ordre fut répandu et fidèlement gardé, et au jour dit, la révolte éclata.

---

(1) Lettre du 10 mai 1567.
(2) Registres de la chambre de ville de Dijon, 20 juin 1567.
(3) Lettre du 13 octobre 1567.

Le 25 septembre, dans toutes les villes de Bourgogne, on vit sortir et se mettre en campagne des bandes de gens armés. Les conjurés franchissaient les portes de Dijon par troupes de cinq ou six, portant seulement l'épée, comme pour une promenade, et tout le jour suivant, ils cheminèrent dans la direction de Rosoy-en-Brie, où était le rendez-vous commun. Les gentilshommes catholiques du haut de leurs donjons, les capitaines des villes derrière leurs murailles les voyaient passer avec effroi, et, tremblant pour eux, ne pouvaient répondre aux appels pressants du lieutenant général. Celui-ci apprenait bientôt qu'Auxerre avait été surpris dans la nuit du 25 septembre et livré à d'horribles dévastations ; que Mâcon était également aux mains des réformés. Isolé, retenu à Dijon par crainte d'une surprise, il osait à peine écrire à la cour; les chemins n'étaient pas sûrs. Il prenait du moins contre les huguenots toutes les mesures correspondant à notre état de siége, faisait travailler aux fortifications, et appelait autour de lui le ban et l'arrière-ban. Il est vrai que sa caisse militaire était vide, et comme il le disait, « là où le soldat trouve à ga« gner, il n'est plus question de religion » (1).

Pendant tout le mois d'octobre, il fut appelé à l'armée royale de la façon la plus pressante. Dès qu'il crut avoir assuré la sécurité du duché, il s'offrit à partir. Cette fois, il croyait aller à une guerre sérieuse, décisive pour le salut de l'État et sa propre fortune ; avant son départ, il fit son testament et régla toutes ses affaires de famille. On le vit jusqu'au printemps en Lorraine et en Champagne, au

---

(1) Lettre au roi du 26 septembre 1567.

milieu des capitaines qui se disputaient le commandement, sous le nom du frère du roi, le jeune duc d'Anjou. « Là, dit Davila, parlant plus librement, sans toutefois nommer les personnes, il blâma les irrésolutions, les longueurs, les remises et les empêchements qu'on avait mis en avant; voulant donner à connaître par là que les partialités du conseil et la tendresse de ceux qui avaient pitié des huguenots causaient cette froideur dans une si grande armée (1). » Pendant tout l'hiver, ce ne furent que marches et contre-marches, pendant lesquelles les bandes huguenotes se concentrèrent en toute liberté. Gaspard était encore considéré par certains comme le bras droit des Guises (2). En réalité il sortait enfin de la foule et s'élevait pour son compte; il devenait le tuteur politique et militaire du duc d'Anjou. Le jeune prince commence à lui parler comme à un confident : « Chacun fait ce qu'il peut pour gagner sur son ennemi, lui écrit-il à propos des négociations pour la paix, et le plus fin trompera l'autre. » Il ajoute : « Vous avez su que Leurs Majestés m'ont donné le maniement de leurs affaires ; je suis sûr que vous en êtes bien aise, mais le cardinal (de Lorraine) n'est pas content, encore qu'il fait bonne mine (3). » Ainsi Gaspard sans titre officiel arrivait à la succession de ses anciens compagnons d'armes, François de Guise et Montmorency. La fortune le favorisait un peu tard sans doute : c'était de la moutarde après dîner, disait-il dans son langage bourguignon, mais

---

(1) Davila, *Histoire des guerres civiles de France*, liv. IV.
(2) *Mémoires de Castelnau*, VI, 8.
(3) Lettre du duc d'Anjou à Tavanes. (Camp de Tonnay-Boutonne, 14 décembre 1567.)

elle allait amplement le dédommager durant les six dernières années de sa vie.

Pendant cet hiver de 1567, Gaspard continua de veiller de loin à la défense de la Bourgogne, qu'il savait menacée à ses deux extrémités. Son cousin de Vantoux y commandait en son nom avec des forces insuffisantes. L'arrivée du duc de Nevers et de trois mille Italiens changea la face des choses. Mâcon fut repris après neuf jours de siége (4 décembre); toutefois le vainqueur ne put arriver à temps pour empêcher le prince de Condé de traverser le nord de la Bourgogne, et de le livrer aux ravages de ses auxiliaires allemands. La paix de Lonjumeau (23 mars 1568) fut conclue sur ces entrefaites.

II.

État de la Bourgogne après la paix de Lonjumeau. — Passage des Allemands. — Arrivée du prince de Condé à Noyers. — Gaspard organise publiquement la Ligue Bourguignonne. — Plaintes de Condé et de Coligny. — Gaspard reçoit l'ordre d'enlever à Noyers les chefs protestants. — Comment il s'acquitte de sa mission.

De toutes les trêves arrachées à la lassitude des combattants, la paix de Lonjumeau fût la plus courte et la moins sincère. Pendant les six mois qu'elle dura, elle ne fut pour ainsi dire pas observée, surtout en Bourgogne. Dans le reste du royaume elle était déjà entravée par mille causes. Aux yeux du roi et des catholiques, la première condition pour que la paix fût sincère, c'était le désarmement volontaire des huguenots; ceux-ci, au contraire, par défiance voulaient que leurs armes leur servissent à assurer l'exécution du traité; il s'ensuivit que la paix fut universellement violée dès le premier jour.

Entre toutes les provinces, la Bourgogne fut la plus agitée, car les plus ardents des deux partis paraissaient s'y être donné rendez-vous. Nous assistons au prologue d'une tragédie, où chacun parle de paix et se prépare à la guerre, ment aux autres et à lui-même, et embrouille un réseau d'intrigues que l'épée seule pourra briser. La Réforme a deux citadelles dans la contrée, les châteaux de Noyers et de Tanlay, fortifiés plus que jamais en prévision d'une lutte prochaine. Noyers surtout, assis au sommet d'une colline, entouré par une rivière et un triple fossé, protégé par un vaste donjon, paraissait imprenable. Aussi, lorsque Coligny et Condé viennent s'y installer, l'exaltation populaire grandit rapidement; les confréries du Saint-Esprit sortent de l'ombre, prêtes à combattre; et au dernier moment, la fuite des chefs protestants donnera le signal de la troisième guerre civile.

Gaspard de Saulx, en rentrant dans son gouvernement après la paix, s'était trouvé en face des plus sérieux embarras. Il fallait d'abord surveiller à leur passage les reîtres qui regagnaient l'Allemagne avec un sauf-conduit royal. Il fallait reprendre possession de la ville d'Auxerre, occupée par les huguenots lors de la conclusion de la paix. Il fallait enfin prévenir l'agitation que la présence de Condé et de Coligny ne pouvait manquer de produire. Ces incidents, au lieu de calmer les esprits, devaient prolonger l'effervescence d'une population hostile aux novateurs et à leurs alliés. C'est en vain que Tavanes publie le 30 avril une ordonnance où il recommande à ses compatriotes « de quelque religion qu'ils soient, (de) se comporter modestement les uns avec les autres, sans aigreur ni souvenance des troubles passés... » Partout, à toute heure, sous le moindre prétexte, les deux partis sont aux prises. Chaque jour voit s'accuser davantage l'intervention de la multitude, et dès le 27 avril, Gaspard la signalait clairement à la reine, en lui insinuant qu'il fallait la diriger si on ne voulait pas être entraîné par elle:

« Pour ne vous rien cacher, tout esclame contre la
« paix, contre le roi et contre vous. Ce pays qui est de

« frontière et où il y a gens de tête et de cervelle veut
« être traité un peu plus doucement, même que vous
« n'en avez point qui soit demeuré tant en son entier en
« obéissance aux autres troubles et à ceux-ci. Et (il) est né-
« cessaire de se garder de retourner souvent à de telles
« rudesses pour la conservation de votre état. Personne
« n'est payé aux places fortes, même ceux de l'ordinaire
« et mortes paies, ce qui est toute la sûreté, et c'est un
« grand mal que votre susdit état repose sur des gens
« mangés de poux et qui meurent de faim dans lesdites
« places : on leur doit quatre ans. Et faut que je vous
« die davantage, que, *sans les amis que j'ai*, vous y auriez
« bientôt beaucoup de gens mal affectionnés, étant pra-
« tiqués partout à tour de bras, mais j'espère qu'à la fin
« tout ira à votre contentement, *comme je vous le ferai
« plus amplement entendre.* »

La fin de cette lettre, en dépit de ses obscurités calculées, est très-claire. Gaspard songe à organiser définitivement, en vue d'une lutte prochaine, sous la bannière des
confréries, une armée auxiliaire sortie des entrailles de la
province, une réserve des garnisons royales. Il veut
tenir sous sa main, en se mettant à leur tête, ces popu-
lations frémissantes en face d'un ennemi qu'elles accusent
de tous leurs maux. Dès ce moment, le passage des reîtres
et la remise d'Auxerre aux autorités royales étaient le signal des plus graves désordres.

Les Allemands ne quittaient qu'à regret le beau pays
de France, d'où ils emportaient tant de butin, dit Haton,
« que leurs chevaux et harnais ne purent emmener le
tout en leur pays. » Aussi ne s'en allaient-ils que pas à

pas, s'attardant sous divers prétextes dans les riches campagnes de la Bourgogne, et en attendant le complément de solde qu'on leur avait promis, ils dévastaient le pays. A les en croire, ils étaient eux-mêmes exposés dans leur camp à des tentatives nocturnes de meurtre et de vol; ils subissaient les représailles des paysans exaspérés contre ces étrangers qui leur appliquaient encore, malgré la paix, le droit de la guerre. La cour crut un moment qu'elle serait obligée de recourir à la force pour leur faire repasser la frontière; elle laissa même entendre à Gaspard qu'il pourrait précipiter leur retraite par une attaque à main armée. Celui-ci déclina la proposition sous prétexte que les troupes lui manquaient pour une entreprise aussi hasardeuse, et qu'il ne fallait pas ajouter à la misère du pays. Tout le monde n'imitait pas sa sagesse; les catholiques d'Auxerre arrêtaient et dépouillaient un gentilhomme de Coligny qui portait aux Allemands, d'après les conventions faites avec la cour, le reste de leur solde.

Le passage de ces étrangers près de Dijon réveilla toutes les passions populaires. « Quand les reîtres, écrivait
« Gaspard au roi, passèrent près de cette ville, y étant
« conduits par des Français jusques aux faubourgs pour
« saccager, il s'y attacha une escarmouche où furent tués
« cinq ou six reîtres et autant de ceux de la ville. Il se
« trouva deux heures après ladite escarmouche deux hu-
« guenots qui furent tués hors la ville, et encore que cela
« se fît avec cette furie, et qu'il n'y avait aucune occasion
« de plainte, si est ce que j'ordonnai à la justice d'en
« faire informer, et n'ai jamais vu un seul des leurs qui

« s'en soit plaint : mais bien dire ceux de cette ville qu'ils
« ne tiennent la vie que de moi, à cause de la furie du
« peuple qui était ainsi ému de voir tuer les leurs…
« L'on est contraint d'en endurer beaucoup, encore que
« vos édits soient violés à vue d'œil, et même par les plus
« grevés, de peur de recommencer les troubles, et si
« cela dure, à la longue il ne faudra plus parler de jus-
« tice, et de régner (1). »

Le départ des Allemands ne rétablit ni la concorde, ni même la tranquillité. Auxerre était en proie à une réaction violente ; les protestants, aux termes du traité de paix, avaient remis la ville aux mains du roi ; les catholiques, en butte depuis six mois à toutes sortes de vexations ou d'outrages, se vengèrent cruellement ; leurs oppresseurs de la veille furent désormais traités en criminels, traqués, emprisonnés, massacrés. Le gouverneur envoyé par le roi était impuissant à réprimer ces excès, et les troupes mises à sa disposition étaient composées d'Italiens indisciplinés qui faisaient cause commune avec les catholiques. Ce qui surexcitait encore les esprits, c'était la présence, à quelques lieues de là, des chefs du parti ennemi. Vers la fin d'avril, Condé, ne se sentant pas en sûreté dans ses autres résidences, était arrivé avec sa famille au château-fort de Noyers. Coligny et Dandelot ne tardèrent pas à venir habiter auprès de lui, à Tanlay, et leur réunion, en augmentant les défiances de Catherine et de Tavanes, fut une cause indirecte d'agitation, ajoutée à tant d'autres.

C'est alors que le lieutenant général, pour éviter les

---

(1) Lettre du 8 août 1568.

surprises de l'année précédente, songea à tirer parti de l'association secrète déjà formée sous ses auspices, et la rendit publique. A ce moment, les ligues catholiques dissoutes une seconde fois par la paix de Lonjumeau se réorganisaient ouvertement. Ainsi l'on voit se rassembler en Languedoc une « sainte armée de la foi », bénie d'avance par le pape, enrôlée dans les églises, et s'inspirant des souvenirs de la croisade albigeoise. Deux cent trente-huit notables de Bourges, réunis le 18 mai dans la grande salle de l'archevêché, s'unissaient par un serment solennel. L'acte constitutif de la ligue de Champagne était signé le 24 juin (1). La noblesse, le clergé et le tiers-état du Maine et de l'Anjou établissaient aussi leur confédération (11 juillet).

Il n'est pas besoin de dire quelle main cachée mettait ainsi la France catholique sur le pied de guerre. Jean Bégat, l'orateur du parti en Bourgogne, était allé à la cour et y avait reçu toutes les instructions nécessaires (2). Aussitôt après son retour Tavanes s'occupa de les mettre à exécution. Le 8 juillet, eut lieu à Dijon la « description » solennelle des bons serviteurs du roi. Les chefs des compagnies bourgeoises, les principaux membres du clergé et plusieurs conseillers au parlement se réunirent à la *maison du roi* autour de l'orateur du parti, Jean Bégat. Une indisposition très-opportune avait retenu Tavanes dans son château d'Arc-sur-Tille ; mais ses deux fils, Guillaume

---

(1) Dom Vaissette, *Histoire du Languedoc*, t. V, pièces justificatives 112-113. — Mourin, *La Réforme et la Ligue en Anjou*, p. 71. — La Thaumassière, *Histoire du Berry*. — *Journal de Lestoile*, édition de 1744, t. III, p. 31.

(2) Gaspard au roi, 1er juillet 1568.

et Jean, âgés, l'un de quinze ans, l'autre de treize, étaient présents. Selon un écrit du temps, Bégat prononça un long discours pour « remontrer combien il était requis et nécessaire qu'on se préparât et qu'un chacun se montât de chevaux de service et de corps de cuirasses, et ceux de moyen état d'arquebuses et de bons morions, ayant un tel ennemi voisin qui est à Noyers, afin qu'ils ne fussent pas surpris par un tas de petits princes bâtards et étrangers qui avaient voulu faire la part au roi. » Puis les assistants prêtèrent de nouveau le serment de la confédération du Saint-Esprit, et s'engagèrent à servir contre les huguenots de leurs personnes et de leurs biens. Ils promirent, au nom de chacun d'eux, une cotisation annuelle, et au nom de la ville deux cents chevaux et deux cent cinquante hommes de pied, payés pour trois mois.

Quelques-uns pourtant, si l'on en croit les relations protestantes, s'inquiétèrent des résultats de leur adhésion, et séance tenante demandèrent à Bégat si le roi approuvait leur ligue. Celui-ci répondit qu'il existait une autorisation écrite, qu'elle était entre les mains d'un secrétaire de Tavanes, mais la pièce, à ce qu'il paraît, ne put jamais être produite. Bégat aurait même ajouté que peu importait l'approbation royale ; qu'on savait où s'adresser ailleurs ; qu'il ne fallait pas se fier aux lettres officielles reçues par le gouverneur et le Parlement, mais seulement en interpréter certains passages, rédigés dans un langage convenu d'avance (1).

---

(1) La *Légende du cardinal de Lorraine*, dans les *Mémoires de Condé*, t. VI, p. 108. — Je lis dans une lettre un peu postérieure (13 août 1568) qu'adressait à Tavanes son agent à la cour, Abel Guérin : « Monsieur de Fizes m'a dit

Quoi qu'il en soit de ces aveux ; des plaintes s'élevèrent parmi les collègues mêmes de Bégat. Le Parlement prit ombrage de réunions qui ne paraissaient ni provoquées ni approuvées par le roi; le premier président fit part de ses scrupules à Bégat. Tavanes prévenu accourut à Dijon. Il se sentait soupçonné de jouer un rôle double, celui d'exécuteur des volontés royales et celui d'agitateur du parti catholique; ne voulant ni trahir les résolutions secrètes de la cour, ni passer pour un rebelle, il se tira d'affaire par une de ces saillies originales qui lui étaient familières; et demandant aux magistrats eux-mêmes de lui tracer une ligne de conduite, il leur dit « que la justice se peint tenant deux balances; s'ils en voient une pleine de monopoles, hérésies et rébellions, l'autre de l'honneur de Dieu, du service du roi, extinction d'hérésie et de rébellion, (il) remettait à leur prudence celle qui devait emporter le poids. » Et il continua de préparer la levée, et, le cas échéant, la mobilisation des milices populaires. L'avocat Dechevanne organise à Autun et dans les châteaux voisins une « fraternité des catholiques », dirigée par des officiers qui s'intitulent *chefs d'hôtels*, et haranguée par le jésuite Odet Pigenat, un des futurs prédicateurs de la Ligue (1). A Châlon, les confrères,

---

que, si je vous voulais écrire, qu'il vous depêchait un chevaucheur pour le fait des montres ; je l'étais allé trouver pour avoir la missive que demandez touchant la description, laquelle pour être brûlée ainsi que je vous ai mandé, j'ai dressée suivant le thème que m'en avez écrit..... Je la baillai à Monsieur (le duc d'Anjou) lequel, ainsi que je lui en conférai à son dîner, l'a retenue pour en parler lui-même..... Vous avez acquis une grande réputation de la description qu'avez fait faire. » (B. N., Portef. Fontette 40, f° 36.).

(1) *Histoire de la Réforme et de la Ligue à Autun*, par Abord, p. 381-393. Les remontrances envoyées au roi par Condé (dans les *Mémoires sur la*

commandés par des *prieurs* et des *sous-prieurs*, vont jusqu'à déclarer que si les personnes du roi et de ses frères étaient oppressées, de sorte qu'on n'eût pas avertissement de leurs volontés, on promet obéissance au chef qui serait élu. Ce chef était désigné d'avance; c'était le lieutenant général (1).

Ces ardents volontaires ne tardèrent pas à causer à leur général plus d'un embarras par leur témérité. Un jour Condé faisait dire qu'un espion avait été surpris mesurant la hauteur des murailles de Noyers; un autre jour qu'un agent pratiquait, au nom de Tavanes, les gentils hommes de l'Autunois et les avertissait de prendre les armes au premier signal : et quand Gaspard lui demandait en revanche d'user de son influence pour apaiser ses coreligionnaires, il lui répondait que les catholiques devaient poser les armes comme tout le monde, et se conformer à l'édit. Le commandant militaire de la Bourgogne voulait au contraire être prêt à prendre au besoin l'offensive, sans perdre toutefois les avantages de la défensive; il demandait donc aux réformés, aux rebelles de la veille, de désarmer les premiers; à part cela, il offrit à Condé les satisfactions que l'on réclamait de lui. Il déclina toute complicité dans les pratiques secrètes ou les attentats publics

troisième guerre civile) mentionnent une lettre de Tavanes reçue le 27 juillet à Cravant-sur-Yonne, et relative à l'établissement d'une confrérie.

(1) *Archives des Missions*, 3ᵉ série, t. II, p. 88 (d'après le Record Office, State Papers France, vol. XLII).

Le serment de la Ligue, imprimé dans les *Mémoires* (p. 297) porte : Nous jurons d'obéir au *chef élu par le roi*. Cette formule me semble avoir été altérée après coup par l'auteur des *Mémoires*, qui voulait ne pas compromettre dans cette conspiration populaire le nom de son père. Le texte manuscrit qui nous reste du serment (Portefeuille Fontette 39 A, f. 197) porte expressément : Nous jurons d'obéir à *monseigneur de Tavanes*.

contre les huguenots; il promit de faire traduire en justice l'espion surpris à Noyers, et d'exiger une discipline plus sévère des garnisons de l'Auxerrois ; il se déclara disposé à courir sus au premier présomptueux qui contreviendrait à la paix et aux volontés du roi : « J'estime avec
« l'aide de Dieu, ajoutait-il en terminant, que tout cela
« tournera en fiance et que nous aurons ce bonheur de
« jouir de la paix et tranquillité qu'il nous a envoyée, où
« vous, Monseigneur, pouvez beaucoup. De ma part j'y
« emploierai ce peu de puissance que Dieu m'a donné,
« tant pour le devoir de ma charge qu'intention de Sa
« Majesté (1). » C'était là un espoir qui « dans les deux camps, était exprimé encore, mais auquel personne ne croyait plus.

Au moment où Gaspard écrivait cette lettre, un nouvel attentat, qui touchait de près à Coligny, aggravait encore la situation. Un gentilhomme envoyé par l'amiral à Auxerre avait à peine franchi les portes de la ville que les soldats sortis du corps de garde le poursuivirent à travers les faubourgs, firent feu sur lui de leurs arquebuses, et le blessèrent grièvement. Coligny et Dandelot, n'attendant aucune justice du lieutenant général, qu'ils n'aimaient pas et qu'ils regardaient comme complice du meurtre, portèrent directement leur plainte au roi, laissant entendre prudemment mais clairement qui ils accusaient. « La connivence et dissimulation, disait Coligny, dont
« on a usé jusqu'à cette heure en cela a augmenté et
« augmente encore de jour en jour l'insolence, audace et

---

(1) Lettre au prince de Condé, du 10 juillet 1568.

« arrogance d'un peuple qui semble vouloir partager
« votre autorité et votre justice... » et Dandelot précisait ainsi l'accusation : « Tout ce qui se fait aujourd'hui
« n'est que pour tant provoquer et offenser ceux de la
« religion que l'on leur fasse perdre patience ; occasion
« de leur courir sus pour les exterminer (1). »

Ce fut la reine-mère qui répondit ; sa lettre doucereuse donnait à l'amiral toute satisfaction apparente, et essayait sur lui ce système de captation qui le conduisit plus tard au Louvre dans les bras de Charles IX, et de là sous l'arquebuse de Maurevel et le couteau d'Henri de Guise. Que Coligny oublie le passé, disait-elle, qu'il soit persuadé que le roi est bon et qu'il n'a jamais aimé verser le sang de ses sujets, qu'il ne désire rien tant que de les recevoir tous entre ses bras et les conserver unis pour les employer à l'accroissement du royaume. Qu'il ne craigne rien, il n'y a rien à craindre, le roi n'a pas changé à son égard ; s'il en veut meilleure assurance, qu'il vienne à la cour, et il pourra aisément s'en convaincre. La reine ajoutait, il est vrai, que si l'effet des ordres du roi pour le rétablissement de la paix ne s'était pas encore fait sentir, c'était que « les armes sont encore entre les mains de ceux qui ne les devraient point avoir plutôt qu'en celles du roi. »

Ce langage ne dissipa point les défiances des huguenots ; désormais trop faibles dans les villes pour résister à la coalition des forces populaires, ils ne cherchaient plus

---

(1) Lettre de Coligny au roi (13 juillet 1568 (imprimée dans Tessier, l'*Amiral Coligny*, p. 221). — Lettre de Dandelot à la reine mère (même date) (imprimée dans le *Bulletin de la société d'histoire du protestantisme français* (t. VII, p. 121).

à se rassembler, mais ils se tenaient prêts à partir au premier signal de leurs chefs. Ils disaient savoir fort bien qu'à la cour on se préparait à leur courir sus, et paraissaient cette fois remplis de crainte à la pensée de reprendre les armes. Gaspard au contraire, dont les forces étaient organisées partout, aurait pu, affirmait-il, les surprendre par troupes de quinze ou vingt dans les villes et les bourgs; il se contentait de faire partout bonne garde, et s'il fallait « remuer quelque chose, » demandait des ordres précis (1). C'était la seule concession que Catherine, avec sa prévoyance intéressée, ne voulait pas lui faire. A ce moment elle renouvelait à Condé les assurances données à Coligny, lui promettait même de poursuivre et de dissoudre les associations de la noblesse catholique. Elle savait bien ne pas devoir être obéie et ne souhaitait rien tant que de paraître céder à l'élan aveugle de la multitude. En même temps, pour pouvoir, au dernier moment, le diriger selon ses vues, elle réunissait au commandement de la Bourgogne celui de la Champagne, où une ligue était aussi organisée, et autorisait Tavanes à appeler au besoin des troupes du Lyonnais. Elle voyait approcher l'heure où les chefs huguenots exaspérés déchireraient ouvertement le traité de paix.

Sur ces entrefaites, une nouvelle plainte de l'amiral lui arrive; c'est un appel pressant à sa justice, presque une mise en demeure d'agir (30 juillet). Un gentilhomme protestant nommé d'Amanzé vient d'être assassiné, à la porte de sa maison, par six hommes masqués; cette fois Coligny désigne plus nettement ceux qu'il croit

(1) Lettre au roi, du 21 juillet 1568.

les coupables : « Ce sont des fruits et effets des Con-
« fréries du Saint-Esprit et saintes Ligues..... Ce sont
« choses projetées et délibérées avec les gouverneurs de
« provinces, et..... cela ne se fait point sans avis ou pour
« le moins sans un tacite consentement (1)..... » Le 7
août, Catherine et son fils répondirent encore en promettant justice, ne demandant en retour que l'oubli du passé ;
et à ce moment même, ils se préparaient à prendre leur
revanche de l'attentat dont ils avaient failli être victimes
à Meaux, l'année précédente. Les armements des huguenots dans leurs places fortes de l'ouest, le bruit répandu
que des assassins étaient en route pour frapper le roi et
le duc d'Anjou, et ouvrir à Condé l'accès du trône, hâtè-
rent leur résolution.

Un envoyé secret de la cour, Gontheri, secrétaire du
chancelier de Birague, vint trouver Tavanes et lui proposa d'enlever Condé par surprise à Noyers. Le lieutenant-général pressentit le piége ; il comprit qu'un ordre
ainsi donné, s'il l'exécutait, engageait sa responsabilité
en couvrant celle du roi ; que la cour voulait ainsi profiter de l'entreprise, et le désavouer, si elle échouait. Il

---

(1) Lettre du 30 juillet 1568. — A cet acte d'accusation de Coligny il faut joindre celui que Condé adressa au roi le 23 août, au moment de quitter Noyers :
« A quelle autre fin tendent toutes ces confréries du Saint-Esprit et Ligues
saintes qu'ils appellent, où quelques gentilshommes de la religion romaine mal
conseillés s'oublient tant que de conspirer et de jurer la ruine de ceux de la
religion réformée,..... la plupart d'entre eux leurs parents, amis et alliés ? Mais
qui invente et fait dresser lesdites confréries, sinon ledit cardinal (de Lorraine), qui a promis les faire autoriser et approuver par Votre Majesté ? Combien que vous ayez donné assez à entendre que telles choses vous déplaisent,
comme très-pernicieuses à votre état. A quoi peut tendre ce que ledit cardinal
a mandé par toutes les provinces, qu'on n'eût point à ajouter foi à toutes les
lettres et dépêches de Votre Majesté concernant l'entretenement de l'édit, si
elles n'étaient marquées de certain signet ? Et de fait auxquelles a-t-on obéi ? »

commença par décliner les pouvoirs de Gontheri et par demander pour traiter cette affaire quelqu'un d'un rang plus élevé. On lui envoya aussitôt un capitaine nommé Du Pasquier. A celui-ci Gaspard multiplia les objections, la difficulté d'aller surprendre le prince au milieu d'une garnison dévouée, derrière la triple enceinte de son château, les facilités qu'avaient Condé et Coligny pour fuir, le danger d'un insuccès qui l'exposerait lui-même à leur inimitié; il demanda à être couvert par une autorisation écrite, par une déclaration de guerre en règle. Il prenait ainsi à son propre piége la cour, qui permettait à ses agents de distinguer entre ses ordres officiels et ses avis secrets.

Non qu'il blâmât toujours et en principe de telles surprises; cependant il avait déjà prouvé que de semblables missions lui répugnaient. Dès 1560, lorsqu'il s'était agi d'enlever un seigneur protestant, Jean de Ferrières, dans son château de Maligny, tout en paraissant fournir à la reine les meilleurs moyens pour faire réussir ce guet-apens, il s'était arrangé de manière à n'en être pas chargé lui-même, et l'avait fait en définitive avorter. Il se souciait peu d'être accusé de déloyauté envers un gentilhomme allié des Condé et des Montmorency, et il pensait sans doute, comme son fils, que les « gouverneurs doivent dissimuler et couler le temps sans observer les commandements des rois, quand ils leur lèvent l'autorité et le pouvoir, ou sont contre leur honneur (1). » S'il fallait descendre à de telles surprises, il mettait en avant des agents

---

(1) *Mémoires*, p. 251. — V. sur cette affaire le curieux volume intitulé *Jean de Ferrières*, publié à Auxerre (par L. de Bastard).

inférieurs qui couvraient sa propre responsabilité. Ainsi en 1565, il juge opportun d'enlever un seigneur, le baron de Vinzelle, qui favorise sur ses terres un prêche illicite; il espère découvrir dans ces réunions un complot. Il envoie alors un de ses agents les plus dévoués, Abel Guérin, qui, muni d'instructions verbales, organise le « trébuchet où doit tomber le renard. » Nous avons les lettres qui lui furent adressées à cette occasion, et qui font connaître les détails de l'entreprise, sans aucune de ses réponses. Ce coup de main ne réussit pas; raison de plus pour que Gaspard eût à se féliciter de n'avoir livré aucune preuve officielle de sa complicité. Il agissait ainsi envers ses subalternes comme la reine devait agir envers lui en 1568.

Ici l'affaire était bien plus grave; on lui demandait de porter la main sur un prince du sang, sur Condé, le filleul de son ancien protecteur le duc d'Orléans, et son ancien compagnon d'armes d'Italie et de Renty. Comment remplir à la fois ses devoirs de sujet fidèle et de courtois chevalier? Il agit en apparence comme s'il se fût résigné à obéir. Il appela à lui des compagnies de soldats campées sur la Loire, et ses espions rôdèrent autour de Noyers comme pour lui en préparer l'accès. Évidemment, au milieu d'août, Condé s'attendait à une surprise. On le voit introduire à Noyers jusqu'à quatre cents soldats, se munir de vivres comme pour un siége, démolir une église dont il emploie les pierres aux fortifications du château, et assujettir d'urgence à des travaux de défense tous les paysans des environs. Il apprend bientôt, non sans surprise, que des hommes armés venant de la Loire ont passé non loin de lui, et ont répété bien haut qu'ils ne tarderaient pas à revenir, Tavanes à leur tête, et à assiéger Noyers (1). Condé comprend qu'il a quelques jours de répit, il songe alors à la fuite.

Etait-ce là un premier avertissement donné au prince par le capitaine catholique ? En tout cas, cinq jours après avoir reçu les rapports de ses espions, il était encore à Dijon et adressait au roi une longue dépêche qui était à la fois un compte-rendu de ses derniers actes et une apologie de sa conduite. Certains passages sont tout à l'adresse de Condé, et l'on dirait que sa préoccupation principale est de préparer pour l'avenir, aux yeux du prince, sa justification : »

« Il n'y a personne, écrit-il, qui sût dire que j'aie fait
« lever depuis la paix un seul homme, ni de vos ordon-
« nances, ni d'autres, et suis bien ébahi que mondit
« seigneur le Prince croie ce qu'il vous en a mandé ;
« ni moins comme l'on m'a dit, tant avec M. de Bar-
« bezieux qu'autrement, vu qu'il me connaît mieux
« que personne, et sait bien le service que j'ai toute
« ma vie désiré faire à sa maison, même au feu roi
« de Navarre. Il est vrai, quand il sera question des
« commandements de Votre Majesté, de votre état et du
« fait de ma charge, je voudrais non-seulement entre-
« prendre contre lui, mais contre mon fils, s'il vivait. »
C'était sous une forme détournée dire au roi que dans des circonstances aussi graves il ne pouvait agir sans ordre formel. Et plus loin, tout en revendiquant pour le

---

(1) Remontrances de Condé au roi (dans les *Mémoires sur la troisième guerre civile*, liv. I, p. 74).

parti catholique le droit d'association armée, tout en hasardant l'apologie des ligues, il laissait entendre qu'elles n'étaient pour lui qu'un pis-aller, une assistance dangereuse demandée aux forces populaires, pourtant devenue nécessaire, la cour ne lui envoyant ni soldats, ni argent :
« Si mondit seigneur le prince, disait-il, veut être en soup-
« çon comme il est, il ne faut pas trouver étrange de l'au-
« tre côté que ceux qui sont pour votre service en soient
« de même..... Et si sous ombre de ce soupçon qu'il
« (Condé) dit avoir, vous vouliez toujours laisser seule-
« ment le peuple pour la garde des villes, Votre Majesté
« peut penser quelle sûreté il y pourrait avoir; ou il faut
« que les soupçons cessent, ou il faut se garder à bon es-
« cient; par quoi, quoi qu'il en soit, il est force de faire
« tenir des compagnies aux garnisons, tant pour la sûreté
« d'icelles, que pour garder les séditions, d'autant que
« sans la force, il est malaisé de réconcilier ces deux
« peuples, que votre justice puisse être administrée, les
« pays en sûreté et purgés des méchants, et si ladite
« force n'y est bien roide, encore qu'il n'y ait point de
« guerre, vous ne verriez jamais que meurtres, pauvreté.
« Quant aux insultes et oppressions faites à ceux de l'an-
« cienne religion..... ceux qui tiennent votre justice vous
« en pourront avertir quand il vous plaira le commander,
« et s'il vous plaît me commander vous en avertir, je le
« ferai à la vraie vérité, non que je veuille dire que
« mondit seigneur le prince en soit occasion, car j'es-
« time qu'il ne le voudrait souffrir; joint que je m'assure
« qu'il n'est pas maître de tous ceux de ladite religion,
« principalement des méchants. »

Puis viennent ses explications sur la confrérie du Saint-Esprit et les imprudences qu'on lui avait reprochées sans doute à cet égard : « Quant à l'article qui parle du pro-
« pos que tint monsieur Bégat à quelques-uns de ceux qui
« sont en la description de cette ville, pour autant que
« ceux de ladite religion prétendue faisaient semer un bruit
« par sous main que c'était pour leur porter dommage ;
« étant malade je lui ordonnai les assemblées en public,
« et leur faire entendre l'occasion de ladite description,
« qui ne tend à autre chose qu'à l'observation de l'édit,
« et pour, si les troubles viennent à renaître, à la manuten-
« tion de votre état, sûreté des pays à moindres frais que
« l'on a accoutumé du passé ; de laquelle description j'ai
« averti, il y a plus de six semaines, mondit seigneur le
« Prince, comme l'avez pu voir par le double des lettres que
« je vous ai envoyé, et que je vous envoie encore. Quant
« à dire que mes enfants y ont été, ce sont garçons qui
« courent partout, et y furent, et seront, si Dieu plaît, dé-
« crits pour mourir à vos pieds ; et des propos calom-
« nieux de quoi il charge le sieur Bégat, il est person-
« nage fort avisé, et aussi peu ignorant qu'homme de sa
« robe de votre royaume. Je lui ai donné charge de vous
« avertir de son dire ; la vérité de cela ne peut être ca-
« chée pour avoir été dite au vu et su de tout le monde,
« en présence de tant de gens et des plus notables de la
« ville. Je me tiendrai toujours bien honoré de faire chose
« qui soit agréable à monseigneur le Prince, moyennant
« qu'il n'y aille rien du vôtre, et du fait de la charge
« qu'il vous a plu me commettre (1). »

(1) Lettre du 20 août 1568.

Ce plaidoyer achevé, ses sûretés prises du côté de la cour et de ses adversaires, l'habile Tavanes se décida à partir. Tout en paraissant resserrer les mailles du filet qu'on lui ordonnait de jeter sur Noyers, il envoyait en avant-garde des espions qui avaient au moins deux jours d'avance sur lui (1), et qui se laissèrent surprendre à dessein au pied des remparts. Ils étaient porteurs de lettres soi-disant adressées à des troupes venant du côté de la Loire et contenant ces mots : « Le cerf est aux toiles, la chasse est préparée, hâtez-vous. » L'avertissement fut compris.

Le 25 août, Condé et Coligny avec leurs familles et leurs serviteurs s'échappaient de Noyers et prenaient en toute hâte le chemin de La Rochelle. Le premier, avant de monter à cheval, avait lancé à l'adresse du roi un dernier réquisitoire où l'on ne trouve pas un mot contre Tavanes. Ce silence prouve que le capitaine catholique avait dégagé à temps son action de celle de Catherine et de Guise; il exprime éloquemment la reconnaissance de Condé pour un bienfait dont l'auteur n'entendait pas être remercié, dans son propre intérêt. De même l'écrivain protestant qui a rédigé les *Mémoires sur la troisième guerre civile* ne nomme point Tavanes à cette occasion. Il n'eût pas manqué de le charger, s'il eût eu en main des preuves suffisantes, ou s'il n'eût pas connu l'immense service qu'à la dernière heure le lieutenant général de Bourgogne avait rendu à Condé (2). Bien mieux, c'est évidem-

(1) La *Légende du cardinal de Lorraine* dit positivement que Condé, lorsqu'il quitta Noyers, avait deux journées d'avance sur ceux qui le poursuivaient.

(2) *Mémoires sur la troisième guerre civile* (par Jean de Serres), p. 76. — Le *Discours merveilleux de Catherine de Médicis* attribué à Henri Estienne a

ment à Gaspard de Saulx qu'il fait allusion (il ne voulait pas le nommer de peur de le compromettre) lorsqu'il rappelle que le châtelain de Noyers fut averti plusieurs fois qu'il allait être cerné. Enfin, un mois auparavant, le prince lui-même avait hautement justifié son loyal ennemi, son futur vainqueur : « Je m'assure, sire, « écrivait-il au roi, que ledit sieur de Tavanes ne sait rien « de ceux qui contre moi veulent quelque chose entre- « prendre; car je le connais de trop longue main enne- « nemi de ceux qui ne veulent qu'entretenir les trou- « bles (1). »

Les Condés, par la faveur constante dont ils entourèrent les Tavanes pendant les siècles suivants, firent honneur à la parole de leur ancêtre, et de génération en génération, reconnurent le service rendu.

Gaspard, dès qu'il connut le départ du prince, arrêta sa marche vers Noyers, qu'il avait savamment ralentie, et il laissa à Vantoux et à Barbezieux, ses lieutenants en Bourgogne et en Champagne, le soin de réduire la place. Le mois suivant, il quittait son gouvernement sur l'invitation du roi, pour aller combattre et vaincre en bataille rangée ceux qu'il avait rougi de surprendre dans un piège vulgaire.

raconté, avant les *Mémoires*, l'incident des messagers de Tavanes se laissant surprendre à dessein par Condé. De plus on lit en note : « Bien en prit à ce prince d'avoir été averti à propos par un cavalier inconnu qui passa devant le château de Noyers avec un cor de chasse dont il sonnait, et dit ensuite ces mots : Le grand cerf est relancé à Noyers. Le prince, à qui on avait donné le nom du grand cerf, entendit tout ce que l'on voulait dire par ce peu de paroles et sur-le-champ il abandonna son château..... » (Dans Lestoile, *Journal de Henri III*, éd. de 1744, t. II, p. 356.)

(1) Lettre du 22 juillet 1568 (citée dans *l'Histoire des princes de la maison de Condé*, par M. le duc d'Aumale, t. II, pièces justificatives).

CHAPITRE TROISIÈME

LES GUERRES DE RELIGION DANS L'OUEST ET A PARIS

GASPARD DE SAULX

(1569-1573)

Gaspard tuteur militaire du duc d'Anjou. — Ses sentiments à l'égard des Guises. — Campagnes dans l'ouest de la France. — Affaire de Jarnac. — Bataille de Moncontour. — Dernier séjour de Gaspard en Bourgogne. — Il résigne ses fonctions. — Il est nommé maréchal de France. — Sa rivalité avec Coligny. — Son rôle dans le massacre de la Saint-Barthélemy. — Il tombe malade et meurt à Sully (1573). — Son tombeau. — Jugement.

A partir de 1568, Tavanes n'appartient plus guère à l'histoire de Bourgogne ; c'est à l'histoire de France qu'il faut demander son rôle dans les batailles de Jarnac et de Moncontour et dans la journée de la Saint-Barthélemy.

La guerre civile était de nouveau déchaînée, et les provinces de l'ouest allaient en être le théâtre. Comme l'année précédente, Catherine de Médicis avait mis son second fils, le duc d'Anjou, à la tête de l'armée catholique et royale ; et de tous les conseillers militaires qu'elle lui donna, Tavanes fut, sinon le mieux écouté, du moins le plus digne du commandement. Ses avis trouvaient malheureusement des adversaires obstinés, par cela même qu'ils étaient empreints de fermeté et de résolution. Ils échouaient tantôt devant l'indolence du prince, tantôt devant la jalousie des autres chefs, tantôt devant l'opposition lointaine, mais efficace de la reine-mère, et dans les rares occasions où on se décida à les suivre, on fut récompensé par le succès. Il trouve d'abord en face de lui dans le conseil Sansac, vieux soldat toujours en colère, avec lequel, après l'avoir inutilement provoqué en duel, il dut subir l'égalité; tantôt il lui faut être plus actif que M. de Montpensier, tantôt plus prudent que le jeune duc de Guise; il secoue l'inertie calculée des politiques, il sauve les téméraires de leurs imprudences.

Nous n'avons pas à entrer ici dans le détail de ses opérations militaires; il nous suffira de montrer quels furent son attitude et son rôle dans la situation élevée et délicate où la reine-mère l'avait placé pendant la première partie de la campagne. Avant l'hiver de 1568, les armées catholique et protestante s'observent sans agir; deux fois, à Pamprou et à Loudun, elles sont en présence, et on recule de part et d'autre; chacun rentre dans ses quartiers sans avoir osé combattre. La campagne recommença au printemps, et comme Gaspard l'avait prédit, on ne tarda pas à se rencontrer sur la Charente, à Jarnac. Ce fut un simple engagement de cavalerie, auquel l'arrière-garde huguenote ne put se dérober, et quoique le duc d'Anjou, dans son rapport officiel, ne nomme pas Gaspard, celui-ci pourtant, par l'adresse qu'il eut de découvrir un gué dans la rivière, puis de tourner, à l'aide d'une marche de nuit, les forces ennemies, eut la plus grande part au succès. Toute cette première partie de la campagne est racontée par lui, avec des détails techniques, dans une longue lettre que les Mémoires nous ont transmise.

Son pupille recueillit l'honneur officiel de cette victoire; pour lui, il lui suffisait de savoir que son nom était dans toutes les bouches catholiques (1); et, par prévoyance envers sa propre fortune comme par amour de la royauté, il jugeait le duc d'Anjou un appui plus sûr pour la couronne que la maison de Lorraine, dont les ambitieuses espérances se réveillaient alors. Henri de Guise, âgé de dix-sept ans, faisait partie de l'armée, et Tavanes le voyait avec dépit se faire une place chaque jour plus grande dans les conseils. Le vieux soldat n'avait plus d'aîné sous le harnais depuis la mort du connétable de Montmorency, et il maugréait volontiers contre ces princes qui, depuis trente ans, par droit de naissance, lui fermaient les avenues du pouvoir. Sa colère éclate le lendemain de Jarnac, quand Guise l'abandonne sous les murs de Cognac, exposé avec peu de monde au choc d'une nombreuse infanterie. Dès qu'il fut parvenu à se dégager : « Je regarderai mieux à l'avenir avec qui je marche, » répondit-il à Guise qui s'excusait en vain auprès de lui.

Sa mauvaise humeur contre cette maison dut s'accroître, quand il vit que le duc d'Aumale n'avait pas

---

(1) « On donna l'honneur de cette défaite (Jarnac) à M. de Tavanes, lequel donna conseil de passer la rivière et faire des ponts toute la nuit pour surprendre les ennemis. » (*Journal d'un curé ligueur*, publié par Éd. de Barthélemy, p. 104.)

Le rapport officiel du duc d'Anjou a été inséré dans les *Archives curieuses* de Cimber et Danjou, 1re série, t. VI, p. 367.

su en Bourgogne barrer le passage aux reîtres et que ceux-ci, après avoir brûlé dans la province quatre cents villages (1), rejoignaient impunément les huguenots en Limousin. De son côté Catherine accourut bientôt à l'armée, suivie du cardinal de Lorraine; elle prétendait donner aussi son avis sur les opérations militaires, c'est-à-dire les subordonner d'avance aux machinations secrètes de sa politique. Gaspard devait se borner à réparer les fautes commises.

Un jour il arrête à temps l'armée qui allait, sur le conseil du cardinal de Lorraine, poursuivre imprudemment l'ennemi et tomber dans un piége : « Il est impossible, dit-il à la reine, d'être bon prêtre et bon gendarme. » Quelque temps après, à la Roche-Abeille, il arrive trop tard sur le champ de bataille pour empêcher l'avant-garde d'être taillée en pièces. Le duc de Guise et son compagnon Martigues faillirent payer cher la peine de leur témérité : « Je disais bien, s'écria Gaspard, que ces jeunes gens gâteraient tout, » et rencontrant le duc lui-même au milieu de ce désordre qu'il s'efforçait de réparer, il l'interpella avec hauteur, comme il avait interpellé son aïeul à Ivoy, et son père à Renty : « Monsieur, avant que d'entreprendre il faut penser, il vous eût été plus louable de perdre et de mourir que de faire ce que vous avez fait. » Il eût voulu le faire chasser de l'armée ; Guise crut prudent de s'éloigner, et alla soutenir dans Poitiers le choc des huguenots. Un peu plus tard, Gaspard parvint à faire lever à Coligny le siége

---

(1) Une invasion en Bourgogne en 1569, par Rossignol (*Mémoires de l'Académie de Dijon*, 1851, 2ᵉ série, t. I).

de cette place par une diversion vigoureuse sur Chatellerault.

Durant le cours de ces opérations décousues, il avait en outre à lutter contre d'autres difficultés, comme le manque d'argent et l'indiscipline des troupes. Dans ses lettres à la cour, il était sans cesse obligé de justifier le passé et sollicitait en vain les moyens de préparer l'avenir. On lui avait refusé l'autorisation de faire du Poitou un désert, afin d'affamer l'ennemi. Enfin il lui fut permis d'agir énergiquement avant l'hiver; la bataille de Moncontour s'ensuivit. Il sut encore une fois tourner les huguenots et les amener à accepter le combat. Le matin du 3 octobre 1569, après avoir reconnu les lignes ennemies, il revint dire au duc d'Anjou : « Monseigneur, vous êtes heureux, ils sont à vous; si nous faillons à donner la bataille et à les mettre à la raison aujourd'hui, je ne porterai jamais les armes; faites marcher, au nom de Dieu, en toute diligence et sans rompre l'ordre (1). » Tout s'aborda presque d'un front, dit la relation officielle de la bataille; ou pour mieux dire, ce fut une suite de charges où les principaux corps et les chefs des deux armées furent successivement engagés. Gaspard, ordonnant et combattant tour à tour, sut jeter dans la mêlée, exciter sa cavalerie de la voix et de l'épée jusqu'à l'arrivée des bataillons suisses, qui décidèrent la victoire. Il semblait, disent les Mémoires dans leur style pittores-

(1) Ces paroles sont extraites du *Discours sur la bataille du lundi troisième d'octobre* 1569..... publié chez Jean Dallier, par ordre du roi. L'Histoire de la Popelinière, les Mémoires de Tavanes et ceux de Claude Haton les reproduisent avec quelques différences.

que, que son seul corps mouvait les escadrons et bataillons comme ses membres. Le duc d'Anjou fut le premier à lui rendre hommage, en envoyant à son logis toutes les enseignes et cornettes conquises.

Si l'on eût vigoureusement poursuivi les huguenots, la guerre était finie. Ainsi le voulait Gaspard, mais ce fut contre la cour qu'il dut continuer à combattre. La reine-mère accourut à l'armée; on lui avait insinué que le duc d'Anjou abuserait contre son frère de son triomphe. D'après Haton, Catherine de Médicis se montra à la fois surprise et irritée. Elle reprocha à Gaspard d'avoir laissé engager l'action; elle « lui dit comme en courroux, qu'elle ne lui savait point de gré d'avoir fait exposer son fils en un si grand danger et qu'il s'en repentirait. » Gaspard, qui s'attendait à être cette fois maréchal de France, fut vivement irrité de cette ingratitude, et reconnut la main des Lorrains dans le coup qui le frappait; il se contint pourtant, et sous prétexte de maladie, il demanda à se retirer en Bourgogne. On se hâta de lui accorder ce que Catherine, dans le premier moment, avait songé à lui imposer, et, quoi qu'on fît ensuite pour l'entraîner au siége de Saint-Jean d'Angely, il partit. Le duc d'Anjou en le quittant le serra cordialement dans ses bras, et lui promit, en présence de sa mère, qu'il ne l'oublierait pas (1).

Durant son voyage pour rentrer dans sa province, le vainqueur de Moncontour fut accueilli partout en triomphe, comme un héros populaire, comme le sauveur de la

---

(1) *Mémoires* de Haton (dans la *Coll. des Documents inédits*), t. II, p. 184.

France catholique. Charles IX le reçut avec de grandes louanges lors de son passage à Orléans : Paris lui fit présent d'un vase et d'un bassin d'or aux armes de la ville. Il pouvait attendre fièrement, au sortir de ces ovations, que la cour revînt à lui. Il se savait dénigré par les envieux du duc d'Anjou; mais il sentait aussi que, si la confiance de la reine-mère en lui était légèrement altérée, l'estime demeurait; et les agents qu'il avait gardés à la cour s'occupaient avec adresse d'y préparer son retour. Une longue lettre de l'un d'eux, du 6 janvier 1570, révèle d'une façon assez intéressante sa situation en face du roi et de l'entourage royal pour être citée en partie :

« Quand je partis de la cour, lui écrit son affidé Abel
« Guérin, je parlai à Leurs Majestés assez longtemps; et
« le roi et la reine me dirent que vous ne bougeassiez
« cet hiver, afin que vous fussiez bien rafraîchi pour
« les venir trouver au printemps prochain; et sept ou
« huit fois le roi me demanda : Penses-tu pas qu'il
« vienne? Je lui répondis : Sire, vous savez qu'il n'a
« jamais été rétif de vous faire service. Il me répliqua :
« Mais je ne le sus emmener avec moi; il est bourgui-
« gnon, il est arrêté en ses opinions. Je lui dis : Sire, il
« est sexagénaire; s'il eût eu encore un tel hiver sur la
« tête que celui de l'année passée, il était en danger
« de perdre l'ouïe; sage qu'il est, il s'est retiré pour
« se faire panser, afin de se consacrer pour plus lon-
« guement vous faire service. Il me dit : Il a bien fait.
« Mais infiniment il me demanda si sur ce printemps
« vous ne reviendriez pas. Je vous cote ces répétitions
« parce que M. le comte de Retz entra quasi en pareil

« discours avec moi et me passa outre me demandant
« si vous étiez mal content. Je ne lui sus dire autre
« chose sinon que les services qu'aviez faits et faites
« peuvent rendre témoignage de vos actions, et au
« demeurant que Leurs Majestés vous avaient licencié
« avec tel visage que l'on ne pouvait rien attendre de
« vous ci-après ni moins que ce que l'expérience et les
« œuvres en avaient démontré. Il me dit : Je vous
« en parle comme un des plus affectionnés et humbles
« serviteurs qu'il ait, et que, voyant l'heur qui le suit
« et les grandeurs qui lui sont préparées, attendu l'es-
« time que le roi fait de lui, étant en sa maison, il ne
« fasse une résolution de s'y retirer. La reine plus par-
« ticulièrement me parla de vous et plusieurs fois me
« dit si vous ne viendriez pas. Je lui repris une conforme
« réponse que celle que j'avais faite au roi, et y ajou-
« tai : Madame, maintenant que vous connaissez de
« quel bois mon maître se chauffe, quelle est sa répu-
« tation, qu'il n'a jamais été qu'au roi et à vous, com-
« bien il a servi à Monsieur, si vous le voulez avoir,
« donnez-lui les occasions. Il y a un tel temps qu'il a
« un brevet, par lequel le roi lui accorde la somme de
« dix mille livres de rentes sur les bénéfices qui vien-
« dront à vaquer, qui lui a été infructueux. Souvenez-
« vous de lui et des occasions qu'il vous en a baillé,
« de la ruine qu'il a soufferte en ses terres, lorsque le
« duc de Deux-Ponts passa en Bourgogne, montant
« plus de soixante mille livres et sans qu'il vous impor-
« tune ; faites qu'il soit reconnu suivant ses mérites ;
« il n'est point ingrat, ainsi estimera plus ce que ferez

« pour lui de vous-même que si par ses avertissements lui
« bailliez quatre fois plus. Je lui repris encore : Comment,
« Madame, pensez-vous qu'il tienne rien de vous, du
« don qui lui a été fait? Non, mais de Monsieur ; d'au-
« tant que vos facultés sont plus grandes, il espère
« davantage de vous. Vous faites M. le maréchal de
« Cossé, outre les grands bienfaits qu'il a déjà reçus,
« lieutenant-général en Guyenne, M. de Biron grand-
« maître de l'artillerie, et mon maître qui a tenu la
« queue de la poêle, rien! Si vous n'avez autre souve-
« nance de lui que par le passé, vous l'enverrez chez
« Guillot le songeur pour lui faire croire que ceux qui
« sont reconnus (le bien desquels il ne jalouse pour leur
« être bon ami) sont en autre opinion en votre endroit
« que lui.

« Alors que j'eus achevé mon propos, elle mit en
« avant une infinité de belles promesses jusqu'à me
« dire qu'elle ne serait jamais à son aise qu'elle ne vous
« eût satisfait, et infinis autres discours que je vous fe-
« rai entendre plus amplement, ne vous avertissant de
« ce que dessus à autre intention que pour vous rendre
« prémédité des réponses que vous leur devez, conjectu-
« rant par le discours de M. le comte de Retz que l'on
« vous ait prêté une chèreté (sic) et que l'on leur ait fait
« entendre que vous voulez vous retirer et que vous soyez
« parti mal content de la cour. De fait je me suis trouvé
« en la maison d'un seigneur de Bourgogne, qui est ici,
« qui se dit fort votre ami, lequel disait : Voilà M. de
« Tavanes retiré pour jamais, parce qu'ayant acquis la
« réputation qu'il a, et voyant les armes journalières, il

« craindra que si ces guerres continuent et il advienne
« derechef une bataille, un désastre n'efface ce (nom)
« de glorieux qu'il a acquis. Vous pouvez penser que
« tels propos venant d'eux à moi ont déjà fait parure en
« autre boutique que la leur........... »

La carrière de Gaspard était cependant loin d'être finie, et il allait la terminer sur ce champ de bataille périlleux de la cour où il devait, comme tant d'autres, glisser dans le sang. Dès le printemps de 1570, il y reparaît, Catherine ayant fait les avances. D'après les Mémoires, il conseilla au roi de poursuivre la guerre à outrance contre les huguenots. Brantôme, au contraire, l'accuse d'avoir penché pour la paix, afin qu'on pût vaincre « par la voie de renard » ceux dont on n'avait pu venir à bout par les armes. Quelque intéressée que soit la première assertion, elle me semble plus croyable. Le vainqueur de Moncontour avait peu de goût pour ces longs manéges de dissimulation, sa correspondance en fait foi; l'entourage de Catherine a sans doute voulu après coup se débarrasser sur lui de la responsabilité de la Saint-Barthélemy. Tout au plus Gaspard de Saulx pouvait-il être indifférent à la continuation d'une guerre où il n'était plus employé ; « contrarié par les divers buts et desseins de la cour, disent encore les Mémoires, (il) ne s'oppose à la paix. » La paix fut en effet signée peu après à Saint-Germain (août 1570).

C'était aussi le temps où, de l'aveu de Brantôme, Gaspard de Saulx était « craint, honoré, aimé, respecté, recherché et fort bien admiré. » Il était resté l'homme de confiance du duc d'Anjou, et il reçut de lui, comme nouvelle récompense de ses services, une pension de deux mille livres; pour ne point inspirer de défiance, il ne la voulut accepter qu'avec l'autorisation royale (1). Il fut de ceux qui furent chargés de régler diverses questions laissées pendantes par le traité de paix, comme les rançons des prisonniers, et il s'acquitta de cette mission de manière à s'attirer les louanges de certains huguenots, sans nuire pourtant aux vues secrètes de la cour (2). Il avait beaucoup à ménager de ce dernier côté; car il convoitait depuis longtemps, sans pouvoir l'obtenir, la dignité de maréchal: sa femme, qui joignait l'adresse à l'ambition, pressait la reine mère de le nommer, quoiqu'il n'y eût alors aucune place vacante; et comme Catherine alléguait qu'il n'y avait pas de précédents: « Est-ce donc chose si commune, lui fut-il répondu, que de gagner deux batailles en un an? » Cette raison fit son effet, et le 28 novembre 1570, pendant les fêtes du mariage de Charles IX à Mézières, Gaspard recevait le bâton tant désiré. L'année suivante, à la mort de Vieilleville, il prenait régulièrement place parmi les quatre maréchaux de France.

Deux mois auparavant, il avait fiancé à son fils aîné Guillaume Catherine Chabot, fille du comte de Charny;

(1) Brevet du 8 septembre 1570 (Pap. de Saulx). « Ceux que le roi aimait semblaient haïs de Monsieur, ceux que Monsieur aimait n'étaient en apparence guère bien reçus du roi. » (*Le Réveille-Matin des Français*). — Cf. *Mémoires*, p. 99.

(2) Son fils affirme que les huguenots ne voulaient pas d'autre arbitre. On lit d'autre part dans les *Mémoires mss. de La Huguerie* (Bibl. Nat.) que Tavanes, continuant son opposition à la paix, laissait les choses en suspens, malgré les plaintes incessantes des huguenots. — Ces curieux Mémoires, œuvre d'un secrétaire de Coligny, seront prochainement publiés par la Société de l'Histoire de France.

puis il s'était démis en faveur de ce dernier de sa charge de lieutenant général de Bourgogne. Désormais on ne le reverra plus guère en sa province ; il est au Louvre, où il conseille, critique, censure, et où l'on redoute à la fois sa rude franchise et son crédit ; « Hé ! Ventre Dieu ! disait le comte de Brissac, — et en cela il interprétait la pensée de plus d'un courtisan, — faut-il que cet homme, pour n'avoir jamais demeuré la plupart du temps que dans son gouvernement, pour une seule légère petite charge qu'il fit à Renty, et y avoir reçu l'Ordre, il soit pour cela estimé si grand capitaine, qu'il faille qu'il soit cru ici tout seul en un conseil par-dessus tous ceux qui ont combattu l'ennemi plus que lui (1) ? »

Gaspard laissait dire, et dans toutes les questions de finances, de guerre, de politique générale, il avait son mot, souvent un mot décisif. Quand surgit le projet de mariage entre le duc d'Anjou et la reine Élisabeth d'Angleterre, le prince manda son fidèle conseiller à Blois, où était la cour, et où l'ambassadeur d'Angleterre attendait une réponse définitive. Gaspard ne négligea rien pour lui faire considérer cette alliance comme une trahison et un parjure ; avec son esprit entier, il repoussait des transactions dont le moindre défaut était de n'être pas sincères. Après de longues hésitations, le prince finit par déclarer qu'il aimerait mieux n'être rien en France que d'aller en Angleterre.

Ainsi écouté de la reine mère et de l'héritier de la couronne, l'ambitieux Tavanes n'avait plus rien à souhaiter.

(1) Brantôme.

On souriait à ses audacieuses boutades et on n'en écoutait pas moins ses conseils. « La cour, dit-il un jour, ressemble à une étable de pauvre gentilhomme, où l'on met les chevaux, les bœufs et les ânes au même râtelier. » Les prodigalités irritaient ce Caton soldatesque tout comme les faveurs, et il les flétrissait en apologues et en sentences : « J'ai tant fait battre, disait-il, un mauvais chien, qu'il a rendu sa gorge. » Et encore : « Vous êtes des sots, vous dépensez votre argent en festins, pompes et masques, et ne payez gendarmes ni soldats; les étrangers vous battront. » A côté de ces rudes saillies il faut placer un mot plus fin, et qui n'est pas sans profondeur. Jeanne d'Albret, l'héroïne protestante, allait arriver à la cour : « Comment, demanda Catherine à Gaspard, pourrai-je pénétrer les sentiments de la reine de Navarre? — Entre femmes, répliqua-t-il en riant, mettez-la la première en colère et ne vous y mettez point; vous apprendrez d'elle, non elle de vous. »

Il affectait parfois le dégoût des honneurs; son fils Jean étant tombé malade : « Si je le perds, s'écria-t-il, qu'on selle mes chevaux; je ne suis ici que dans l'intérêt des miens. » Il fit même comme les gens qui se sentent d'un jour à l'autre indispensables; il demanda à rentrer en Bourgogne, et s'éloigna malgré les représentations et les larmes de Catherine; il s'attendait à son prochain rappel et ne se trompait pas.

Alors se préparait, sur le théâtre de la cour, une grande tragédie, dont le dénouement eut lieu la nuit de la Saint-Barthélémy. Tavanes y a joué un rôle important, ce qui ne veut pas dire, comme l'affirme Brantôme avec sa légèreté habituelle, qu'il en a été le principal auteur. Il n'en suggéra point l'idée, et il y prit une part qu'il est facile, à l'aide des relations contemporaines, de déterminer.

Jamais attentat politique, on le sait, n'a été plus soudainement conçu et cependant précédé de plus d'intrigues. La cour avait signé la paix de Saint-Germain, mais l'autorité royale n'en redevenait pas plus forte entre les huguenots et les catholiques : elle se trouvait entre eux comme « la gaufre entre deux fers ». Charles IX, entraîné par son esprit versatile plus que par un sentiment exact de la situation politique, allait tenter autour de lui toute une révolution. Il était fatigué de sa mère, jaloux de son frère; l'ambition des Guises, même celle de Tavanes lui était suspecte. Il se jeta dans les bras du chef des huguenots, de l'amiral de Coligny. Ce dernier, reçu par le roi avec des témoignages extraordinaires de tendresse et de respect, ne tarda pas à prendre une grande influence sur son esprit; et tous ceux qu'écartait cette soudaine faveur travaillèrent dès lors à ressaisir le pouvoir qui leur échappait.

Prévenu par le duc d'Anjou, le maréchal de Tavanes reparut à la cour au moment où Coligny y arrivait lui-même. On comparait alors volontiers les deux Gaspard, anciens compagnons de plaisir sous François Ier et naguère ennemis et rivaux de gloire. Au fond du cœur Gaspard de Saulx estimait l'amiral; et si, comme nous le croyons, les idées exposées dans ses Mémoires par son fils lui appartiennent, de même que Coligny, il avait des vues nouvelles sur la politique, sur l'administration civile et militaire; il rêvait comme lui l'expulsion des Guises et l'achèvement de la France par la conquête des Pays-Bas, il comprenait l'importance des établissements tentés en Amérique; il partageait même quelques-unes des idées des réformateurs sur la discipline ecclésiastique. Malheureusement la religion et la guerre avaient séparé les deux rivaux, et la jalousie politique allait en faire des adversaires irréconciliables.

Pendant que la reine mère et le duc d'Anjou défendaient contre l'amiral leur situation à la cour, Tavanes était conduit par une pensée plus haute et en un sens plus désintéressée; il ne pouvait tolérer que « les vaincus de Jarnac et de Moncontour conduisissent les victorieux suivant leurs desseins ». L'autorité du roi à conserver, et avec elle l'honneur de ses lieutenants heureux dans la dernière guerre, tel était l'intérêt souverain, immédiat qu'il prétendait protéger. C'était son renom de soldat, suivant lui, autant que la dignité de la couronne qu'il défendait en repoussant pour son maître la tutelle de Coligny; c'était aussi la cause de Catherine et du duc d'Anjou, ses protecteurs, et nous verrons jusqu'où il se laissera conduire par cette alliance.

Des tracasseries et des menaces réciproques précèdent entre les deux Gaspard la lutte sérieuse par la parole et par l'épée. La première fois que l'amiral se présenta au lever du duc d'Anjou, Tavanes prit plaisir à le faire attendre une heure à la porte. Bientôt après, c'est Coligny qui, à la tête de quatre-vingts gentilshommes, s'en vient surprendre le maréchal sur le quai du Louvre. « L'amiral veut une querelle d'Allemand, conduit le sieur de Tavanes en discours hors la ville, dit : Qui empêche la guerre d'Espagne n'est bon Français et a une croix rouge dans le ventre. Le sieur de Tavanes, connaissant le péril où il est, s'aide de sa surdité, fait semblant de n'ouïr que partie du discours, auquel il répond doucement : qu'il ne se fallait pas prendre à lui, mais au roi, qui recueillait les opinions des capitaines de son royaume ; qu'en cette qualité il disait la sienne, à laquelle il ne se voulait point arrêter si par raisons on lui en montrait une meilleure. Sans les offenser ni se montrer timide, avec prudence se décharge d'eux, qui sur-le-champ changent de résolution de le tuer, et le laissent retourner en son logis, où arrivé, ses gens lui demandèrent s'il n'avait pas ouï ce que l'amiral lui avait dit ? Je serais, dit-il, bien sourd ; un jeune homme s'y fût perdu ; ils ne m'y reprendront plus (1). »

L'auteur des Mémoires se trompe en affirmant que Coligny avait dessein d'entreprendre sur la vie de son rival. L'amiral voulait à tout prix la paix, et il ne fût pas venu la rompre par un attentat imprudent, dont il eût du reste porté immédiatement la peine. La politique extérieure, la guerre d'Espagne, n'en était pas moins entre eux l'objet d'un débat capital. Aux yeux des partisans comme des adversaires de ce projet, l'avenir de la France s'y trouvait engagé. Coligny poussait le roi à profiter de la révolte des Pays-Bas contre les Espagnols, et à les conquérir ; dessein utile aux intérêts protestants, puisqu'il devait assurer l'indépendance des réformés de Hollande, et non moins profitable à la France, puisqu'il devait ruiner la

(1) *Mémoires*, p. 402.

puissance rivale de Philippe II, et tourner les passions belliqueuses de la noblesse vers la guerre étrangère.

L'origine de ce projet allait lui donner pour adversaire le duc d'Anjou, et derrière ce prince, Gaspard de Saulx. Celui-ci ne pouvait faire briller devant les yeux du roi des perspectives de conquête et de gloire; il pensait du moins comme plus d'un sage politique du temps que « les bonnes relations entre l'Espagne et la France sont un grand bien pour toute la chrétienté ».

Aucune décision n'avait encore été prise ; Coligny avait exposé par écrit ses raisons, et le chancelier avait répondu par un long mémoire, quand les huguenots, pour forcer la main au roi, franchirent sans ordre la frontière des Pays-Bas : Mons et d'autres villes furent occupées. Ce fut dans ces circonstances qu'un conseil eut lieu, le 26 juin, pour décider de la paix ou de la guerre. Tavanes avait demandé, afin d'éviter toute altercation violente, que les avis fussent donnés par écrit. Il avait dicté l'avis du duc d'Anjou et il y ajouta le sien. Il objecta le mauvais état des finances, de l'armée, des places fortes, la misère du peuple; il entra lui-même dans des considérations spéciales présentant l'entreprise comme déloyale et dangereuse le cas échéant, en ajoutant, il est vrai, qu'un jour ou l'autre les Pays-Bas tomberaient forcément entre nos mains.

La jalousie l'inspirait ici, autant que la raison d'État. Tavanes, jadis l'homme du roi, voyait son rôle pris par un rival; et il se faisait, pour ressaisir son influence, l'instrument des Guises. Sa prudence et son tact habituels l'abandonnèrent ici, et la passion, maîtresse de son esprit, devait l'entraîner plus loin qu'il n'eût voulu. Quoi qu'il en soit, son opposition contribua à changer le cours des événements; les soupçons jetés dans l'esprit du roi sur les desseins secrets de l'amiral firent le reste. Coligny ayant offert de lever dix mille hommes en son nom : « Sire, dit Gaspard, celui de vos sujets qui vous porte telles paroles vous lui devez faire trancher la tête. Comment vous offre-t-il ce qui est à vous ? C'est signe qu'il les a gagnés et corrompus, et qu'il est chef de parti à votre préjudice. » Le roi redit ces paroles à l'amiral qui en profita pour accuser le maréchal de travailler au profit du duc d'Anjou contre la royauté. On renouvelait contre le capitaine catholique la manœuvre dont il avait été victime le lendemain de Moncontour.

Charles IX était encore indécis; les événements tournèrent contre Coligny. Les volontaires protestants furent mis en déroute près de Mons (11 juillet), et le parti de la paix reprit courage. Gaspard, sous le couvert du duc d'Anjou, insista sur la nécessité de faire de promptes levées au nom du roi; il fallait à la fois ne pas laisser aux huguenots le privilége d'armer, et ne pas être pris au dépourvu sur la frontière. Coligny ne disait-il pas qu'il n'était plus maître des siens, et que la guerre espagnole était nécessaire, si l'on voulait éviter la guerre civile (1) ?

Jusque-là la question militaire avait été au premier plan, et Tavanes avec elle. Maintenant la question po-

---

(1) « Madame, le roi renonce à entrer dans une guerre; Dieu veuille qu'il ne lui en survienne une autre à laquelle sans doute il ne sera pas facile d'échapper ! » Ces paroles, citées par l'ambassadeur vénitien Michieli, sont traduites ainsi dans les *Mémoires de Tavanes* : « Faites la guerre aux Espagnols, ou nous serons contraints de vous la faire. »

litique va reprendre le pas sur elle; c'est Catherine, c'est le duc d'Anjou qui rentrent en scène, et avec eux Sauve, Retz, Birague, les conseillers italiens. Mêlé à ces étrangers, le vainqueur de Moncontour se laissa entraîner à agréer leurs intrigues et leurs attentats. Il entendit comploter successivement le meurtre de Coligny, puis l'égorgement des principaux chefs huguenots; hasardeuse entreprise que le caprice royal et le fanatisme populaire devaient transformer en un massacre général! Homme de guerre avant tout, il ne fut pas plus coupable que tant d'autres personnages publics, à une époque où quinze ans de luttes intestines avaient affolé, enivré de sang toutes les têtes pour ainsi dire. « Le massacre..... était une idée, une habitude, je dirai une pratique presque familière à ce siècle, et qui n'excitait ni la surprise, ni l'horreur qui s'y attachent de nos jours. On portait si peu de respect à la vie humaine et à la vérité dans les relations humaines!... Tromper et tuer étaient des actes si communs qu'on ne s'en étonnait guère et qu'on y était presque résigné d'avance (1). » Si quelqu'un eût pu échapper à cette dépravation contagieuse, c'était Tavanes certainement. Son refus de surprendre Condé à Noyers prouvait son horreur pour la lutte déloyale. Déjà, quand un officier l'avait averti qu'on l'accusait de projeter l'assassinat de Coligny : « Dites à votre maître, avait-il répondu, que je le remercie; lorsque les huguenots avertissent de telles choses, c'est signe qu'ils veulent faire le semblable; j'ai trop d'honneur pour devenir Poltrot, et quand la guerre sera ouverte, je

---

(1) Guizot, *Histoire de France racontée à mes petits enfants*, t. III, p. 334-335.

ne l'épargnerai pas. » Lorsque la reine mère fit tuer Lignerolles pour le punir de quelques paroles inconsidérées, le maréchal avait vivement blâmé cet acte, disant par une sorte d'intuition prophétique que bientôt l'on égorgerait les hommes jusque dans le cabinet des rois. Il est vrai que, peu de temps après, il se laissait aller, sur les instances de Catherine, à solliciter la grâce des meurtriers. Depuis, le fils a eu beau écrire : « Les rois règnent par justice... ils se doivent garder de faire assassiner les hommes, ou ils s'obligent au même péril... » Le père avait alors devant les yeux cette autre pensée, également exprimée dans les Mémoires : « Il est plus permis d'entreprendre sur les sujets par voies extraordinaires qu'à eux d'entreprendre contre leur roi. » Pensée fausse, propre à aveugler la conscience, et qui nous explique la grande erreur de sa vie.

Cette erreur fut celle d'un soldat égaré à la cour et croyant pouvoir prendre en matière politique, et malgré la paix, les licences que, seul, le droit de la guerre autorise. Il raisonnait comme s'il eût encore tenu la campagne : « La paix durera, écrit-il au roi dès 1571, pour
« l'envie et nécessité qu'en a l'une et l'autre des par-
« ties ; et néanmoins il faut confesser que si l'une (d'elles)
« voit une occasion bien sûre pour mettre fin entière
« à la chose de question, qu'il la prendra..... car de de-
« meurer pour jamais en l'état où l'on est, personne, de
« si mauvais jugement soit-il, ne le peut ni le doit
« espérer. » Et après avoir établi qu'un parti ne saurait être détruit d'un seul coup, et en insistant sur cette idée qu'un nouveau coup de main huguenot contre le roi est

possible, il conclut à l'offensive contre un ennemi toujours dangereux : « Il n'y a moyen que de prendre les chefs « tout à la fois, comme dit est, pour y mettre une fin (1). »

Il donnait là un conseil qui était déjà dans toutes les bouches, et ne faisait que suivre l'opinion commune (2); il s'imaginait frapper ainsi à mort cet état huguenot qu'il voyait survivre à la paix, éviter une guerre plus sanglante, rendre « ce coup de nécessité.... franc d'autre blâme », et, — sophisme plus grave, — « mettre Dieu de son côté ». La guerre étant infaillible, mieux valait pour lui « gagner une bataille » dans Paris qu'en rase campagne; à ses yeux, c'était la rencontre entre les chefs succédant à la rencontre entre les armées. Il n'eût pas fallu lui dire qu'il allait surprendre un ennemi qui reposait sous la sauvegarde des traités; il eût répondu qu'il prenait la revanche des surprises manquées d'Amboise et de Meaux, et qu'il en empêchait de nouvelles, toujours à craindre. Bataille, duel, assassinat, tous ces mots commençaient à devenir synonymes dans les esprits. Le duc d'Anjou n'avait-il pas semblé les confondre, en se glorifiant autant du meurtre de Condé que de la victoire de Jarnac? Et Coligny de même, en plaçant la reine mère dans l'alternative d'une lutte contre les Espagnols ou contre les huguenots? Plût à Dieu que Tavanes, en face du sinistre champ clos, eût répété ces paroles qu'il avait adressées au duc d'Anjou, sous les murs de Châtellerault, à la suite d'une

---

(1) Avis après la paix faite à Saint-Germain, en l'année 1571 (inséré à la suite des *Mémoires de Guillaume de Saulx*).

(2) « C'est une opinion commune qu'il aurait suffi dès le commencement de se débarrasser de cinq ou six têtes, et pas davantage. » (Relations des ambassadeurs vénitiens, dans la *Collection des documents inédits*, t. II, p. 112.)

altercation : « Je m'en vais avec ceux qui aiment le salut de la France. » S'il eût alors cédé à un mouvement semblable, il se fût retiré en Bourgogne, comme il avait coutume de le faire quand ses avis étaient méconnus. Mais au contraire on le voit, égaré par l'image trompeuse d'une royauté sauvée et d'un pays pacifié, prendre part à la Saint-Barthélemy avec sa vigueur, son emportement habituels ; puis, devant l'horrible spectacle des exécutions, il comprend trop tard que la violence est condamnée à n'avoir point de mesure, il s'emploie à mettre un terme prompt et décisif à l'orgie sanglante que la cour avait déchaînée autour d'elle. Au lit de mort même, il ne paraîtra pas se souvenir du sang répandu, et continuera à ne voir dans les victimes que des rebelles (1).

Il est facile de le suivre pas à pas dans ces journées tragiques, et de démêler les agitations de son âme partagée entre la crainte du remords et le désir de sauver l'État à sa manière. La reine et le duc d'Anjou ont résolu, de concert avec Retz et Sauve, la mort de l'amiral ; un spadassin, Maurevel, est choisi pour l'exécution de ce meurtre, et Tavanes approuve par son silence (2). Quelques jours auparavant, aux noces d'Henri de Navarre, Coligny n'a-t-il pas dit en regardant les trophées de Jarnac

---

(1) Voltaire, dans les notes de la Henriade (ch. II), raconte que Gaspard en mourant a appelé la Saint-Barthélemy une action méritoire qui devait effacer tous ses péchés ; il s'appuie expressément à cet égard sur l'autorité des *Mémoires de Tavanes*. On n'y lit rien de semblable, mais seulement cette ligne : « Il se confessa sans faire mention d'avoir adhéré au conseil de la Saint-Barthélemy contre des rebelles... »

(2) « Morver (Maurevel), assassinateur de Mouhy, est choisi ; blâmé de ce premier coup par le sieur de Tavanes, maintenant par le commandement de la reine agréé par lui pour effet semblable. » (*Mémoires*, p. 416.)

et de Moncontour suspendus aux voûtes de Notre-Dame : « Dans peu on les arrachera de là, et on en mettra d'autres à leur place qui seront plus agréables à voir. » Le maréchal, blessé dans son amour-propre militaire, et voulant être, comme dit un pamphlet huguenot, « le dernier victorieux », laissa ses maîtres, au nom du salut public, s'employer à sa vengeance.

Le vendredi 22 août, à onze heures du matin, Coligny, rentrant à son hôtel, est blessé au bras par l'arquebuse de l'assassin ; Charles IX lui fait avec empressement une visite de condoléance, et lui promet de le venger. Il croyait le jeune duc de Guise seul auteur de ce guet-apens. Tavanes, tout comme la reine mère et le duc d'Anjou, était aux côtés du roi, et cette démarche officielle dut lui coûter beaucoup, car l'auteur de ses Mémoires a pris soin de la taire. Du moins la présence de ses maîtres lui permettait de rester muet dans cette visite forcée à son ennemi.

Catherine et son fils, au contraire, se sentant complices d'un meurtre pour lequel le roi a promis justice à la victime, vont parler et agir. Le soir même ils envoient au roi le comte de Retz, qui lui dénonce audacieusement cette complicité. Que va faire Charles IX, lui qui comptait satisfaire à la justice en frappant Henri de Guise ? Bouleversé par cette nouvelle, il court chez sa mère. « Le conseil est tenu composé de six (Tavanes était du nombre). Du péril présent de Leurs Majestés et des conseillers tenus en crainte, naît la résolution de nécessité, telle qu'elle fut, de tuer l'amiral et tous les chefs de parti, conseil né de l'occasion... qui ne se fût pu exécuter sans être découverte si elle eût été préméditée. »

Le lendemain dans la journée, un nouveau conseil eut lieu. Le duc d'Anjou et sa mère, dès le matin, s'étaient concertés sur les moyens d'en faire aboutir à leur gré les délibérations. Le comte de Retz, le duc de Nevers, le chancelier et le maréchal de Tavanes y avaient été appelés, et pour la forme on recueillit leurs avis (1). Les uns et les autres, entre Charles IX encore irrésolu, Catherine et le duc d'Anjou invoquant le salut de l'État, inclinèrent avec plus ou moins d'ardeur à mettre la raison du côté de la force. Le roi « dit à sa mère et à Tavanes qui le pressaient fort : Où est ma foi, et la promesse que je leur ai donnée ? Elle répondit : Soyez-en, s'il vous plaît, sinon le jeu se fera sans vous (2) ». Enfin, à la pensée des huguenots menaçants et armés autour de l'hôtel de Guise et du Louvre, Charles passa d'un extrême à l'autre. Tuer non-seulement les chefs, mais tous les huguenots lui sembla en un moment chose naturelle, et le massacre fut décidé.

Tavanes s'associa en cette circonstance à l'idée de faire disparaître les principaux du parti. Toutefois, quand il s'agit de désigner les victimes, il insista vivement pour qu'on épargnât les maréchaux de Damville et de Montmorency ses collègues, suspects et non convaincus de

---

(1) Le témoignage d'Henri III, dans le discours qui porte son nom, est décisif à cet égard : « Le matin, j'allai trouver la reine... et ne fut pour lors prise aucune délibération que de faire, par quelque moyen que ce fût, dépêcher l'amiral : et, ne se pouvant plus user de ruse et finesse, il fallait, pour le faire, amener le roi à cette résolution, et que l'après-dînée nous l'irions trouver dans son cabinet, où nous ferions venir le sieur de Nevers, les maréchaux de Tavanes et de Retz, et le chancelier de Birague, *pour avoir seulement leur avis des moyens que nous tiendrions à l'exécution, laquelle nous avions déjà arrêtée ma mère et moi.* »

(2) P. Matthieu, *Histoire de France sous Charles IX*, t. I, p. 344 — en note.

trahison, et pouvant contrebalancer l'influence des Guises; il plaida en faveur du roi de Navarre et du prince de Condé, jeunes, innocents, membres de la famille royale (1). Ce sacrifice fait à la politique, il redevint le guerrier impitoyable. D'après Brantôme, qui, il est vrai, a lui-même « ouï dire », le maréchal, le soir du même jour, fut un de ceux qu'on chargea de mettre dans le secret le prévôt des marchands et les principaux de Paris, « lesquels firent de grandes difficultés et y apportèrent de la conscience. Mais M. de Tavanes, devant le roi, les rabroua si fort, les injuria et menaça que s'ils n'y employaient, le roi les ferait tous pendre et le dit au roi de les en menacer. » Ce mot de *pendre* lui était familier; une fois dans l'action, rien ne lui coûtait ni ne l'arrêtait. Brantôme, sur un bruit qu'aucun autre document n'appuie (*comme on dit*, telle est son expression), raconte encore qu'il aurait crié le lendemain aux meurtriers : « Saignez, saignez, les médecins disent que la saignée est aussi bonne en août qu'en mai (2). »

D'autres écrivains, Matthieu et de Thou, le montrent

(1) De Thou prétend que si le prince de Condé fut épargné, ce fut surtout par l'intervention du duc de Nevers. L'assertion de l'auteur des Mémoires, qui cette nuit-là même était au Louvre, ne m'en semble pas moins digne de confiance. Gaspard avait déjà souvent montré, dans le cours de sa carrière, qu'il tenait à ménager les Bourbons tout autant que les Guises ou les Valois. Il faut dire cependant qu'Henri IV n'a jamais paru croire au service que lui aurait alors rendu Tavanes.

(2) Cette image de la saignée devenue un remède politique se retrouve dans l'histoire de Chalon-sur-Saône publiée par le P. Bertaut (*l'Illustre Orbandale*) : « Dans peu d'années, dit-il, cette hydre à plusieurs têtes (la Réforme) fut abattue, et une saignée fut si sagement ordonnée pour éteindre la chaleur d'une fièvre que des remèdes plus doux n'avaient fait qu'irriter, qu'aussitôt l'on vit finir les redoublements... » Et afin qu'on ne se méprenne pas sur sa pensée, l'auteur ajoute en marge : Journée de la Saint-Barthélemy.

parmi ceux qui couraient à cheval, l'épée à la main, dans les rues, pour exciter le peuple. Toutefois aucun n'a pu citer ceux que sa main aurait frappés. S'est-il, comme l'en accuse l'ambassadeur vénitien Michieli, chargé avec Nevers de surprendre chez lui et tuer La Rochefoucauld? Cette assertion n'est pas confirmée par les relations protestantes; même l'une d'elles la contredit par les détails précis qu'elle donne et les noms qu'elle cite au sujet du meurtre de ce personnage (1). Gaspard de Saulx laissa Henri de Guise, avec sa fougue irréfléchie, se compromettre au premier rang, et il doit à cette réserve calculée de n'être nommé que par hasard et sans épithètes injurieuses dans les récits des vaincus.

On sait en revanche ceux qu'il a arrachés à la mort. Il déroba aux assassins, en l'avertissant à temps, le maréchal de Biron; il couvrit de sa protection un gentilhomme nommé La Neufville qui vint se jeter entre ses jambes au milieu du massacre; enfin il donna asile au duc et à la duchesse de Rohan en son propre logis. Son fils Jean sauva aussi la vie à plusieurs personnes; mais le roi de Navarre lui ayant adressé la parole dans la cour du Louvre, il n'osa lui répondre, le regardant déjà comme une victime; il devait payer cher sa pusillanimité.

Enfin ce fut le maréchal qui, le lendemain, donna partout l'ordre de faire cesser le meurtre et le pillage, de contenir ceux qui, sous prétexte d'anéantir la rébellion,

---

(1) La relation de Michieli est analysée dans A. Baschet, *La Diplomatie vénitienne au XVIe siècle*, p. 552-553. — Cf. le *Réveille-Matin des Français*, Dial. I, p. 59.

satisfaisaient leurs convoitises et leurs vengeances particulières. Le coup frappé, — et il l'estimait mortel, — il lui répugnait de retourner le fer dans la plaie.

L'apologie de sa conduite, dont nous venons de résumer les principaux traits, est habilement présentée dans ses Mémoires; on y sent la préoccupation constante de rejeter sur les princes lorrains la responsabilité du massacre; et en vérité, quand on a confronté cette apologie avec les autres documents contemporains, si discrets à son égard (Brantôme excepté), on est tenté d'accepter ses conclusions, et de le reléguer ici, fort heureusement pour son honneur, au second rang (1).

On ne voit pas qu'il ait cherché à associer la Bourgogne à cette terrible exécution; il n'en eut ni le temps ni l'intention. On a dit pourtant que, s'il eût alors commandé à Dijon, le sang eût coulé, et on porte aux nues Charny qui, par sa généreuse résistance, aurait préservé son gouvernement des massacres. Il n'en est que plus curieux de constater qu'à la place de Charny, le maréchal se fût conduit exactement de même. On se rappelle avec quelle prudence, en 1568, il avait décliné les ordres verbaux du roi lui enjoignant d'enlever Condé, et demandé pour sa décharge des instructions écrites. En 1572, une situation analogue se présente, et le président Jeannin, alors simple avocat au Parlement, nous a appris comment elle

---

(1) « Il faut croire, dit ingénieusement Le Laboureur, qu'il ne trempa dans ce conseil que de cette partie de lui-même par laquelle il tenait à la cour, c'est-à-dire cette émulation d'être tout, et cette complaisance qu'il avait pour la reine, pour le roi et pour le duc d'Anjou... avec l'ancienne attache à la maison de Guise. On y peut encore joindre l'inimitié déclarée entre lui et la maison de Châtillon. » (Additions aux *Mémoires de Castelnau*, t. II, p. 539).

se dénoua. Deux jours après la Saint-Barthélemy, deux gentilshommes, le comte de Commarin et le seigneur de Saint-Marin, apportèrent à Charny deux lettres de la main du roi, expédiées le même jour à cinq heures d'intervalle : elles recommandaient d'exécuter tous les ordres *verbaux* dont les porteurs étaient chargés. On reconnaît là le faire de Catherine et de Birague. Charny, apprenant ce que comportaient ces ordres, recula devant leur exécution, et convoqua pour en délibérer un conseil dont l'avocat Jeannin, élu du tiers état, faisait partie. Celui-ci demanda l'application d'une loi de Théodose défendant aux gouverneurs d'exécuter un ordre contraire à la justice avant trente jours, s'ils n'en avaient obtenu dans l'intervalle une confirmation authentique.

Cet appel à une loi promulguée par un empereur repentant, par précaution contre lui-même, fut accueilli comme la voix de la raison et de l'éternelle justice. On résolut d'attendre, et en effet, deux jours après, un nouveau messager apporta la fable d'un complot réprimé dont justice était faite, et dont par conséquent on ne supposait personne complice en Bourgogne (1). Il ne périt à Dijon qu'un gentilhomme qui succomba victime d'une vengeance particulière. La plupart des réformés avaient été gardés à vue à l'Hôtel de Ville, d'où ils sortirent en promettant de revenir à la religion catholique (2).

---

(1) « Le 15 (septembre), on a fait une fort belle procession... à laquelle a assisté M. le Grand (Charny) et sa femme, M. de Tavanes (Guillaume) et d'autres gentilshommes pour rendre grâce à Dieu de la victoire et mort de l'amiral et de ses complices. » (*Livre de souvenance de Pépin*, p. 9.)

(2) Jeannin, *Discours apologétique au roi* (à la suite des *Négociations*). — Registres de la chambre de ville, 30 août et 22 septembre 1572.

Dans les campagnes les confréries du Saint-Esprit, depuis le départ de l'homme énergique qui les avait réunies en faisceau et animées de son esprit, n'avaient plus fait parler d'elles. Leur nom disparaît des documents de l'époque, et ce n'est pas à elles qu'il faut attribuer les actes de fanatisme isolé, les représailles sanglantes exercées dans les villages sur tout passant ou étranger suspect d'hérésie. En 1572, les châteaux de quelques seigneurs huguenots furent attaqués. Plus d'une famille épouvantée qui s'enfuyait en Allemagne ou à Genève fut égorgée en route par des bandes fanatiques. Puis la tranquillité publique ne fut plus troublée, jusqu'à l'avénement de la Ligue proprement dite, en 1576.

Gaspard de Saulx ne devait pas voir ce grand mouvement qu'il avait préparé plus que personne à son insu. Jusqu'à sa mort, qui était proche, il resta du moins le conseiller le plus écouté de la couronne : on envoyait les secrétaires d'État travailler sous ses ordres. Il combattit le parti naissant des *politiques*, et demanda qu'on conservât autant que possible la paix pour rétablir les finances et diminuer les charges du peuple. « Il faut, disait-il hardiment, ôter cette coutume des subsides et impôts extraordinaires, dont le peuple est déjà tant en désespoir... Ce mot de subside se nommera à la fin tyrannie... Il vaut mieux avec équité faire déplaisir au petit nombre, qu'avec iniquité mécontenter le plus grand. » Et il proposait en conséquence le retranchement de toutes les pensions.

La guerre civile éclata, et malgré ses avis pressants, la cour ne se décida point à frapper un grand coup avant l'hiver dans le Midi, où l'intervention des politiques permit aux huguenots de s'organiser. Pour Tavanes, il paraissait tout-puissant, et n'en était pas mieux obéi; il « crie, donne avis, disent les Mémoires, à ce que l'on crût qu'il n'ignorait rien de ce qui devait advenir. » On ne tenait compte de ses représentations, et on souriait de ses plans de campagne. « Voilà le discours du roi Picrochole de Rabelais, disaient les courtisans, ou de la femme du pot au lait, qui le portait vendre au marché, et en faisait de beaux petits songes et projets; mais sur ce il se cassa (1). »

Cette raillerie était un pressentiment; la mort allait surprendre le maréchal au faîte des honneurs, mais non pas au bout de ses espérances. Il estimait assez peu certains compagnons de sa faveur; ainsi, à la nouvelle que Charles IX va donner au comte de Retz le bâton de maréchal : « Je donnerai le mien, dit-il, à mon valet. » Son spirituel compatriote le président de Brosses, deux siècles plus tard, se souvenait peut-être de ce mot, le jour de l'installation du parlement Maupeou, quand revenant de l'audience il jeta dédaigneusement sa simarre à un domestique : « Prenez, dit-il, il n'y a plus que les laquais qui puissent porter cela. »

C'est ainsi que Tavanes conseillait encore d'écarter des affaires, au nom de l'intérêt public, les Guises et les Montmorency. En revanche il continuait d'appeler sur lui, avec cette hardiesse de courtisan qu'il eut toujours, les honneurs qu'il estimait la juste récompense de ses services. Un jour qu'il était en carrosse avec le roi, Catherine de Médicis et le duc d'Anjou, un courrier apporta la

---

(1) Brantôme.

nouvelle de la mort du gouverneur de Provence : « A qui donner ce gouvernement, dit la reine. — A un homme de bien qui soit à vous, » répliqua le maréchal. Catherine se tut : rentrée à Paris, elle manda Gaspard : « Nous avons suivi votre conseil, lui dit-elle, et c'est vous que nous choisissons... » Gaspard aurait répondu « : Je fais autant pour vous de l'accepter, étant tel que je suis, que vous faites pour moi de me le donner. » Il aurait de plus exigé qu'on y joignît l'amirauté des mers du Levant, ne voulant pas de « casaque sans manches ». A son retour chez lui : « On me donne du pain, dit-il aux siens, quand je n'ai plus de dents. » Il est bien toujours le même, mécontent et insatiable.

Peu de temps après, il partit pour le siége de la Rochelle. Mais la maladie le força de s'arrêter en route. Après avoir reçu à Chanteloup une dernière visite du roi et de la reine mère, il se fit transporter à Sully, où il languit encore quelque temps. L'intérêt de l'État et celui de sa famille occupèrent ses derniers jours; il suivait de loin, comme s'il y eût assisté, les opérations de l'armée royale, et envoyait ses conseils aux assiégeants de la Rochelle (1). En même temps il se préoccupait d'assurer le sort de ses fils; il convoitait pour le plus jeune la lieutenance de Bourgogne, et pour l'aîné cherchait à échanger avec le comte de Retz le gouvernement de Provence contre celui de Metz, moyennant douze mille écus de retour. Retz demandait vivement à la reine mère approbation de cet échange : « Ayez patience, lui dit Catherine, la chandelle

---

(1) Lettre au roi, du 10 avril 1573.

s'éteint ; sans argent ni échange, vous aurez ce que vous désirez. » Un valet de chambre du roi partit aussitôt afin de s'assurer si la mort était proche. C'est ainsi que Catherine traitait ses créatures les plus dévouées. Cette Florentine habituée à se défier de tout le monde n'était pas rassurée contre eux par le souvenir des responsabilités encourues à son service ; l'on eût dit qu'elle avait hâte de voir disparaître en eux des confidents indiscrets ou des témoins importuns. Gaspard vit ceux-là mêmes dont il avait été l'instrument ou le complice épier sa dernière heure pour recueillir ses dépouilles ; il expia ainsi à son insu la part qu'il avait prise au guet-apens politique du 24 août 1572. Le vieux courtisan fit bon visage à cette dernière disgrâce, et pour en écarter les effets, eut recours à une véritable ruse de guerre. Quand on lui annonça l'envoyé royal, il se fit habiller avec soin dans son lit, reçut l'espion qui venait chercher dans ses traits et son attitude les signes d'une mort prochaine ; il but du vin devant lui, et causa des affaires de l'État et des siennes avec une sérénité apparente et une parfaite lucidité d'esprit.

C'est l'histoire de Monluc pendant le siége de Sienne : celui-ci a raconté dans ses *Commentaires* comment, pour rassurer les habitants découragés par le bruit de son agonie, quoique mourant, il revêtit un splendide costume, but quelques gouttes de vin grec, se frotta le visage et les mains de cette liqueur, et sut tromper les Siennois par son attitude et sa bonne mine : « Je vous jure, ajouta-t-il, que je ne me connaissais pas moi-même... et n'eusse pas eu la puissance de tuer un poulet... » Tavanes réussit comme lui, par un grand effort sur lui-même, à faire illusion aux autres, mais, moins heureux que le défenseur de Sienne, il se recoucha pour ne plus se relever. Il n'avait plus que quatre jours à vivre.

Le récit de sa mort, dans les Mémoires qui portent son nom, n'est pas sans grandeur. « Demandé par un serviteur s'il ne désirait pas revenir en santé : Non, dit-il, j'ai déjà eu beaucoup de peine à faire les deux tiers du chemin de la mort, lequel, si je guérissais, pour rapprocher la mort il faudrait encore refaire. Il fit appeler sa femme et son fils, dit à l'une : Que te dirai-je ? sinon que tu es une des plus femmes de bien du monde; ce n'est point pour t'admonester, mais pour te dire adieu que je t'appelle. Dit à son fils : Sers et crains Dieu, qui m'a tiré de tant de hasards et mis à honneur; sois serviteur du roi, obéis à ta mère. Il semblait à le voir que la mort ne le touchât. Prêt à rendre le dernier soupir, ses serviteurs effrayés se retirant en pleurs, dit : Ne bougez, ne me laissez mourir ainsi, étend les bras et meurt (1). »

Son corps fut rapporté à Dijon en grande pompe. Le Parlement et une députation de la chambre de ville vinrent solennellement le recevoir et le conduisirent à la Sainte-Chapelle, où il fut enterré à côté du maître-autel. Le tombeau de marbre blanc que la maréchale lui fit élever était un des principaux ornements de cette église, vrai sanctuaire national, où le grand Condé vint plus tard déposer les drapeaux conquis à Rocroy. Ce tombeau était construit dans le style de la Renaissance. Sur un sarcophage carré, sous une arcade décorée d'écussons et

---

(1) *Mémoires*, p. 470.

de médaillons, entre les statues symboliques de la Justice et de la Prudence, de la Tempérance et de la Force, s'élevait la statue du maréchal ; il était représenté agenouillé, les mains jointes, portant l'armure sous le manteau de cour. Au dessous on lisait une double inscription rappelant ses principales victoires en Bourgogne et dans l'Ouest, puis, à côté, sur une table de marbre, un long panégyrique en vers (1). Tout cela ne disait que la louange; la verve railleuse d'Henri IV, son ennemi intime, compléta l'épitaphe. On rapporte qu'étant entré à la Sainte-Chapelle, et ayant avisé le tombeau de Tavanes : « Quoi ! s'écria-t-il, c'est là ce mauvais garçon ! Il est là maintenant bien doux et bien coi ; il n'était pas tel à Paris le jour de la Saint-Barthélemy ! »

Tavanes reposa en paix dans sa tombe, sous la garde de ses descendants et de ses compatriotes, jusqu'à la Révolution de 1793. Les pierres du tombeau furent alors dispersées ou détruites comme celles de l'édifice. L'image du maréchal fut renversée et devint, dans la Sainte-Chapelle changée en prison, un siége pour les détenus. Depuis, personne n'a évoqué officiellement le souvenir de Tavanes dans sa ville natale. Tandis que Verdun se souvient de son gouverneur, Dijon n'a donné son nom à aucune des rues qui entourent l'hôtel et le boulevard de Saulx. Il lui doit pourtant le même honneur qu'à ceux de ses gouverneurs qui, comme Charny, se sont montrés parfois sévères par obéissance au roi, parfois aussi tolérants malgré le roi, et empressés à contenir,

---

(1) Voir l'Appendice I.

par intérêt bien entendu, les passions ardentes de leur entourage (1).

De l'aveu de ses contemporains, même les plus malveillants, Tavanes fut un très-grand capitaine, « renommé dans toute la chrétienté ». Le calviniste Mornay ne pense pas autrement à cet égard que le courtisan Brantôme ou les bourgeois ligueurs de Dijon. Son éducation militaire fut longue ; à ses débuts il avait l'élan, la bravoure, la main propre à ces « camisades » chères à Monluc ; il acquit peu à peu l'esprit d'ordre qui fait mouvoir les armées, le coup d'œil qui, sur un vaste champ de bataille, saisit et arrête la victoire au passage. Les charges de Cérisoles et de Renty lui furent un apprentissage pour la guerre savante, comme il sut la faire à Moncontour. Sa fortune militaire fut lente, mais complète : accident rare en un temps où il fallait être prince pour commander les armées. Il est vrai que le petit gentilhomme bourguignon, ambitieux sans vanité et sachant sacrifier les petites choses aux grandes, sut se faire valoir par une obéissance passive, un dévouement absolu envers ses maîtres. Tuteur militaire du duc d'Anjou, il laissa son pupille recueillir l'honneur de ses victoires ; à son heure, il en rencontra le profit.

Nous touchons par là aux côtés faibles de son caractère. Comme le chef d'une famille où le génie de la politique et de la guerre furent également héréditaires,

(1) Aux preuves déjà citées de la modération de Gaspard, on peut joindre la suivante : « Le valet de chambre de M. de Tavanes ayant dit à MM. de la Chambre que son maître voulait que l'on permît à ceux de la nouvelle religion d'entrer à Dijon et d'en sortir lorsqu'ils auraient des passeports, la Chambre délibère à cet égard, et adresse quelques remontrances à M. de Tavanes. » (Registres de la Chambre de ville, 1568.)

comme Simon de Montfort, il se présente à nous tantôt sous l'aspect martial et héroïque du chevalier, tantôt sous les traits implacables du sectaire. Il supportait avec peine cette protection des princes, lorrains ou autres, qu'il sut cependant se ménager jusqu'au bout ; et ses vues politiques étaient assez étendues pour justifier son désir de les remplacer auprès du trône. Malheureusement il fallait faire aussi campagne à la cour, si l'on voulait parvenir, et comme tout le monde, il n'arriva point au but sans faux pas. Où trouver, autour des derniers Valois, les renommées sans tache, les hommes purs de toute complicité dans un complot ou un guet-apens politique? Les meilleurs furent ceux qui restèrent inébranlablement fidèles à leurs maîtres, sans céder à l'exemple journalier des défections et des trahisons. Tavanes eut du moins ce dernier mérite : son tempérament de soldat lui rendait la chose facile. En revanche, il se pliait mal aux habitudes de dissimulation et d'intrigue qui faisaient le fond de la politique des partis. Sa politique à lui, c'était le combat à visage découvert; il semble toujours donner un mot d'ordre ou exécuter une consigne.

On ne saurait apprécier complétement un tel homme sur le témoignage de l'histoire générale, qui le rencontre seulement durant les dernières années de sa vie. C'est en Bourgogne qu'il a sinon donné toute sa mesure, au moins révélé le mieux dans leur ensemble ses qualités de soldat, d'administrateur, de chef de parti; qu'il s'est montré à la fois homme de main et de tête, luttant sans relâche contre ses ennemis et aussi quelquefois contre ses amis, cœur loyal, épée rude, parole brève et hardie. Il y a justifié cette devise de sa famille, qui le juge : *semper leo*. Il s'y est acquis, à défaut d'une gloire durable, une popularité qui s'est éteinte peu à peu avec les passions de la guerre civile. Somme toute, il garde l'honneur d'avoir été, à la cour comme à la guerre, après les Condés, les Montmorency et les Guises, le personnage le plus considérable de son temps.

CHAPITRE QUATRIÈME

LA LIGUE

GUILLAUME ET JEAN DE SAULX (1)

(1573-1595)

I

Guillaume de Saulx, lieutenant du roi en Bourgogne. — Jean en Pologne, à la suite du duc de Mayenne, en Turquie. — Attitude des deux frères au début de la Ligue. — Aventures de Jean comme gouverneur d'Auxonne. — Sa lutte avec les bourgeois. — Il est fait prisonnier. — Son évasion. — Ses deux tentatives pour reprendre Auxonne (1586).

Gaspard de Saulx était mort trop tard pour sa gloire, trop tôt pour assister aux premiers développements de la Ligue. Il est à croire qu'alors, en dépit de son habi-

---

(1) Sources principales :
Manuscrits.
1° Lettres de Guillaume et de Jean, éparses dans les divers fonds de la Bibliothèque nationale et dans les archives de la Bourgogne.
2° Registres de la Chambre de ville de Dijon.
3°   Id.   du Parlement de Bourgogne.
4° Relations de ce qui s'est passé en 1585 et 1586 en la ville d'Auxonne 1° à la Bibl. Nat. dans le ms. fr. 17281. 2° d'après une copie du XVIII° siècle.
Imprimés.
1° *Mémoires de Tavanes* (où le vicomte Jean a inséré beaucoup de détails sur

leté, il eût été fort embarrassé, partagé qu'il était entre son attachement pour la royauté et son zèle pour la cause catholique. Durant tout le règne de Charles IX, l'Église s'était tenue à l'ombre du trône; sous Henri III, elle allait faire appel, et contre les protestants, et contre le roi lui-même, aux passions populaires. Qui méritait le mieux d'être suivi, Henri de Valois, roi de France, ou Henri de Guise, protecteur de la Sainte Ligue? Les consciences les plus sûres d'elles-mêmes durent hésiter.

Le maréchal de Tavanes avait laissé deux fils; tous deux avaient été membres des confréries du Saint-Esprit et avaient pris part au mouvement populaire de 1568; tous deux avaient juré de défendre leur religion et leur roi; et on les vit pourtant un jour, dans le champ clos de la province, donner le spectacle d'une lutte à la fois courtoise et acharnée, l'un comme chef des ligueurs, armé contre son roi légitime, l'autre comme lieutenant d'Henri IV, et entouré de huguenots. Ni l'un ni l'autre ne crut évidemment trahir la foi donnée et manquer aux traditions paternelles; et je suis sûr que si leur père eût alors vécu, il eût été fort embarrassé de prononcer en-

---

sa propre vie); *Mémoires de Guillaume de Tavanes* (dans la coll. Michaud et Poujoulat).

2° *Journaux de Pepin*, chanoine de la Sainte-Chapelle, et de *Breunot*, conseiller au Parlement. Ces deux ouvrages, précieux pour l'histoire de la Ligue en Bourgogne, ont été publiés en 1866 par M. Garnier dans les *Analecta Divionensia*.

3° *Histoire du château de Talant*, par Garnier; *Avallon et l'Avallonnais*, par E. Petit; *Annales d'Arnay-le-Duc*, par Lavirotte; *Histoire de la Réforme et de la Ligue dans le département de l'Yonne*, par Challe.

4° *La Ligue en Normandie*, par Robert d'Estainctot; *Histoire du Parlement de Normandie*, par Floquet.

tre eux, et de dire qui avait le mieux tenu son serment.

Rien de plus opposé que le caractère et la conduite des deux frères, souvent placés en face l'un de l'autre par le hasard des événements, mais chez qui l'amour fraternel entretint la courtoisie et même le dévouement réciproque. Guillaume est doux, modeste, porté aux mesures pacifiques; le premier acte de sa vie publique a été une intervention heureuse en faveur d'un magistrat tolérant, et par là même soupçonné d'hérésie. Il a peu d'ambition, et appartient tout entier à son devoir; or le devoir en temps de guerre civile est aux côtés de son roi. Après avoir suivi son père à Jarnac et à Moncontour, il est en Bourgogne le bras droit du sage comte de Charny; il défend, dans la personne d'Henri III, le représentant de la royauté, le protecteur et l'ami de son père. Son premier acte est un discours prononcé à l'assemblée de Saint-Germain-en-Laye sur la situation de la Bourgogne; il y dénonce hardiment les abus, les vices des gens de justice et d'église, l'insolence des gens de guerre, et demande au nom de ses compatriotes la réunion de libres états généraux. L'esprit réformateur qui agita plus tard le capricieux auteur des Mémoires de Tavanes dictait à son frère aîné, tout jeune encore, une démarche plus généreuse qu'utile; l'un et l'autre, en s'en inspirant, firent à la fois honneur à la mémoire de leur père et à la tradition de leur pays.

Pendant que Guillaume poursuit sa laborieuse enquête sur les besoins de la province, Jean est tout entier à la vie d'aventures; c'est le chevalier errant à côté du soldat fidèle. L'année où mourut son père, il était à la suite du duc d'Anjou devant la Rochelle. Ce jeune homme de dix-huit ans y déployait déjà sa brillante valeur, si bien que le vieux maréchal, dans ses lettres, lui défendait de se hasarder hors de propos; il y manifestait aussi sa mauvaise humeur contre les fautes et les trahisons de toute sorte qu'il voyait ou croyait voir autour de lui. Son père étant mort au moment de la levée du siége, il eût voulu cacher cette mort, jusqu'à ce qu'il eût obtenu du roi les lettres patentes des gouvernements qui avaient été promis pour lui et son frère à leur père mourant. Mais ils eurent beau dire qu'ils étaient fils du maréchal de Tavanes, on leur objecta leur jeunesse; et au lieu de cent mille francs de gages qu'ils espéraient conserver, ils en durent accepter six mille, « tant les rois, s'écrie avec amertume « le vicomte, se souviennent peu des services des morts! » « — Votre père, lui dit Charles IX, n'avait pas tant que vous à votre âge. » — « Notre père, répliqua Jean, n'était pas comme nous le fils du maréchal de Tavanes, auquel la couronne est tant obligée. »

Tandis que Guillaume demeurait aux côtés de Charny comme lieutenant du roi en Bourgogne, Jean, irrité contre la cour de France, suivit dans son voyage de Pologne le duc d'Anjou. Là, la passion des aventures l'entraîna plus loin encore; il raconte trop brièvement dans ses Mémoires qu'il gagna Constantinople par la Hongrie et la Transylvanie; qu'il fut, lui cinquième, attaqué par deux cents Turcs dans une maison à laquelle on mit le feu, et dont il essaya vainement de s'échapper l'épée à la main. C'est, un siècle auparavant, l'histoire de Charles XII à Bender. Les allusions assez fréquentes qu'il a faites aux Turcs dans ses écrits lui ont été suggérées évidemment par les souvenirs de ce voyage.

Il revint en France par Constantinople ; dès 1575, on le retrouve dans sa patrie, prêt à mettre son épée au service des princes lorrains. Tant que ceux-ci maintiendront avec le roi un accord plus ou moins sincère, Jean combattra sous les mêmes drapeaux que son frère. Aussi les voyons-nous réunis sur le champ de bataille de Dormans, où Henri de Guise, au nom du roi, empêcha la jonction du duc d'Alençon et des reîtres. Jean se distingue dans la mêlée ; il a un cheval tué sous lui, dégage Guise qui venait de recevoir au visage sa célèbre balafre, et avec quelques hommes, dans la déroute, fait mettre bas les armes à quinze cents ennemis. Guillaume, avec sa placide et douce figure, nous apparaît après le combat, devisant avec un prisonnier alors inconnu, le futur *pape des huguenots*, Duplessis-Mornay, et le faisant manger à sa table. Ils conversent entre eux « fort librement, surtout du différend de la religion », et Guillaume offre même un asile à Mornay dans ses domaines jusqu'à la conclusion de la paix (1).

L'année suivante, quand une nouvelle invasion de reîtres menaça la Bourgogne, les deux frères s'y retrouvèrent pour la combattre, l'aîné s'acquittant sans bruit de ses fonctions, le cadet toujours ami du scandale et de la violence. Pendant que Guillaume, de concert avec Charny, fortifie et préserve d'une surprise Dijon et les villes de la Saône, Jean investi des fonctions de lieute-

---

(1) *Mémoires de Mme de Mornay* (éd. de la Société de l'Histoire de France), t. I, p. 99.

nant général à Auxerre, lutte plus contre les habitants que contre les envahisseurs. « Le peuple, dit-il, se rend inobéissant, tue à la porte (avant que je pusse y être) des députés de la reine traitant la paix entre ses enfants par le commandement de Leurs Majestés. Je fis justicier les meurtriers au milieu de la place d'Auxerre, assisté de douze des miens à cheval, n'ayant les habitants, quoique je commandasse, permis l'entrée aux cent arquebusiers que j'avais aux faubourgs. A l'instant le peuple de la ville prend les armes, vient pour sauver les prisonniers avec force arquebusades : je fis ferme, soutins le faix courageusement, pendant que le seul procureur du roi, de mon parti, avec un de mes gens, reprenaient les échappés du bourreau par le bruit des arquebusades. En même temps un des criminels est pendu : ce que voyant le peuple, et me considérant résolu à la mort, quoique les derniers tirassent, les premiers s'étonnent et se retirent; je fis achever la justice, la force me demeura (1). »

Les deux frères se trouvèrent réunis encore une fois en 1580, dans le Dauphiné, pour une de ces campagnes équivoques où les Lorrains travaillaient à leur profit, tout en continuant à se couvrir de l'autorité royale; puis Guillaume, toujours obéissant et fidèle, mène sa compagnie, ou bien garder la reine Louise de Lorraine aux eaux de Bourbon, ou encore seconder les efforts du duc d'Alençon en Flandre.

L'explosion du mouvement ligueur en 1585 le plaça dans une situation difficile. C'était le duc de Mayenne, un

---

(1) *Mémoires*, p. 231. — « La cruauté, dit-il ailleurs, est nécessaire contre les entreprises populaires, elle est le seul remède. »

des chefs du parti, qui occupait le poste de gouverneur de Bourgogne. Dijon était entre ses mains, et bon gré mal gré le suivait dans sa prise d'armes. Heureusement Charny tint bon à Chalon, Guillaume à Beaune. Celui-ci était allé aussitôt à la cour, et avait proposé des mesures énergiques qui ne furent pas exécutées. De retour à Beaune, il exhorta vigoureusement et par bonnes raisons les habitants à rester fidèles au roi contre MM. de Guise. Il avait à lutter contre les ennemis du dehors et du dedans ; tantôt c'étaient les habitants qu'il fallait rassurer contre l'introduction d'une garnison, tantôt c'étaient des ligueurs secrets qui tenaient des assemblées séditieuses aux Jacobins, et qu'il mâtait par exhortations ou menaces; tantôt c'était un cordelier, prédicateur du carême à l'hôpital, à qui il infligeait une remontrance solennelle. Il se maintint ainsi jusqu'à la paix de Nemours, où il trouva une singulière récompense de son zèle, puisqu'il dut remettre entre les mains de Mayenne ce château même de Beaune qu'il avait défendu contre lui. Il est vrai que, par manière de consolation, le roi lui conféra le cordon de l'ordre nouveau du Saint-Esprit. (Janvier 1586.)

Que devenait pendant ce temps son jeune frère ? Volontaire plein d'entrain à la suite des Guises, il les avait suivis avec sa compagnie de gens de pied en Auvergne et en Dauphiné. Au fameux et meurtrier assaut d'Issoire, en 1576, il fut un des premiers sur la brèche et reçut cinq arquebusades (1). A La Mure en Dauphiné, même témérité heureuse. Il a prétendu depuis, avec la fatuité du

---

(1) *Annales d'Issoire*, par Charrier (Bibl. de Clermont-Ferrand, ms. n° 70). — *Mémoires*, p. 160.

courtisan disgracié et mécontent du rôle qu'il a joué, avoir décidé Henri III à entrer dans la Ligue, et lui avoir présenté comme modèle de serment à prêter le serment de l'ancienne confrérie du Saint-Esprit, plus favorable à l'autorité royale que celui de Péronne. Mais son attachement à la maison de Valois n'était guère profond; car il avoue s'être montré presque aussitôt infidèle au second article de son serment, qui était d'obéir au roi. Le roi l'avait dégagé, dit-il, par ses concessions aux huguenots, qui constituaient à elles seules un parjure. Il prétend même avoir refusé l'ordre du Saint-Esprit, pour n'être astreint à aucune obligation envers un souverain dont il se défiait. Ce fut donc un des plus ardents ligueurs, un des plus portés aux mesures extrêmes : se défiant des Espagnols et de la noblesse, il demandait la levée en masse du peuple catholique, qu'on armerait de piques; on ne l'écouta pas, par crainte, dit-il, de faire surgir des idées républicaines. Ce n'était pourtant point un républicain que le vicomte Jean; ce n'était pas non plus un royaliste fervent, et il ne croyait guère qu'à lui-même.

Ici se place un épisode de sa vie qu'il peut être intéressant de raconter en détail, car il est de ceux qui révèlent le caractère de l'homme d'abord, puis, dans un cadre restreint, l'état des esprits et la situation des partis en province au début de la Ligue (1). En 1585, Jean était gouverneur de la petite ville d'Auxonne au nom de

---

(1) Outre les relations manuscrites citées au début de ce chapitre, voir *Mémoires de Tavanes*, p. 138 et 390. — Réfutation sur le prétendu siége soutenu par la ville d'Auxonne en 1586, par Girault. (Extrait du *Magasin encyclopédique*, mai 1812.)

Mayenne, et là comme partout ailleurs, deux partis inégaux en force étaient en présence ; les ligueurs qui voulaient maintenir l'unité catholique en France au besoin sans le roi et malgré le roi, les royalistes bien plus nombreux, arrêtés dans cette voie de rébellion par leurs scrupules de féaux sujets, et auxquels les huguenots allaient se rallier ; les uns et les autres, du reste, invoquant avec une égale assurance le nom du roi et le salut du royaume, et augmentant ainsi la confusion. Toute ville, je dirais presque toute famille en était là, à en juger par celle même de Saulx-Tavanes.

Jean fut bientôt en mésintelligence avec les bourgeois, hostiles pour la plupart à la Ligue. Il parut d'abord ne vouloir rien faire que d'accord avec eux et pour le maintien de leurs priviléges, leur transmit avec empressement les lettres du roi qui les exhortaient à la fidélité, et écrivit de sa main à Henri III quelques mots très-nets pour l'assurer de son dévouement (1) ; au fond il méditait déjà un coup de main qui devait aboutir à la révolte ouverte et à l'introduction d'une garnison espagnole. Après s'être concerté secrètement à Dijon avec Mayenne, il fit entrer à l'improviste dans le château plus de cent soldats, et alla habiter lui-même la forteresse. De là, comme à la veille d'une guerre entre nations, il commença à négocier avec la ville pour l'amener à ses fins.

Rien n'égale la longanimité des bourgeois à son égard, leur facilité à se laisser tromper. Ils se plaignent d'abord timidement que la garnison du château a été aug-

---

(1) Lettre du 3 avril 1585.

mentée à leur insu : « J'ai fait entrer ces soldats en secret, leur répond Jean, parce qu'ils étaient fort mal équipés; j'ai voulu leur éviter vos railleries. » Et ils s'inclinent devant cette raison dérisoire. Si le gouverneur, invoquant les souvenirs de sa famille et le nom de son père, déclare qu'il ne se laissera dépasser par personne dans la défense de leurs priviléges, ils ne trahissent aucune défiance. S'il leur dit d'un ton pénétré et les larmes aux yeux : « Je vous aime et vous promets de vivre et mourir avec vous pour vous confirmer dans vos biens, » ils lui répondent sincèrement qu'ils lui seront fidèles, pendant que les officiers qui les écoutent rient aux éclats de leur naïveté en leur présence.

De telles illusions ne devaient pas durer ; Jean n'attendait qu'une occasion favorable pour descendre du château, et occuper Auxonne au nom de la Ligue. La maréchale sa mère, avertie de ses desseins, était accourue inutilement de la cour pour le conjurer de demeurer fidèle au roi. L'attitude du vicomte en face des habitants devenait chaque jour plus hostile ; ceux de ses officiers qui étaient restés jusque-là dans la ville rentraient au château. Les bourgeois prirent le parti de barricader les avenues qui y conduisaient avec des charrettes renversées autour desquelles ils firent bonne garde. Jean ne pouvait plus feindre ; il essaya d'intimider.

« Le vingt-cinquième avril, au matin, ledit vicomte sortit dudit château du côté de la ville, ayant sa cuirasse et une mandille rouge par-dessus. Arrêté sur le milieu du pont, (il) manda lesdits maire et échevins de la ville, et venus, leur dit qu'il était vrai qu'il avait fait entrer la nuit dans le château et par la porte de derrière cinq cents soldats, afin de se faire obéir au commandement qu'il leur faisait de lui mettre promptement l'artillerie de la ville entre ses mains avec toutes les munitions, sinon qu'il les taillerait en pièces. Ces paroles furent trouvées étranges par lesdits maire et échevins et bien contraires à celles qui auparavant leur avaient été tenues par ledit vicomte, et auquel ils avaient déclaré leur volonté d'être et demeurer toujours serviteurs du roi sans vouloir choisir ni suivre autre parti; mais la force fit céder à leur affection, tellement que, les barricades rompues, ledit jour vingt-cinquième avril, toute l'artillerie de la ville fut conduite dans ledit château avec les munitions (1). »

Cette première concession faite, les malheureux bourgeois se virent bientôt soumis à des exigences quotidiennes, et ils n'osaient résister, voyant sur les murailles du château les mèches des arquebuses allumées et les canons pointés contre la ville; s'ils avaient su du moins que les soldats, plus humains que leur chef, avaient mis autant de foin que de poudre dans leurs pièces! Il leur fallut d'abord livrer cinq maisons à la porte du pont qui conduisait au château, c'est-à-dire établir de leurs propres mains un poste avancé contre eux ; il est vrai qu'ils y relevaient de garde tous les huit jours la garnison, mais comme ils fournissaient « la chandelle, bois, paillasses, linge et ustensiles de ménage », chaque fois les soldats en se retirant emportaient les ustensiles des bourgeois qui étaient contraints d'en fournir d'autres. On leur demanda en-

---

(1) Bibl. Nat., Ms. fr. 17281, f. 38-39.

suite près de deux cents pieds d'arbres qui furent employés à palissader le château, et tout paysan entrant à Auxonne fut requis d'y venir travailler. Le gouverneur passa même marché avec des entrepreneurs pour élever au centre de la ville, au *logis du roi*, une seconde citadelle. Il défendit aux bourgeois de chasser dans leurs propres forêts, leva un impôt du vingtième sur toutes les marchandises, et annonça qu'il aurait bientôt à demander vingt ou trente mille écus au conseil de la ville pour l'entretien d'une garnison espagnole.

Ce régime de réquisitions et de terreur dura une partie de l'année 1585. Aux réclamations des habitants, le vicomte enhardi répondait qu'on ne pourrait lui ôter son gouvernement qu'avec la vie. Mais pendant qu'il était allé faire campagne à l'armée des princes, les bourgeois trouvèrent à deux reprises l'occasion de se plaindre ailleurs, et se fortifièrent dans leurs desseins de vengeance. Un valet de chambre du roi qui passait par Auxonne ramenant trois enseignes de Suisses, reçut la protestation adressée à Henri III par ses sujets opprimés. Un capitaine royaliste, Joachim de Rochefort, baron de Pluvault, qui allait en Comté lever une compagnie de gendarmes, fit davantage, il les exhorta à passer de la protestation à l'action ; il leur promit de les aider avec tout son monde le jour où ils voudraient se délivrer du vicomte, et pour caution de sa parole leur offrit sa femme et ses enfants en otages. Au fond, ce qu'il voulait, c'était devenir lui-même gouverneur par droit de conquête.

Un complot s'organisa. Dans cette prévision que, le jour de la Toussaint, le vicomte descendrait du château pour entendre la messe à l'église paroissiale, on résolut de s'emparer de lui au pied de l'autel. On se distribua les rôles; toutefois, quoique par précaution les dispositions n'eussent été arrêtées que la veille, l'entreprise faillit échouer au dernier moment par l'imprudence d'une femme qui dit à ses voisines que son mari s'était armé avant jour, et qu'elle savait qu'on ferait gros bruit. La femme d'un boulanger n'eut pas plus de discrétion, et fut assez sotte pour dire au domestique du vicomte, qui était venu chercher du pain blanc pour le dîner de son maître, qu'elle était lasse d'en fournir à crédit et que le gouverneur n'en mangerait pas longtemps, qu'elle ne voudrait pas être si près de la mort que lui. Le domestique fut surpris de ce discours et courut au château donner l'alarme; il arriva trop tard.

A ce moment, Jean entrait à Notre-Dame avec une suite peu nombreuse, et il venait de se présenter à son chapelain pour se confesser, quand les bourgeois chargés de l'arrêter se glissèrent dans l'église à sa suite. Ils étaient tous armés et cuirassés sous leurs manteaux. Quatre des plus résolus l'entourèrent; le premier qui se jeta sur lui fut terrassé. Un autre, voyant le vicomte dégaîner, tira un coup de pistolet au hasard et tua son compagnon renversé à terre. Dans cette bagarre, le nombre finit par l'emporter. Le vicomte et les gens de sa suite furent saisis les uns après les autres, et Jean enfermé sous bonne garde. Pendant ce temps, un de ses soldats gagné d'avance montait au château et priait en son nom son lieutenant Deschamps de le rejoindre. Ce dernier obéit sans défiance; on s'empara de lui, et on le ramena en face du pont-levis où il dut, l'épée sur la gorge, ordonner aux siens de poser les armes et de livrer la forteresse. Déjà, au bruit du tocsin, les habitants étaient sortis en foule de leurs maisons; de son côté Pluvault avait franchi les portes avec sa compagnie. En moins d'une heure, et sans combat, Auxonne eut changé de maître.

Jean resta prisonnier pendant près de quatre mois, et ce temps fut rempli par des négociations multiples. Les vainqueurs, pour marquer leur parfaite fidélité jusque dans la rébellion, avertirent le roi et le comte de Charny de leur facile victoire, et les Guises, comme Henri de Navarre, les sollicitèrent en vain de se joindre à eux. Pluvault prit le commandement provisoire du château, et la ville recouvra son artillerie. D'autre part, le vicomte, à qui on avait laissé la liberté d'écrire, invitait d'une façon pressante son frère et sa mère à travailler à sa délivrance. La maréchale répandit à la cour le bruit que son fils était la victime d'un guet-apens tendu par les huguenots et de la trahison du prêtre qui le confessait; et l'on envoya à Charny l'ordre de se transporter à Auxonne pour régler cette affaire. Or les habitants, qui savaient ce dernier parent du vicomte, hésitaient à lui confier leur prisonnier et leur château reconquis. Ils se plaignirent derechef, espérant qu'on leur pardonnerait leur insistance, à cause du dévouement envers le roi dont ils avaient fait preuve. On leur fit une concession, celle de déléguer l'instruction du procès du vicomte à des magistrats du Parlement de Dijon. La maréchale de Tavanes, qui avait son plan secret, demanda de son côté et obtint l'évocation de l'affaire au grand conseil, ce qui impliquait la translation du coupable dans les prisons du Châtelet à Paris. Les Auxonnais se résignèrent alors à livrer leur ennemi, car ils ne craignaient rien tant que son séjour en Bourgogne, et le voyaient déjà dans leur pensée sorti de prison, venant leur demander raison les armes à la main.

Leurs craintes n'étaient que trop bien fondées. Au commencement de janvier 1586, Jean partit pour Paris sous la garde d'un exempt. C'était la délivrance qu'on lui offrait; il s'en doutait bien, et il croyait l'avoir chèrement achetée par les terreurs auxquelles il avait été en proie. Il écrivit depuis que ses gardes avaient été cent fois sur le point de l'empoisonner ou de le tuer, et qu'ils l'avaient même frappé d'un coup de hallebarde. Tout au moins la crainte d'être condamné comme criminel de lèse-majesté dut-elle redoubler son désespoir; les Auxonnais prétendirent à leur tour qu'il avait tenté de se suicider, et s'était blessé au visage contre les barreaux de sa prison en voulant s'échapper. Son guide, dont la maréchale avait payé le voyage, exécuta les ordres secrets qu'il avait reçus, dès qu'il se sentit hors de la portée des ennemis du vicomte; il ramena son captif par des chemins détournés au château du comte de Charny, à Pagny. Celui-ci se souciait peu d'accueillir un tel hôte; mais Jean parvint à se faire ouvrir les portes d'une maison d'où il pensait à juste titre qu'il lui serait facile de s'évader. Son frère l'ayant fait avertir sur ces entrefaites que le grand prévôt royal était en route pour venir s'assurer de lui, il se prépara rapidement à la fuite. Après avoir franchi à l'aide d'une échelle de cordes un mur de cinquante toises, il trouva au delà un cheval que lui avait fait préparer son cousin Montrevel, et vingt hommes d'escorte, et il gagna à toute bride la Franche-Comté, distante d'une lieue à peine.

De là, pendant que sa mère et son frère s'occupaient à solliciter pour lui des lettres de grâce, il tenta deux fois, à la tête de bandes armées, de reconquérir Auxonne, soit par surprise, soit par un siége régulier. Il supposait bien que la cour ne lui en saurait pas mauvais gré; car les Auxonnais étaient alors, ou peu s'en faut, en état de révolte ouverte par leurs refus persistants d'accepter le nouveau gouverneur nommé par le roi, Sennecey, connu pour partisan de Mayenne. Ils eussent voulu voir à leur tête leur complice Pluvault, déjà installé au château, et intéressé à prolonger sa domination avec leur résistance. Durant les huit premiers mois de 1586, c'est un chassé-croisé continuel de députations et de lettres, d'ordres et de remontrances entre le roi et l'obstinée petite ville. Le vicomte croit alors l'occasion favorable pour faire valoir ses prétentions.

Dans la nuit du 10 au 11 février, il se glisse jusqu'au pied du château, suivi de deux cents hommes, et il est sur le point de l'escalader au point du jour, lors de l'ouverture des portes. Mais, à l'instant décisif, deux enfants qui passaient sur le rempart virent les soldats appliquant leurs échelles contre la muraille. A leur cri de : *Aux armes!* la garnison fut en un moment sur pied. Jean et les siens déconcertés sautèrent aussitôt à cheval, et, sans détourner la tête, s'enfuirent à toute bride à travers la plaine.

Au mois de juillet, profitant de ce qu'il avait obtenu des lettres de surséance pour son procès, l'audacieux aventurier reparut dans la contrée. Les Auxonnais, plus obstinés que jamais, avaient été déclarés par le roi (1er mai) convaincus de désobéissance, et vivaient sans trop d'effroi en république indépendante. Jean vint, avec des troupes ramassées en Comté, plutôt, ce semble, pour piller et se venger que pour emporter la place. Il débute par saisir et mettre à mort un ecclésiastique qu'il surprend dans la campagne ; puis, tout en faisant creuser des tranchées et tracer des lignes de circonvallation, il pousse ses coureurs jusqu'aux barrières. Une suite d'incidents plus grotesques que sanglants, tel fut ce siége.

Pluvault n'osait tenter de sorties ; du moins les habitants empoisonnèrent les puits et les fontaines d'alentour, avec l'espoir de mettre hors de combat une bonne partie des assiégeants. En outre on donna l'alarme au vicomte, en envoyant à la faveur de la nuit cinq ou six tambours qui battirent aux champs, ce qui surprit tellement les bandes de l'assaillant qu'elles abandonnèrent leurs campements et s'enfuirent sans emporter la plus grande partie de leurs bagages. Si les tambours eussent été suivis de quelques hommes armés, on eût enlevé pour la seconde fois le vicomte. Les habitants eurent un des leurs tué par son camarade qui croyait tirer sur l'ennemi. Ils braquèrent plusieurs fois le canon sur les logements du vicomte, et remarquèrent un peu tard que s'il ne faisait pas effet, cela provenait de ce que la charge était trop faible et la poudre de mauvaise qualité, étant dans les magasins depuis 1541. De son côté, Jean s'impatiente de ne trouver que des pauvres parmi les gens arrêtés dans la campagne, et par exaspération ordonne à ses soldats de tout tuer. On suivit ses recommandations à la lettre. Non contents de ces excès, les assiégeants firent les moissons sous les yeux des assiégés; les uns coupaient les blés, les autres ramassaient les bestiaux abandonnés dans les villages, et envoyaient vendre le tout à bas prix en Franche-Comté.

Ces scènes de brigandage prirent fin quand les troupes royales s'approchèrent à leur tour pour réduire Auxonne à l'obéissance. Henri de Guise était à leur tête, et Guillaume de Tavanes dans leurs rangs : c'était le temps où le faible Henri III se résignait encore à marcher d'accord avec la Ligue (1). Les Auxonnais, devant cette coalition passagère, prirent le parti de céder, et ils entrèrent en pourparlers avec des négociateurs, parmi lesquels il faut compter le président Jeannin. Par le traité de Tillenay (15 août 1587), ils consentirent à ouvrir leurs portes. Charny au nom du roi prit possession de la ville et en remit le commandement au ligueur Sennecey. Pluvault reçut une indemnité de trente mille écus d'or et la ville de Vézelay comme place de sûreté.

Seul, Jean de Tavanes fut oublié; il était devenu un personnage embarrassant pour tous les partis, et on crut avoir assez fait pour lui en lui envoyant un peu plus tard sa grâce. Il en profita aussitôt pour chercher à

---

(1) ... Le gouvernement de Provence ayant été mis dans les mains du sieur d'Épernon par le roi, pour apaiser Messieurs de Guise qui en criaient assez haut, Sa Majesté leur octroya celui de la ville et château d'Auxonne que ledit Pluvault, qui était d'accord avec eux, leur livra. » (*Mémoires de Guillaume de Saulx.*)

se venger de ceux dont il disait avoir à se plaindre. Ce fut d'abord son ressentiment contre les Guises, protecteurs de Sennecey, qui le fit soupçonner, la même année, d'être mêlé à une conjuration contre le duc de Mayenne. Le vicomte se laissa surprendre et enlever par les gens du duc sur la route de Paris, où il se rendait. Un de ses compagnons put s'échapper, et gagna le château voisin de Courcelles-les-Semur, où habitait Guillaume. Celui-ci a raconté, dans une des plus curieuses pages de ses Mémoires, les efforts qu'il fit pour la délivrance de son frère, l'embuscade inutile qu'il tendit à ses gardiens. Jean avait déjà été mis en liberté par ceux qui étaient chargés de le conduire à Mayenne, et dont il avait sans doute corrompu la fidélité.

Sa brouille avec Mayenne ne fut pas de longue durée. Rentré au service du prince lorrain, il en obtint la plus douce des vengeances, en se faisant remettre pour un moment en possession d'Auxonne. Restait à atteindre Pluvault; Jean surprit à main armée Vézelay, dont son ancien adversaire n'était pas encore maître. Cette attaque soudaine, les violences qui la suivirent, amenèrent le résultat auquel il s'attendait le moins. Vézelay appela pour se débarrasser de lui l'homme auquel il avait refusé jusque-là de se soumettre, et substitua Pluvault à Jean de Tavanes, du consentement même de Mayenne (1). Les mésaventures du turbulent vicomte dans les places commises à sa garde étaient loin d'être achevées.

(1) A. Chérest, *Étude sur Vézelay*, 2ᵉ partie, ch. VIII. (Dans les *Mémoires de la Société des sciences historiques et naturelles de l'Yonne*.)

II.

La Bourgogne de 1589 à 1595. — Guillaume chef du parti royaliste. — Il s'établit à Flavigny. — Ses courses armées dans la province. — Ses démêlés avec ses auxiliaires, Vaugrenant et le maréchal d'Aumont. — Jean gouverneur de Rouen pour la Ligue. — Son expulsion, son rôle dans les armées de Mayenne. — Il est nommé lieutenant général en Bourgogne. — Les deux frères en présence. — Henri IV et le maréchal de Biron devant Dijon. — Soumission de Jean. — Comment Guillaume fut récompensé de ses services.

De 1589 à 1595, le roi et la Ligue sont aux prises dans chaque province du royaume. Clergé, noblesse, tiers-état, tout est divisé ; les seigneurs sont transformés en chefs de bande, les villes en communes révolutionnaires où l'on se déchire sous l'incessante menace de l'ennemi. Durant cette période, l'histoire n'a guère d'yeux que pour Henri IV; elle le suit en Normandie et sous Paris, et elle oublie volontiers, comme il le faisait lui-même, ces serviteurs dévoués de sa cause qui combattaient obscurément pour lui. En Bourgogne, ce serviteur modeste, fidèle en dépit des trahisons, des calomnies, fut Guillaume de Tavanes. Son beau-père, vieux comte de Charny, réfugié prudemment dans son domaine de Pagny, ne commande plus que de nom aux royalistes ; c'est Guillaume qui est le véritable lieutenant du roi et qui, après l'assassinat du Balafré, engage résolûment la lutte.

Toutes les villes importantes obéissaient à la Ligue.

Dijon était la citadelle du parti, entourée d'un demi-cercle de forteresses également redoutables : Is-sur-Tille, Châtillon, au nord ; Semur, Saulieu, Autun, à l'est ; Chalon, Mâcon, Auxonne, au sud. Guillaume, au moment où il tire l'épée, ne possède que son château de Courcelles-lez-Semur, et ses forces sont trop peu nombreuses pour qu'il tente autre chose qu'une guerre de coups de main et de surprises. Autour de lui se groupent un petit nombre de seigneurs et une trentaine de magistrats fidèles ; le clergé n'est représenté que par l'évêque de Chalon, Ponthus de Thyard, expulsé de sa ville épiscopale. Les rangs royalistes sont grossis en outre par des huguenots, d'anciens compagnons d'armes de Coligny, et cela suffit aux yeux des ligueurs pour justifier à leurs yeux le nom d'hérétiques qu'ils appliquent sans façon à leurs adversaires. Je doute cependant qu'on pût appliquer cette qualification à des hommes comme Jacques Bossuet et Claude Mochet, les deux aïeuls du grand évêque de Meaux ; au président Frémyot et au baron de Chantal, qui furent le père et l'époux d'une sainte. C'étaient l'honneur et la force du parti royaliste que de semblables hommes, si restreint que fût leur nombre. Seulement, à côté d'eux, il y a la nuée de ces brouillons et de ces aventuriers dont La Fontaine versifiera plus tard la morale :

> Le sage dit, selon les gens :
> Vive le roi ! vive la Ligue !

C'est le baron de Lux, ce sont Vitteaux, Fervaques, Sennecey, qui, n'écoutant que la voix de leur intérêt, passent sans rougir d'un camp à l'autre, rançonnant les campagnes tour à tour au nom de chaque parti, et faisant payer cher chacune de leurs défections à leurs amis comme à leurs ennemis. C'est Baillet de Vaugrenant, président aux requêtes du palais, magistrat improvisé homme de guerre, qui se montre aussi acharné contre Guillaume que contre Mayenne. Les Chabot eux-mêmes, par jalousie contre les Saulx-Tavanes, se mêlèrent à ces menées, dont Henri IV deviendra à certains moments, volontairement ou non, le complice.

Au milieu des lâchetés, des désertions, Guillaume reste seul tout entier à son devoir jusqu'au bout, et il ne s'épargnera point, même contre son frère. « Certainement, a-t-il écrit plus tard avec une noble assurance, cette entreprise était non-seulement téméraire, mais très-périlleuse..... mais ayant considéré qu'où le péril est grand, la gloire en est plus grande (n'est-ce pas là déjà un vers de Corneille?), la justice de soutenir la cause de son roi contre les rebelles, l'autorité de Sa Majesté reconnue, etc.; tout ce que dessus, avec l'affection qu'il avait à sa patrie lui fit, postposant toutes difficultés, passer par-dessus ces obstacles et se jeter en tel labyrinthe dans les détours duquel, étant divinement conduit, il en sortit heureusement : la louange en soit à Dieu ! »

Rien de plus monotone, si on les suivait dans tous leurs épisodes, que ces guerres de château à château, que ces prises et reprises de villes, ces intrigues et ces trahisons qui se croisent; l'historien, s'il veut tirer de ce chaos quelque enseignement utile, doit y chercher surtout les âmes fortes, les traits de courage et de fidélité, ce qui élève l'esprit et non ce qui le fatigue ; et c'est la vie et le nom de Guillaume de Saulx qui reviennent ici constamment sous ses yeux.

Après une tentative inutile pour surprendre Dijon, et couper ainsi la guerre dans sa racine, le capitaine royaliste voulut se créer dans la partie montagneuse de la Bourgogne une base d'opérations. Il choisit Flavigny, petite place bien fortifiée par la nature et bien située pour la lutte qu'il allait entreprendre, tout près de cette Alesia qui avait été le dernier rempart des libertés gauloises. A la fin de février 1589, il part de Courcelles avec douze chevaux seulement, comme pour un voyage, et arrive en vue de Flavigny. « Le président Frémyot y entra, lui quatrième, et descendit en l'hôtellerie, où il fit apprêter le dîner, après quoy arriva le comte de Tavanes, feignant vouloir parler au sieur Frémyot à la porte. Entretenant le temps, arrivèrent des gens qui se saisirent de la ville..... (1). » Le lendemain Guillaume passait en revue son monde sur le plateau d'Alesia. Les habitants de Flavigny prêtèrent serment de fidélité au roi, et quelques jours après, Frémyot amenait au milieu d'eux les membres du Parlement restés fidèles à la cause royale.

De là Guillaume fit une pointe en Basse-Bourgogne et débuta par un échec, il ne put emporter Is-sur-Tille ; mais on jugera de combien peu de ressources il disposait, puisqu'à l'attaque de cette ville, la majeure partie de son infanterie était composée de soldats pris la veille et enrôlés à ses risques et périls sous ses drapeaux. L'i-

---

(1) Registres de la chambre de ville de Dijon, 3 mars 1589.

vresse fut grande à Dijon ; on y chanta le *Te Deum*. Les ligueurs pensaient avoir facilement raison de la rébellion de Flavigny, et ils crurent pouvoir achever par la séduction et la menace l'œuvre de l'épée. Les habiles gourmandaient la mollesse du lieutenant général Fervaques, et lui signalaient les courses de plus en plus hardies des royaux, jusqu'aux portes de Dijon. Frémyot, sommé de livrer Flavigny s'il ne voulait voir périr son fils détenu dans le château de Dijon, répondit par une lettre sublime.....
« Si c'est un crime d'être serviteur du roi et de se retirer dans une ville qui est sous l'obéissance de Sa Majesté, j'ai failli... Si dirai-je librement que j'estimerais mon fils très-heureux de mourir si jeune en la première fleur de son âge pour la chose publique, et innocent comme il est avoir un sépulcre si honorable, et par les destins ou malheur plutôt que par la faute de son père anticiper le cours de sa vie et éviter le sentiment des calamités qui sont apprêtées sur ce misérable État. Je vous supplie donc, monsieur..., croire que ni les tourments que l'on pourrait me donner, ni ceux que l'on fera à mon fils, que je sentirai plus que les miens, ne me pourraient ébranler à faire chose contre mon honneur et le devoir d'un homme de bien. J'aime mieux mourir tôt, ayant la réputation entière que vivre longuement sans réputation..... (1). »

Tavanes, son émule, agissait de son côté avec vigueur ;

---

(1) Cette lettre a été imprimée en entier dans l'*Histoire de sainte Chantal*, par M. l'abbé Bougaud, et dans l'*Histoire du Parlement de Bourgogne*, par M. de La Cuisine, avant d'être insérée dans la *Correspondance de la mairie de Dijon*.

il emportait la ville et le château de Semur (31 mars), dont il fit son quartier général; puis, maître de la capitale de l'Auxois, il courait à l'autre extrémité de la province, sur la Saône, et entrait dès le 4 avril à Saint-Jean-de-Losne, ville qui n'avait jamais adhéré à l'Union, et où des partisans dévoués au roi l'attendaient. Après cette course rapide, il regagna ses montagnes et compléta ses premiers succès en s'emparant de Saulieu. Les habitants lui jurèrent à leur tour obéissance, et Guillaume leur laissa deux cents hommes de garnison aux frais du roi. « On usa de ce doux traitement, dit-il, afin de mettre les autres villes dans le parti de leur légitime souverain. »

L'assassinat d'Henri III (1er août 1589) fut une sérieuse épreuve pour le parti royaliste. Plusieurs gentilshommes prirent prétexte de la religion du nouveau roi pour passer au parti des ligueurs. Le duc de Mayenne fit solliciter Frémyot de reconnaître le roi de la Ligue, Charles X. L'intrépide magistrat était alors avec la petite armée royale devant le château de Duesmes; c'est là qu'il fit jurer à Guillaume et aux siens de venger la mort d'Henri de Valois, et rédigea sur un tambour, au milieu du sifflement des balles, leur acte de soumission à Henri de Navarre.

C'était plus qu'une bande de partisans que cette poignée de sujets et de soldats fidèles; si presque toutes les villes étaient aux mains des ligueurs, les campagnes au contraire restaient fidèles au Béarnais; le Parlement, transféré à Semur, y rendait la justice au nom du roi Henri, et Guillaume présidait dans la même ville les États de la province. Malheureusement la discorde se fit bientôt jour parmi les royalistes. Au commencement d'avril 1590, Vaugrenant écrivant au roi insinuait perfidement que Guillaume garderait peut-être pour lui la plus grande partie de l'argent destiné à la solde des troupes ; accusation assez hasardée contre un homme qui empruntait sur son bien pour servir le roi de ses deniers comme de son sang. Il répugnait à Vaugrenant, ainsi qu'à beaucoup de gentilshommes, de marcher sous les ordres du fils de Gaspard ; ils eussent voulu voir au commandement un homme de haute noblesse ou un prince du sang. Bientôt les Chabot guerroyèrent à part, avec la pensée perfide d'occuper pour leur compte les forteresses que Guillaume avait prises. Celui-ci, réduit à ses seules forces, ne put rien tenter de décisif. A la fin de 1589 et au commencement de 1590, il attaqua sans succès Châtillon et Montbard. La guerre de siéges même ne lui réussissait pas, et il en était réduit à la guerre de partisans. Tantôt on le voit mettant la main sur les provisions de sel de Digoin et Paray-le-Monial (1) ; tantôt surprenant l'abbaye de Cîteaux et y faisant sans scrupule grand butin ; tantôt enfin arrêtant les convois de marchandises et de vivres se dirigeant vers Dijon. Durant la saison des vendanges, il rôde sans cesse autour de cette ville, brûlant les moulins, ravageant les vignes, et poursuivant jusque dans les faubourgs les patrouilles d'arquebusiers et de cavaliers envoyés pour la protection des vendangeurs.

(1) *Livre de souvenance de Pepin*, novembre 1589, t. I, p. 55.

Avec un autre général, disaient ses adversaires, les choses eussent marché bien autrement. Aussi, quoiqu'il eût été jusqu'au fond du Maine rendre personnellement hommage à Henri IV, le vieux maréchal d'Aumont arriva au printemps de 1591 pour prendre le commandement de l'armée royale. Il subit échecs sur échecs, assiégea inutilement Autun, Chalon, Avallon, bloqua Dijon dix-huit jours sans résultats, descendit jusqu'à Louhans et en Bresse. Guillaume s'était modestement rangé à ses côtés; mais d'Aumont était prévenu contre lui par des conseillers auxquels il se fiait aveuglément. Comme beau-frère de Charny, il subissait aussi l'influence des Chabot, sans parler de celle de Vaugrenant, dont la haine contre Guillaume s'envenimait de jour en jour. Il aggrava donc la division qui troublait déjà le parti. Obéissant aux suggestions de Vaugrenant, il demanda compte si aigrement à Guillaume de l'argent destiné à la paye des reîtres, que celui-ci quitta précipitamment le camp royal, autrement, dit un contemporain, d'Aumont l'eût laissé aux reîtres pour payement (1). C'est en songeant à toutes ces vexations qu'il écrivit au roi une lettre qui est un des actes les plus honorables de sa vie; il le savait, car il l'a citée tout au long dans ses Mémoires. D'Aumont est accusé par lui, mais seulement au nom du bien public :
« Il a laissé le parti de Votre Majesté, qui était bien uni avant qu'il fût venu, sur le point d'être partagé en deux... Je proteste que ce que j'en dis n'est point pour aucun intérêt particulier, car le service de votre dite Majesté

---

(1) *Livre de souvenance de Pepin*, 17 octobre 1591.

se faisant bien en cette province, soit par moi ou par autre, je suis content... J'ai tant de fidélité en ce qui est de votre service, qu'outre que je suis disposé d'achever d'y employer mon bien et ma vie, qui que ce soit ne me peut fermer la bouche que je ne publie ce qui viendrait à ma connaissance, important à votre service... » Grâce à cette abnégation, la guerre civile fut épargnée aux défenseurs du roi.

Elle était vive au contraire parmi les ligueurs, dont les chefs, Fervaques et Sennecey, avaient été sacrifiés tour à tour aux défiances des fanatiques du parti. Quant à Mayenne, il promettait sans cesse des secours qu'il n'envoyait pas, car il avait assez à faire en Normandie où il était aux prises avec Henri IV. Il finit par déléguer son fils, le prince de Mayenne, âgé de treize ans, en lui donnant comme tuteur et comme guide le frère même de Guillaume, Jean, l'ancien gouverneur d'Auxonne.

Le vicomte Jean, dès le règne d'Henri III, s'était donné tout entier à la Ligue. L'assassinat des Guises à Blois l'avait fait serviteur et sujet de Mayenne. Celui-ci, à ce qu'il prétend, lui avait promis la lieutenance de Bourgogne *incontinent après les armes prises;* mais ensuite il avait rayé le mot *incontinent,* et s'était borné à lui offrir le poste subalterne de maréchal de camp. Jean, après avoir boudé quelque temps, accepta. Il combattit à Arques, et après cette défaite, contribua à sauver Paris menacé par le vainqueur. A l'en croire, il aurait réussi par une marche forcée à pénétrer de nuit dans la capitale avec quelques troupes, y aurait relevé les courages, et s'il n'eût tenu qu'à lui, le Béarnais eût subi un désastre complet. En mars 1590, on le retrouve en Normandie, brillant soldat d'avant-garde, plus apte aux charges et aux reconnaissances qu'aux combinaisons stratégiques. A Ivry, trompé par sa courte vue, il entassa sur un espace si restreint ses escadrons qu'il s'ensuivit une confusion funeste, et sa maladresse fut ainsi une des causes de la perte de la bataille (1).

Mayenne se délivra aussitôt de ce lieutenant incommode en l'envoyant comme gouverneur à Rouen (17 mars 1590). Le vicomte devait rester seize mois dans cette charge, où il n'avait été nommé que *pour un temps*, et il y fit comme d'habitude plus de bruit que de bien. Ses courses armées à travers la Normandie pour ravitailler, dégager ou reprendre telle ou telle ville furent innombrables, et la plupart stériles pour sa gloire comme pour les intérêts de son parti. Mayenne lui promettait sans cesse des renforts et de l'argent, afin de conserver une province à laquelle il tenait plus qu'à toute autre, et ne lui envoyait rien (2). Si Jean put surprendre Bernay, il échoua devant Vernon et devant Mantes, et faillit même être pris dans cette dernière affaire. Le gouverneur du Havre, Villars-Brancas, fit d'abord campagne avec lui; ils obtinrent quelques succès, puis se divisèrent quand il fallut partager le butin. De là une hostilité que le Parlement essaya en vain d'éteindre, et qui devait coûter au vicomte son gouvernement.

(1) Davila, *Histoire des guerres civiles de France*, livre XI. — *Discours de la bataille de Garennes*, publié par E. Halphen (Jouaust, 1875).

(2) On trouve six lettres de Mayenne à Jean, se rapportant à la fin de 1591, dans la correspondance de Mayenne publiée par l'académie de Reims (1860, — t. XXIX).

A l'intérieur, Jean avait toujours la main plus violente que ferme. C'est ainsi qu'il cassa une élection d'échevins très-régulière, parce qu'elle avait donné la victoire au parti modéré; comme à Mayenne, il lui fallait des « zélés », et il fit recommencer l'élection, sous prétexte que la précédente était « désagréable » au peuple. Il n'y avait pas, on le voit, de démagogue plus complaisant que ce gentilhomme. Ses défaites achevèrent d'exaspérer la violence naturelle de son caractère.

Au printemps de 1591, il était parti avec l'intention de débloquer Chartres assiégé par Henri IV. En route, il avait dû congédier une partie de ses troupes qu'il ne pouvait nourrir, l'autre partie déserta; il ne put faire entrer dans Chartres qu'un secours dérisoire, et il rentra à Rouen maugréant et cherchant à se venger de son échec sur tout ce qui l'entourait. Il allait prouver qu'il aimait encore jouer au tyran, et que ses mésaventures d'Auxonne ne l'avaient pas corrigé. On l'entendit reprocher aux membres du Parlement d'être des femmes et non des hommes, dès qu'il s'agissait de combattre pour la Sainte-Union, traiter les modérés de brouillons, multiplier, au milieu des protestations du Conseil de la ville, les arrestations arbitraires. Craignant une émeute, il se rendit maître du fort Sainte-Catherine et y introduisit une garnison étrangère. Tout un parti se forma alors pour lui substituer le gouverneur du Havre, Villars-Brancas; les succès d'Henri IV à Pont-de-l'Arche et à Louviers achevèrent de le discréditer. La garde bourgeoise lui enleva par surprise le fort Sainte-Catherine; quand Villars-Brancas se présenta avec une flottille dans le port de

Rouen, c'en fut fait de lui. Qu'au bruit de cette guerre civile, le Béarnais eût seulement fait mine d'approcher, et Rouen capitulait. Mayenne se hâta d'accourir afin d'empêcher ce malheur; il arriva à temps pour arracher au vicomte sa démission, confirma Villars-Brancas dans la charge qu'il avait conquise, et envoya son maladroit lieutenant comme maréchal de camp en Picardie sous les ordres du duc d'Aumale (1).

Le vicomte tint quelques mois à peine la campagne; en allant au secours de Noyon, il fut fait prisonnier. Son infanterie s'étant débandée sous les furieuses décharges des royaux, il soutint avec quelques chevaux tout le choc de l'ennemi. Sa monture s'abattit sous lui, et blessé de trois coups d'épée, un bras rompu, il dut se rendre (2). Il était encore prisonnier à la fin de cette année 1591, quand Henri IV tenta le siége de Rouen. Il refusa d'acheter sa liberté en indiquant les endroits faibles de la place; il ne voulait, disait-il fièrement, ni servir Henri, ni le tromper. « Prisonnier du roi, qui ne m'aimait pas,
« moi ayant hérité de cette inimitié de mon père qu'il
« accusait du conseil de la Saint-Barthélemy, mal pensé
« et bien gardé, il résolut de me confiner en prison.
« M. de Longueville l'empêcha, et après s'être mécon-
« tenté, m'obtint, pour tirer de prison sa mère, femmes
« et sœurs qui étaient retenues à Amiens, auxquelles
« j'eus cet honneur d'être changé; elles avaient offert
« cent mille écus pour sortir. Sa Majesté, me reconnais-

---

(1) Floquet, *Histoire du Parlement de Normandie*, t. III, p. 346 et sq. — *La Ligue en Normandie*, par Robert d'Estainctot, p. 107-189.

(2) Davila, *Histoire des guerres civiles de France*, liv. XII.

« sant mal, estimait ma prison plus importante que l'a-
« mitié de M. de Longueville, auquel il me refusa par
« plusieurs fois. Je faillis à me sauver à Compiègne ;
« douze de mes gardes imprudents, quand j'étais couché
« se penchaient sur la table pour jouer, je sortais à
« leur ombre ; n'eût été que je fusse assuré que le lende-
« main les dames seraient changées pour moi. »

Sa liberté obtenue, il en profita pour hâter l'arrivée des Espagnols et d'Alexandre Farnèse, et pour faire lever le siége de Rouen. C'est du moins ce qu'il affirme dans ses Mémoires ; il se peint ensuite non sans complaisance comme le mentor du célèbre capitaine espagnol et semble croire que tous les événements heureux ou malheureux de cette campagne ont été provoqués ou prévus par lui. La réputation militaire d'Alexandre Farnèse est assez bien établie pour que Jean de Tavanes reste à nos yeux le *sergent de bataille* dont parle le fabuliste, à propos de la mouche du coche :

> Allant en chaque endroit
> Faire avancer ses gens et hâter la victoire.

Tel était l'homme que Mayenne envoyait pour rétablir ses affaires en Bourgogne. Le 29 mai 1592, il fit son entrée à Dijon, au bruit des salves d'artillerie. Il arrivait rempli d'une activité fiévreuse, qu'il allait dépenser sans esprit de suite, en se heurtant à tous les obstacles.

Dès le 1er juin, il se présente au Parlement et le harangue avec cette verve hardie et décousue qui lui était habituelle : « La plus juste cause, leur dit-il, est de combattre la tyrannie, les rois n'étant rois qu'avec des conditions ;

ceux qui ont fait guerre à l'hérétique en seront loués d'ici à cinq cents ans. Voilà pourquoi j'ai suivi M. de Mayenne en Normandie et ailleurs ; mais Dieu ne nous a pas donné la victoire décisive qui devait mettre fin à la lutte. Assistez-moi de vos conseils, j'ai appris à votre école ce que vaut la justice. » Tel fut le sens général de son discours : il le termina par une violente sortie contre ceux qui ne faisaient pas partie de l'Union, et exprima l'espoir que les trois ou quatre petites villes qui résistaient encore serait facilement réduites (1).

Un mois après (1er juillet), à la réunion des Etats, il recommença ses déclamations. Il était heureux, disait-il, d'être assisté de cette assemblée, pour mettre un terme aux abus, pour empêcher que les paysans ne fussent arbitrairement imposés comme ils l'étaient par ceux de l'Union ; ce qui ne l'empêcha pas de demander et d'obtenir vingt-cinq mille écus destinés à la solde de ses troupes. On lui amena de Comté et d'Allemagne de la poudre, des chevaux, des armes. Il s'en alla investir Verdun-sur-Doubs puis, devant la résistance énergique qui lui fut opposée, leva le siége sous le futile prétexte d'envoyer ses soldats protéger les vendanges aux environs.

De retour à Dijon (fin septembre), il court brusquement au nord, jusqu'auprès de Langres, où il emporte le château fort de Montsaugeon ; il voulait par là assurer ses communications avec Mayenne et tenir en respect les bourgeois royalistes de Langres ; puis, satisfait de ce

---

(1) Extrait d'un volume intitulé : *Registres du Parlement de Dijon, de tout ce qui s'est passé pendant la Ligue* (par Varenne.) — Dijon, 1762.

succès, il rentre à Dijon, où il recommence à s'agiter dans le vide, et à multiplier les discours inutiles.

Ainsi on trouve aux registres de la chambre de ville à la date du 19 décembre 1592, une longue harangue de lui. Il « dit que pour maintenir la religion l'on doit faire recherche de toutes sortes de remèdes, les ennemis faisant la guerre de jour et de nuit et n'épargnant rien. Les huguenots, par leurs bonnes intelligences, ont grandement affligé la France, et font encore. Et si les catholiques se joignent ensemble avec une bonne intelligence, il n'y a doute que la ligue sera très-forte et qu'elle dispersera les dits ennemis... Le mal qui se reconnaît c'est que ceux qu'on appelle pour le chasser sont cause de le faire plus grand, les uns n'y ayant point de bonne volonté, les autres (qui est le soldat), pillent, volent et font pire que l'ennemi.... Si les catholiques veulent s'aider, c'est de regarder le nombre d'hommes qu'ils peuvent faire avec les villages circonvoisins. Les armes mises entre les mains des furieux produisent de grands effets; de même les armes mises ès-mains de personnes bien réglées et disciplinées. Il y a sept paroisses en cette ville composées de capitaines, etc., du nombre desquels il pourra en être tiré quelques-uns qui seront assistés de gentilshommes.... Les Suisses Allemands, lansquenets et autres étrangers que l'on appelle pour faire la guerre ne naissent pas guerriers au ventre de leur mère ; mais c'est l'instruction et l'habitude qu'ils y prennent.... Et il convient que ladite ville se fournisse d'un bon nombre de piques pour s'en servir et étant les armes propres pour les villageois d'un premier commencement. » Le maire répondit à cet étrange orateur en le comparant, non moins étrangement, à Lycurgue. Bientôt après la chambre de ville le priait de faire marcher tous les privilégiés sous peine d'amende. Au même moment (2 janvier 1593), il y avait conseil au logis de Jean pour la campagne prochaine. On y proposa de lever cinquante mille écus sur les « riches et aisés des villes » pour solder les reîtres, « d'autant que la noblesse ne voulait obéir à M. le vicomte, ni les gens de pied (1). »

Au printemps, Jean, après avoir fait une apparition aux États généraux de la Ligue, tenté de nouvelles promenades militaires, tantôt heureuses, tantôt malheureuses, sous le feu des petites places royalistes, son pupille à sa suite. Avec lui s'intronise un régime violent, arbitraire, démagogique.

L'attitude de Guillaume n'avait pas changé, en face de son nouvel adversaire : « Si mon frère le vicomte, avait-
« il écrit au roi dès le premier jour, vient par deçà à la
« guerre, comme il en est le bruit, je la lui ferai si ferme
« que mes malveillants n'auront point sujet de me blâ-
« mer. » Il la lui fit en effet, mais avec autant de courtoisie que de fermeté, se souvenant de leur amitié ; Jean ne paraît pas l'avoir imité, et n'avoir point épargné, le cas échéant, les menaces à son frère (1). Malheureusement celui-ci, par suite de ses démêlés avec Mirebeau et Vau-

---

(1) *Journal de Breunot*, 2 janvier 1593, — t. I, p. 257. — Jean se plaint d'autre part dans les *Mémoires* que les capitaines de place étaient en ombrage de lui. On se souvenait évidemment de sa conduite à Auxonne et à Rouen.

(2) *Journal de Breunot*, 11 avril 1593, — t. I, p. 296. Cf. les *Mémoires* : « faisions chacun de notre côté ce que gens de bien pouvaient faire. Nous nous battions loyalement pour notre parti, non par inimitié, nous étant assistés en plusieurs traverses. Il ne laissa pas de se trouver des méchants qui dirent que nous nous entendions, ce qui était faux. »

grenant, continuait à être réduit à l'impuissance. Amis et ennemis semblaient conjurés pour l'accuser ; les uns et les autres répandant malignement le bruit qu'il allait suivre l'exemple de son frère, et passer sous les drapeaux de la Ligue.

Il était au contraire tout entier à sa tâche ; avec les forces dont il disposait, il poussait des pointes hardies jusque vers Dijon. Un jour, il faillit enlever les députés ligueurs à leur sortie des États ; un autre jour surprendre le château de Talant, d'où il aurait tenu la ville en échec (1). En dehors de la province, il trouvait des auxiliaires dans la ville de Langres, qui resta toujours fidèle et dévouée à Henri IV, dans le gouverneur de Champagne Dinteville, depuis son gendre, dont il souhaitait l'appui et contre ses ennemis et contre ceux de son roi : « Si nous étions « honorés de votre présence, lui écrit-il en juin 1593, « peu de choses nous seraient impossibles, ce serait le « moins de rendre chacun en son devoir. »

Ces deux lignes attestent le degré de division et de faiblesse où était tombé le parti royal. Ce parti répondait pourtant si bien aux besoins du pays qu'il ne pouvait être vaincu ; de plus il était plein de vie et de force, si on le compare à ses adversaires. En mai 1594, Henri IV avait mandé près de lui Guillaume et Vaugrenant, pour tâcher de les réconcilier. Guillaume aigri sans doute ne se rendit pas à l'invitation ; et cependant, quand à son retour, Vaugrenant faillit être pris par les gens de Seurre, Guillaume lui envoya de son château de Bonnencontre un

---

(1) *Livre de souvenance de Pepin*, 7 juillet 1592. — Registre des délibérations de la chambre de ville, 4 octobre 1592.

secours qui le dégagea (1). C'était le même homme qui renvoyait les prisonniers sans rançon, et défendait aux siens, sous peine de mort, d'empêcher le labourage et de prendre les chevaux du paysan (2).

C'était une triste situation que celle des villes et des seigneurs, entre les deux partis. Les unes étaient lasses de vivre au jour le jour, tour à tour menacées par les royalistes et les ligueurs, contraintes de payer successivement l'impôt aux deux partis, ne sachant si elles devaient envoyer des députés aux États de Dijon ou à ceux de Semur, et craignant dans les deux cas de porter la peine de leur décision. Les autres, voyant fléchir lentement la fortune de la Ligue, se tournaient vers un maître auprès duquel ils devaient trouver à la fois le mérite et le profit de la soumission. Voici entre mille un épisode qui témoigne du degré de désordre où on était tombé; on ne rencontre dans les chroniques féodales rien de plus caractéristique.

Une trêve avait été conclue dans le Nord, pour tout le royaume, entre Henri IV et Mayenne. Dès le mois de juin 1593, Guillaume l'avait annoncée aux siens; Jean au contraire s'obstinait à en contester l'existence, sous prétexte qu'il n'en avait connaissance que par les ennemis. On l'accusait de vouloir la nier jusqu'à ce qu'il eût reçu de l'argent pour licencier ses troupes. Enfin elle fut publiée par le Parlement le 17 août.

(1) *Journal de Breunot*, 3 juin 1594, — t. I, p. 145. Vaugrenant se montra peu reconnaissant, car on le voit six mois après prendre douze otages à Arc-sur-Tille pour garantir le payement d'une dette que Guillaume aurait refusé d'acquitter (Id., 25 déc. 1594, — t. II, p. 421).

(2) *Journal de Breunot*, 7 avril 1594, — t. II, p. 80.

Comment fut-elle observée? Un exemple va le montrer. Trotedan, ancien compagnon d'armes du maréchal, avait été nommé par Jean gouverneur de Montsaugeon. Le 2 août, avant la publication de la trêve, la femme de l'ancien lieutenant général de Mayenne, Mme de Fervaques, qui tenait la forteresse de Saulx-le-Duc, s'était emparée d'un certain nombre de villageois pour les contraindre à lui fournir des vivres; Trotedan attaqua le convoi, délivra une partie des prisonniers; puis il continua à se venger sur les vassaux de Mme de Fervaques, dont il décimait les troupeaux à l'occasion. Celle-ci exerça des représailles sur tous les habitants de Dijon qui tombèrent entre ses mains. Ce fut dès lors un concert de récriminations, interrompues par des tentatives armées, entre les magistrats royalistes de Langres et les magistrats ligueurs de Dijon, tenus en échec, les premiers par Montsaugeon, les seconds par Saulx-le-Duc. A Dijon surtout, le peuple murmurait et demandait que Trotedan fût désavoué et emprisonné; la chambre de ville somma Jean de couper court aux déprédations de son lieutenant. Il eût fallu en même temps réduire à l'impuissance Mme de Fervaques, qui réclamait avant toute négociation, en vraie Normande qu'elle était, le bétail, les prisonniers, l'argent qu'on lui avait enlevés. De leur côté, les habitants de Langres sollicitaient contre Trotedan l'intervention du vicomte, et recevaient de lui une lettre évasive, où il se bornait à leur promettre la sécurité pour le temps de leurs vendanges. En janvier 1594, Montsaugeon est inutilement attaqué par des Suisses royalistes; avec eux marchent deux mille paysans exaspérés qui ont demandé à monter les premiers à la brèche. En juillet, nouvelle tentative des Langrois. Si Mme de Fervaques, contenue par son mari, mit un terme à ses courses autour de Dijon, Trotedan continua ses brigandages. Les Langrois offraient pour l'éloigner des sommes importantes. La maréchale de Tavanes se mêla alors à l'affaire : elle passait une partie de l'année au Pailly, et ne s'y trouvait guère en sûreté, craignant d'y devenir otage de l'un ou de l'autre parti. A plusieurs reprises elle vint trouver son fils, et intervint pour qu'on acceptât les propositions pécuniaires des Langrois, et pour que Montsaugeon fût démoli. Après de longues hésitations, Jean n'osa accepter sans consulter Mayenne, qui agréa un accommodement, mais à condition qu'il aurait la moitié de l'argent : « M. le vicomte n'en est trop aise ; il se plaint aussi que M. le prince commence à s'émanciper et ne le veut plus croire (1). »

L'année 1594 vit promptement déchoir, entre les mains de Jean, la fortune de la Ligue. Les nouvelles les plus accablantes pour la cause se succédaient : la prise de Paris, l'abjuration du roi. Jean avait grandi en dignité, Mayenne l'ayant nommé maréchal de France ; mais la force lui échappait ; il ne pouvait plus être sincère en conservant en face des royalistes son attitude de victorieux : « Gardez-vous de leurs faux bruits, écrivait-il aux Avallonnais, lorsqu'ils chanteront victoire ; c'est au temps que Dieu leur prépare la fosse pour tomber de-

---

(1) *Journal de Breunot*, 8 octobre 1594, — t. II, p. 349. Après sa soumission à Henri IV, Jean garda Montsaugeon, qu'il ne voulut rendre que moyennant 13,000 écus. Le château fut alors évacué et rasé par les Langrois.

dans (1). » De telles fanfaronnades ne trouvaient plus guère créance. Quelque temps après, quand il voulut jeter du secours dans Avallon, et y entrer avec un régiment, telle était la terreur inspirée désormais par ses bandes qu'on ne voulut le recevoir qu'avec une petite escorte. Il se retire vers Auxerre, où il subit le même affront. Il revient alors précipitamment sur Avallon, dont il obtient l'entrée sous promesse de sa part de ne s'y point arrêter; à peine introduit, il livre la ville à un pillage qui dura une semaine. Aussi peu de jours après, les royaux prenaient possession d'Avallon aux acclamations générales (2).

Dès lors, les défections se multiplient; les gens de Noyers crient : Vive le roi ! et prennent des écharpes blanches sous le feu du château. Villes et seigneurs saisissent la première occasion pour embrasser la cause royale. Jean, plus compromis que ses complices, s'enfonçait dans une résistance désespérée. Ses soldats étaient des Suisses mal payés ou des partisans indisciplinés qui n'épargnaient ni les champs, ni les églises, et qui soulevaient partout sur leur passage la haine ou l'émeute. Aux États, dès octobre 1593, les députés de Dijon avaient été les seuls à ne pas réclamer la fin de la guerre. Les paysans des environs souffraient plus que jamais, et la plupart pensaient comme ce brave homme qui un jour, à la Sainte-Chapelle, entendant un prédicateur vociférer contre le Béarnais, lui cria : Prêche ton évangile, sans par-

---

(1) Lettre du 20 février 1594.
(2) Raudot, *Une petite ville au seizième siècle* (notice lue à la Société des sciences historiques et naturelles de l'Yonne, 1857).

ler des princes. Les politiques devenaient plus nombreux, plus hardis. On accusait non sans motifs beaucoup de magistrats et jusqu'au père gardien des cordeliers d'avoir avoué leurs sympathies pour le « roi de Navarre ». Jean était réduit à faire des emprunts forcés qui irritaient la mairie; il voulait imposer une garnison à la ville, qui résistait, dans la persuasion que certains hommes entendaient par là s'assurer les moyens de faire acheter leur soumission à Henri IV. Entre les chefs, les démêlés se multiplient, en même temps que les rangs des soldats s'éclaircissent, et que la lassitude et la trahison font leur œuvre. Au mois d'août 1594, est découverte la conspiration de La Verne et Gault, l'un maire, l'autre capitaine des milices, qui avait pour but d'ouvrir aux royaux les portes de Dijon. Jean, pour arracher à l'un et à l'autre des aveux, leur avait promis la vie sauve sur son honneur de gentilhomme; au conseil de ville, on ne tint nul compte de ses engagements, et malgré ses protestations et celles du prince de Mayenne, La Verne et Gault eurent la tête tranchée. Les bourgeois ligueurs ne reculaient pas devant les mesures les plus violentes, tout en tremblant devant les casaques vertes des royaux, qui se montraient à chaque instant dans la campagne. L'espionnage, la délation, la loi des suspects étaient à l'ordre du jour.

Seule, la fortune de Jean continuait à monter, au milieu des échecs de son parti. Mayenne, partout battu, finit par rejoindre son lieutenant en Bourgogne, et pour se l'attacher plus étroitement, lui fit épouser sa belle-fille Gabrielle des Prés de Montpezat. « Il ne se parlait à Dijon que de faire tournois et courre la bague pour se réjouir du mariage. » (1) Les Beaunois durent fournir le vin du banquet de noces, pendant qu'on détruisait leurs faubourgs et qu'on armait leurs remparts au profit d'une cause qu'ils détestaient. En février 1595, un homme qui dans sa jeunesse avait été traité par le maréchal de Tavanes d'«ignorant» et de « huguenot », Biron, est mis à la tête des troupes royales, et il assiége Beaune, pour couper les communications entre Jean enfermé à Dijon et Mayenne qui attend au sud du duché des renforts venant de la Comté et de l'Italie. Guillaume accourt se placer sans résistance sous ses ordres, et occupe Mâcon et Cluny; pendant que les bourgeois de Beaune livrent leur ville et refoulent dans le château la garnison, qui se rendit après cinq semaines de résistance.

Jean était cerné; Dijon même le désarmait en s'ameutant pour ne pas recevoir de garnison, et pour repousser des portes l'avant-garde des bandes ligueuses. Le vicomte put tout au plus obtenir que ses troupes restassent cantonnées à deux lieues de la ville. Il ne se sentit plus dès lors en sûreté au milieu d'une population où « les politiques remuaient les cornes (2) » ; chaque nuit il sortait secrètement de la ville, et s'en allait coucher à une demi-lieue, derrière les murailles du château de Talant, qu'il avait acheté pour son compte et fait occuper par une garnison de gens dévoués.

Le 23 mai, Nuits capitule, et les éclaireurs royalistes sont en vue de Dijon. Le lendemain, le Parlement s'as-

---

(1) Palma Cayet, *Chronologie novenaire.*
(2) *Livre de souvenance de Pepin*, , 19 mai 1595, — t. I, p. 127.

semble, et l'on parle ouvertement de la paix; le 27, Biron plante ses tentes au pied des remparts. Les politiques prennent aussitôt les armes et font des barricades pour avoir l'honneur de se soustraire eux-mêmes à la tyrannie de la commune ligueuse. Le Parlement reconnaît par arrêt Henri IV et envoie des députés à Biron. En vain Jean prend possession, au centre de la ville, de cette maison du Miroir d'où son père avait mâté les huguenots; voyant les rues couvertes de barricades tournées contre lui, il commence à désespérer de la résistance. Il projette d'enlever à la procession traditionnelle de la Sainte-Hostie, qui doit avoir lieu le lendemain, tous les magistrats. Mais le soir même, la porte Saint-Pierre est livrée et ouverte, l'armée royale occupe la ville sans effusion de sang, et réduit Jean à la fuite. Les plus obstinés ligueurs s'enfermèrent au château, et ne cessèrent de tirer toute la nuit et une partie du lendemain sur la ville, mutilant avec leurs boulets les maisons sans défense, et brisant même une cloche dans les tours de l'abbaye de Saint-Bénigne. Il fallut entamer contre eux un siége en règle, et ce fut Guillaume qui amena les pièces d'artillerie destinées à faire brèche.

Cependant Henri IV avait suivi Biron; il avait traversé Dijon en toute hâte, et couru, le fidèle Guillaume à sa suite, arrêter l'invasion espagnole à Fontaine-Française. Jean, réfugié sur la colline de Talant, profita de son absence pour essayer de rétablir ses communications avec le château de Dijon, et tenta une sortie qui échoua. La maréchale accourut sur ces entrefaites pour négocier la soumission de son fils; et quand le roi revint de sa courte campagne, le vicomte consentit à rendre son dernier refuge. Ce fut encore son frère qui, avec le président Fremyot, fut désigné pour recevoir sa soumission et qui, le lendemain, l'amena au roi ceint de l'écharpe blanche (1). Jean avait fait payer cher sa reddition; neuf mille écus pour Talant, dont il devait rester capitaine, et les gages de maréchal de France, avec promesse formelle du premier titre vacant. Mais le Béarnais ne tint pas grand compte de ses engagements. Lorsqu'il fallut payer le vicomte, il demanda aux magistrats de Dijon de lui avancer l'argent (2), n'obtint rien, et comme il dut emprunter à ses gentilshommes pour acquitter sa dette, il imposa la ville à douze mille écus. Quant à la dignité de maréchal, Jean l'attendit toute sa vie.

Guillaume, le serviteur sans reproche, ne devait être guère mieux traité. Après le départ du roi, il avait achevé la pacification de la province en dispersant les bandes qui battaient encore la campagne (3). Ce fut un grand étonnement quand on apprit que Sennecey, personnage équivoque et jadis tour à tour transfuge des deux camps, devenait lieutenant général de Bourgogne (4). Il était de ceux dont la réputation résiste à tous les naufrages, et

---

(1) J. Garnier, *Histoire du château de Talant*. (Dans les Mémoires de la Commission des antiquités de la Côte-d'Or, t. III.)

(2) Lettre du 1er juin 1597. (Dans la *Correspondance de la mairie de Dijon*, t. III, p. 13.)

(3) Lettre de Guillaume au président Fremyot, 25 septembre 1595. (Dans la *Correspondance de la mairie de Dijon*, t. III, p. 3-4.)

(4) « Le 28 (mars 1596), M. de Sennecey fut mis en possession..... dont M. de Tavanes reçut un coup de corne, ne s'en pouvant contenter, et fut frustré et mis hors dudit gouvernement, dont je crains fort qu'il ne nous avienne quelques guerres. » (*Livre de souvenance de Pepin*, mars 1596, t. I, p. 150.)

qui savent faire estimer plus un repentir intéressé qu'une fidélité inviolable. Quand il fallut entériner ses lettres au Parlement, Guillaume présenta une requête comme ayant exercé cette charge pendant les troubles. Dix-sept voix contre seize déclarèrent qu'il fallait se pourvoir devant le roi pour mieux connaître sa volonté. Guillaume coupa court au débat; il se désista de sa plainte, et se contenta d'un don de vingt mille écus (1). Le Parlement, en enregistrant les lettres de nomination de Sennecey, avait pris soin de déclarer : « attendu que le sieur de Tavanes a eu récompense du roi telle qu'il la méritait... » Cette récompense ne consistait pas seulement dans une indemnité pécuniaire, mais dans les lettres d'abolition qu'Henri IV avait accordées à Guillaume, et qui renfermaient la pleine approbation de sa conduite et l'éloge sans réserve de son dévouement (2). C'étaient là de ces paroles qui étaient la monnaie courante du Béarnais; elles étaient précieuses néanmoins dans la bouche d'un prince hostile à quiconque portait le nom de Saulx; elles suffirent à payer le serviteur fidèle, et celui-ci devait justifier encore durant sa longue vie la confiance de son maître.

En 1602, le vainqueur de la Ligue bourguignonne, Biron, conspire à son tour, prend les armes et s'empare

---

(1) *Journal de Breunot*, 24 janvier, 22 mars 1596, t. III, p. 58-59, 65.

(2) Dans ces lettres du 24 février 1595, il est dit que Guillaume s'est « employé fort courageusement, n'y ayant épargné ses biens, s'étant en toutes ses actions porté avec telle fidélité et affection que, outre la louange et réputation qu'il en a acquise partout, notre dit seigneur et frère (Henri III) en avait eu très-grand contentement, après le décès duquel, lorsqu'il semblait que les courages (les) plus constants dussent être ébranlés, il se serait porté encore plus généreusement, etc. » (Chambre des comptes de Dijon. — Registres d'enregistrement des édits.)

du château de Dijon. Guillaume fut le premier prêt à courir sus au rebelle. Au bruit de ce qui se passait, il accourt à Dijon ; un matin on le voit entrer, botté et éperonné, dans la grand'chambre du Parlement ; il vient, dit-il, « employer sa vie et ses moyens pour le service de Sa Majesté et la conservation de la province en son obéissance (1). » Séance tenante, la cour rendit un arrêt ordonnant de lui obéir et de le reconnaître, jusqu'à ce que le roi, averti à son tour, eût avisé à la situation. Guillaume se hâta d'envoyer des gentilshommes dans les campagnes pour s'assurer qu'on n'avait pas à craindre d'invasion étrangère, et investit le château, qu'il n'eut pas même l'honneur de prendre. Bientôt il vit arriver à Dijon le marquis de Mirebeau, puis le maréchal de Lavardin, avec tous les pouvoirs nécessaires pour rétablir l'ordre. Sans une réclamation, sans une plainte, il rentra dans ses terres, d'où il ne devait plus sortir. Décidément il y avait entre Henri IV et sa famille des ressentiments et des rancunes que son dévouement, que le souvenir d'une alliance projetée entre sa sœur et un cousin du prince n'avaient pu effacer (2).

Guillaume n'en était pas moins resté jusqu'au bout, sans empressement, sans bruit, sans rancune, le soldat obéissant, l'esclave du devoir accompli pour lui-même.

(1) *Journal de Breunot*, 16 juin 1602, t. III, p. 239.
(2) Sur ce projet de mariage, v. le *Recueil des Lettres missives d'Henri IV*. (Lettre du 20 juin 1582, t. I, p. 457.)

CHAPITRE CINQUIÈME

ENTRE LA LIGUE ET LA FRONDE

GUILLAUME ET JEAN DE SAULX

(1595-1637)

Mort de la maréchale de Tavanes. — Ses deux filles Claude et Jeanne. — Vieillesse et mort de Guillaume (1637). — Ses Mémoires. — Le vicomte Jean et Henri IV. — Il écrit les Mémoires de Tavanes. — Ses avis au roi Louis XIII. — Ce qu'il pense de l'Espagne, de la guerre contre les Turcs. — Ses vues sur la constitution de la France et la réforme de l'Église. — Abus judiciaires qu'il signale. — Ses idées sur la noblesse et sur l'éducation des nobles. — Sa méthode de composition, son style, son autorité historique. — Sa conclusion. — Comparaison avec La Noue et Bussy-Rabutin.

La France est pacifiée; l'ère des guerres civiles a été close par Henri IV. La lice est fermée aux aventuriers, aux tribuns, aux moines batailleurs de la Ligue : paix, travail, tolérance, autant de mots d'ordre que donnent Sully dans ses ordonnances, saint François de Sales dans ses sermons, d'Urfé dans ses pastorales. Quant aux demeurants de l'Union catholique ou évangélique, ils n'ont plus qu'à se faire oublier, et ils reviennent habiter leurs donjons, fatigués, mécontents, quelquefois en proie à une sourde et impuissante colère. Pour les Saulx-Tavanes en particulier, quand le dix-septième siècle commence, il semble qu'il n'y ait plus de place au soleil.

La maréchale de Tavanes s'était retirée, depuis la mort de son mari, au château du Pailly, qu'elle continua d'embellir et dont elle bâtit la chapelle. Si Brantôme, au fond de son château du Périgord, consignait alors sur le papier de médisantes anecdotes sur elle, en Bourgogne on avait surtout pu apprécier pendant les guerres de la Ligue son esprit délié et son activité juvénile en faveur des intérêts de sa maison. Fidèle au roi, comme son fils aîné, elle s'était prononcée dans ce sens autant qu'une femme pouvait le faire; nous en avons pour preuve entre autres certaine lettre adressée au ligueur Fervaques, son parent, où l'indignation la rend presque éloquente (1). Elle s'entremettait en même temps, comme nous l'avons vu, pour prévenir l'effet des incartades et des coups de tête de son second fils. Elle ne mourut qu'en 1611, à quatre-vingt-seize ans, après avoir vu en son entier un des siècles les mieux remplis de nos annales ; elle allait naître à la mort de Louis XII, et elle vivait encore à l'avénement de Louis XIII !

Outre ses deux fils, elle laissait deux filles, qui n'ont pas passé absolument inaperçues dans l'histoire. L'une, Claude, marquise d'Epoisses, fut honorée d'une plainte funèbre due au célèbre menuisier-poëte de Nevers, Adam Billaut. Dans cette pièce, bizarre par certains endroits, mé-

---

(1) Lettre du 10 février 1589. (Dans la *Correspondance de la mairie de Dijon*, t. II, p. 159.) — « Elle était si savante, et savait si à fond l'Ecriture sainte qu'elle eut la gloire de convertir un fameux rabbin, qu'elle convainquit dans une dispute réglée. » (*Mercure galant*, oct. 1702).

diocre en somme, ce qu'il y a de meilleur appartient à Malherbe. On y sent l'imitation évidente des fameuses stances à Du Perrier :

> L'immortelle vertu dont elle fut suivie
> Semblait être au-dessus des volontés du sort,
> Et l'on va s'étonnant comme une injuste mort
> Osa bien triompher d'une si juste vie ;
> Car, quoi que la raison nous puisse discourir
> Sur la nécessité de la loi naturelle,
> Je tiens que c'est à tort qu'une chose si belle
> Soit sujette à mourir.
>
> Ses moindres actions ont passé pour divines ;
> Elle fut ici-bas un miracle à nos yeux,
> Mais comme un beau rosier dont la rose est aux cieux,
> Ce triste monument n'en a que les épines ;
> C'est en vain d'espérer par des pleurs superflus
> Qu'arrosant ce tombeau cette fleur vienne encore ;
> Quand même ce serait des larmes de l'aurore,
> Nous ne la verrons plus (1).

La fille aînée du maréchal, Jeanne, comtesse de Mortemart, resta, si l'on en croit son panégyriste, comme une sainte dans la mémoire de ses contemporains. Ce fut en effet un modèle, au milieu de cette cour corrompue de Charles IX, où elle faisait partie du frivole escadron des filles d'honneur, et où elle servit de lectrice à Catherine de Médicis. Plus tard elle fut dans le monde une émule de sa compatriote sainte Chantal. Marie de Médicis ayant prié

---

(1) *Les Chevilles du menuisier de Nevers* (Adam Billaut), 1 vol. in-18, Rouen, 1654, p. 207-210. — Dans l'église d'Epoisses, où elle fut ensevelie, existe encore sa pierre tombale; elle y est qualifiée de *miracle de son siècle, phénix de son sexe, parangon des fidèles épouses*, etc.

Henri IV de lui faire connaître les dames les plus recommandables du royaume : « Il faut, dit le roi, commencer par Mme de Mortemart ; je serais bien en peine de lui trouver une compagne. »

Son mari l'avait laissée veuve avec neuf enfants, après treize ans de mariage ; dès lors, elle refuse les partis les plus brillants, élève avec un soin religieux ses fils et ses filles, pratique la *vie dévote* comme une chrétienne des premiers âges ; néanmoins contemporaine de saint François de Sales par le goût comme par le cœur, ne dédaignant pas le bel esprit, et consolant en vers ses prétendants éconduits. Chaste comme Diane, savante comme Minerve, majestueuse comme Junon, disaient les uns : charitable comme sainte Elisabeth, disaient les autres. Si la tapisserie de sa chapelle représente les trois Vertus théologales, sous le ciel de son lit de parade on voit représentées, en broderies de sa main, les actions les plus remarquables des matrones romaines. Infatigable et dure à elle-même dans sa conduite, elle se répand en fleurs de beau langage comme en bonnes œuvres. Plus d'un trait de sa vie, sous la plume à la fois naïve et prétentieuse de son panégyriste, semble emprunté à l'*Esprit* du bienheureux évêque de Genève :

« Elle référait toute chose à la gloire de Dieu. Un jour qu'une flotte de navires flamands avaient ancré devant son château de Tonnay-Charente, je me mis à en portraire un sur mes tablettes, et parce que les voiles étaient pliées, et que le mât et l'antenne faisaient une forme de croix elle nous dit à plusieurs des siens : Quelle comparaison donnerons-nous à cette figure pour passer une heure de

discours? Puisque c'est aujourd'hui le jour de l'Exaltation (de la) Sainte Croix, il mérite bien de penser aux singulières vertus de la croix ; et là-dessus, après avoir récité tout ce que Nicéphore, Suidas, saint Jérôme, Tertullien, Sozomène et autres bons auteurs en ont écrit, elle en fit une digression si ample que sur ce qu'elle nous en apprit il en fut imprimé un livre à Paris qui a été très-bien reçu . . . .
Comme elle eut désiré de voir l'étude d'un fameux et célèbre docteur, elle admira l'ordre et la quantité des tableaux, livres et manuscrits qui s'y trouvèrent, et ayant aperçu en un coin une tête de mort sous une belle taille-douce d'un crucifix, elle dit à ce docteur : Quel pensez-vous, Monsieur, qui soit le plus beau livre de céans? Et comme il s'empressait de lui montrer plusieurs grands volumes magnifiquement dorés, même le *Théâtre du monde* d'Ortelius : Non, dit-elle, ce n'est pas tout cela, le voilà, mettant la main sur la tête de mort, et après sur le crucifix.. (1) ».

Sur son lit de mort, le désir de la vie éternelle mit sur ses lèvres presque la même parole que le dégoût des honneurs avait inspirée à son père expirant : « Hélas! que j'ai de peine à mourir ! »

Revenons maintenant à ses frères, à Guillaume et à

---

(1) *Observations sur la vie et mort de D. Jeanne de Saulx....* par le sieur de Sychar. — Poitiers, 1627. — Nathanaël Adam de Sychar avait été élevé par les soins de Mme de Mortemart, et lui resta attaché pendant près de quarante ans; il fut un de ses exécuteurs testamentaires. Son ouvrage, fort rare aujourd'hui, s'il nous fait connaître quelques faits curieux, même en ce qui concerne le maréchal de Tavanes, est dans son ensemble un chef-d'œuvre d'érudition prétentieuse et de mauvais goût. — Cf. *Mémoires de Tavanes*, p. 384.

Jean, le royaliste et le ligueur, unis dans une déception et une disgrâce communes.

Guillaume ne sortit plus guère de la retraite à laquelle il s'était volontairement condamné, et il vécut jusqu'à une vieillesse avancée. Il mourut à la fin de juillet 1637, âgé de quatre-vingt-six ans (1). Sa femme Catherine Chabot était morte dès 1609, lui laissant six enfants ; à soixante-dix-neuf ans, le vieillard se remaria avec Jeanne de Pontailler. De cette union naquit un fils, Jean du Mayet, sur qui se reportèrent presque exclusivement ses affections dernières ; car il alla, sous l'influence de sa seconde femme, jusqu'à déshériter au profit du dernier né ses autres enfants (2). On regrette de trouver cette faiblesse au bout d'une telle vie ; et qui ne le connaîtrait que par ses Mémoires et les témoignages de ses contemporains, serait tenté de l'appeler un nouveau chevalier sans peur et sans reproche.

Il composa ses Mémoires durant sa retraite, entre 1620 et 1625. Il se place à un point de vue exclusivement bourguignon, pour rappeler les principaux événements où il a joué un rôle à la fin du siècle précédent, « ayant été omis par tous ceux qui ont fait mention de l'état de France. » Il n'a guère été récompensé de ses services ; raison de plus pour qu'il rappelle ce qu'il a fait. Le ton de ses récits est simple, uni, sans prétentions ; l'auteur a passé l'âge

---

(1) L'acte de tutelle de son fils encore mineur Jean, daté du 19 août 1637 (Papiers de Saulx), indique sa mort comme ayant eu lieu trois semaines auparavant.

(2) Testaments des 13 décembre 1635 et 8 juillet 1636. — Codicille du 4 mai 1637.

des illusions et même des regrets. Son premier mot, qui sera aussi son dernier, est un hommage à la Providence; viennent ensuite quelques pages en l'honneur de son père, où il insiste sur certains faits dont il a été témoin, et glisse sur d'autres, comme la Saint-Barthélemy. Il entre lui-même en scène au début du second livre, avec un discours qu'il a prononcé jadis devant Henri III, et qui est la plus honnête et la plus fière des remontrances; ce sont les conclusions de son enquête sur l'état de la Bourgogne, où sans aigreur ni dissimulation, il faisait entendre au roi de tristes vérités.

Dans la suite de ses récits, s'il a à parler de ce frère contre lequel il a dû tirer l'épée, il ne témoigne point de rancune; il loue au contraire son courage dès qu'il en trouve l'occasion; il fait ressortir les services qu'il lui a rendus. « Un gentilhomme de qualité qui tire son frère hors de peine, quelque mauvaise intelligence qui soit entre eux, en a toujours de la gloire. » Il ne trahit aucune amertume à l'égard d'Henri IV, qui a apprécié si légèrement ses services : « Partie..., dit-il, a été assez mal reconnue; mais Sa Majesté était excusable, à cause de ses grandes affaires. » Il parle avec la même placidité d'âme du maréchal d'Aumont; les mauvais procédés de ce personnage ne lui inspirent qu'une courte morale, renouvelée d'ailleurs assez fréquemment dans le cours du livre, à l'adresse de ceux qui préfèrent leur intérêt à celui de leur souverain; pour lui, il sourit doucement de leurs menées et renouvelle implicitement, à chaque page, son acte de foi dans l'immortalité du vieux royaume. Son frère, qui n'avait pas l'admiration facile, lui a rendu à son tour en excellents termes un témoignage qui restera le jugement de la postérité (1).

On a conservé dans la galerie de Lux son portrait, qui date évidemment de ses dernières années. Le vieillard se tient la tête haute, le col emprisonné dans sa fraise, le cordon bleu pendant sur son armure; les cheveux blancs qui encadrent son front chauve couronnent une figure placide et ferme, ornée d'une barbiche et d'une moustache également blanches. Les lèvres minces décèlent peut être un penchant à l'avarice (2), mais dans son beau et limpide regard tout respire l'honnêteté, la droiture, la loyauté. Il semble répéter aux rebelles ces mots qu'on lit au coin du tableau, et qui sont comme une protestation posthume du vieux gentilhomme contre l'infidélité : *Seul lieutenant général de Sa Majesté.*

A côté de lui, dans la même galerie, nous apparaît son frère le vicomte Jean. Le contraste est complet. L'ardent ligueur a la tête carrée, le front déprimé et étroit, les lèvres épaisses; ses yeux bien fendus, de couleur incertaine, semblent ne pouvoir se fixer nulle part. Il a posé, non sans un frémissement de colère, sur sa cuirasse l'écharpe blanche du Béarnais, et il tient, il serre dans sa main ce bâton fleurdelisé dont il n'a jamais eu que l'ombre. C'est pourtant sur ce personnage que se concentre l'intérêt de l'histoire de sa

---

(1) *Mémoires de Tavanes*, p. 385-386.

(2) On a vu les accusations de ses ennemis pendant la Ligue. Peu de temps avant sa mort, il fut taxé à 500 livres pour la contribution du ban et de l'arrière-ban, faute de pouvoir rendre le service personnel. Il se hâta de se faire décharger de cette taxe, étant exempté de droit, disait-il, comme chevalier du Saint-Esprit. (Arrêt du conseil d'État du 29 novembre 1635. — *Archives nationales*.)

maison, dans cette période obscure qui s'étend entre la Ligue et la Fronde.

Jean de Saulx ne s'était pas soumis à Henri IV sans conditions, et il éprouva autant que personne combien la parole de son cousin (1) était sujette à caution. En 1598, le roi, près d'entrer en campagne contre les Espagnols, et craignant que le turbulent vicomte ne troublât la Bourgogne, lui fit transmettre une invitation de se rendre à la cour qui était en réalité un ordre: « J'obéis, dit-il, j'y arrive, il me force d'aller à Amiens sans effet de ses promesses; je lui refuse avec des paroles plus libres que sa prospérité ne lui permettait d'ouïr, que j'étais son sujet, non son esclave, que les gentilshommes français n'étaient sujets qu'aux arrière-bans, nommément ceux qui n'avaient aucun état de Sa Majesté, et auxquels on manquait de promesse, me fiant du tout sur sa parole et sauf-conduit. Partant de là, à trois jours, il envoie ses gardes après moi, qui font courir le bruit que j'avais tué Sa Majesté. Le peuple à ce cri s'élève de dix lieues à la ronde; je fus pris et mis à la Bastille. Un page m'apporte du filet et une lime, j'ourdis une corde, coupe un barreau et en sors dans l'eau jusqu'au col; je me sauvai d'une prison d'où personne si bien gardé n'était jamais sorti. »

Sa captivité n'avait duré qu'une semaine; on ne tarda pas à savoir qu'il avait été calomnié, et le roi lui fit pleine réparation. Par lettres patentes du 25 septembre 1597, il interdit qu'on le poursuivît en quoi que ce fût pour son

---

(1) Sa seconde femme, belle-fille de Mayenne, était cousine issue de germain d'Henri IV.

évasion, lui et ceux qui l'avaient aidé (1). Il n'en continua pas moins à oublier qu'il lui avait promis le maréchalat; il répondait à ses plaintes par le silence, tardive revanche du silence que Jean avait gardé en face de lui dans la nuit du 24 août 1572; le roi de France vengeait à plaisir le roi de Navarre. Au vicomte maintenant d'exercer contre le prince les seules représailles possibles, et de se renfermer à son égard dans le dédain. Il se persuade volontiers qu'on éloigne des affaires « ceux qu'on présume avoir quelque esprit » et il va jusqu'à dire, faisant sans doute une allusion satirique à la Paulette, que toutes les charges et dignités sont vénales. « S'il y eut jamais un temps, ajoute-t-il ailleurs, pour mépriser les grandeurs, c'est celui auquel nous avons vécu. — La piété n'est observée, l'injustice extrême; la noblesse appauvrie, sans gages, est contrainte de chercher la mort aux guerres étrangères, pour fuir la pauvreté; le peuple est surchargé, les larrons financiers enrichis, les vices règnent..... » Enfin il fit mettre cette inscription dans la galerie de son château : « C'est honneur, c'est état de n'avoir en ce règne ni charge ni état. » Il se persuade volontiers que le roi est mort à temps pour sa gloire; c'est pourtant le même homme qui, en prenant la plume, a

---

(1) « Vu par la cour les lettres-patentes du roi... par lesquelles... ledit seigneur déclare qu'il n'a fait constituer prisonnier le vicomte de Tavanes... pour crime ni pour aucun mauvais dessein... ains sur certains rapports... lesquels ont été depuis reconnus n'être véritables, et partant qu'il le tient et répute pour son bon et fidèle sujet..... Autres lettres patentes... par lesquelles ledit seigneur... déclare avoir pour agréable qu'il soit sorti dudit château de Bastille dès le mercredi seizième dudit mois de juillet, sans que la sortie lui puisse être imputée pour une évasion et bris de prison, ni à ceux qui l'ont assisté en ladite sortie....... » (Conseil du Parlement, 3 mars 1598.— *Archives nationales.*)

tracé d'Henri IV et de Charles VII un parallèle significatif, l'éloge le mieux senti peut-être que le premier ait reçu.

Combien le repos avait agi différemment sur un autre ligueur, qui fut aussi écrivain après avoir été soldat, Honoré d'Urfé ! Condamné à la retraite dans son château de La Bâtie, sous un horizon calme et riant, il sut par l'imagination donner un tour heureux à ses rêveries, et s'entretint avec lui-même d'un âge d'or imaginaire, contemporain des invasions barbares. Sans souci de la vraisemblance, il créa de toutes pièces un monde fictif, où il s'égaie au spectacle d'amoureuses idylles. Au lieu de prendre la houlette, Jean de Tavanes restait pour ainsi dire sous l'armure, dans sa tour de Sully, seul en face des âpres sites du Morvan; le monde fantastique où son esprit errait au hasard ne lui parlait que de politique, de religion ou de guerre : frondeur de cabinet, dont la renommée clandestine devait en effet commencer et grandir sous la Fronde.

Il fut de ceux, paraît-il, qui tentèrent de la faire triompher dès le début du règne de Louis XIII; c'est avec l'épée qu'il voulut déchirer le brevet dérisoire de maréchal de camp que la reine régente lui avait envoyé. Lors de la première prise d'armes du prince de Condé, Jean, uni à plusieurs autres gentilshommes, parcourut et rançonna le Bassigny et le Mége. Il s'établit au prieuré de Varennes, et les habitants de Langres durent s'armer pour se protéger contre les courses de ses bandes. Après cette équipée, sur laquelle les détails nous manquent (1), l'au-

---

(1) Il n'en est parlé que dans les chroniques langroises, l'*Anastase de Langres* par Gautherot (1649), p. 538-539, l'*Abrégé chronologique de l'histoire des évé-*

teur ayant pris soin de la taire dans ses Mémoires, Jean obtint de Marie de Médicis la confirmation des promesses que lui avait faites Henri IV. Elles ne furent pas mieux tenues que les premières, à cause, dit-il, de la jalousie du maréchal d'Ancre et des autres favoris. En réalité on se préoccupait peu de ce revenant d'un siècle écoulé ; tel Saint-Simon, encore plus dépaysé à la fin de sa vie dans le monde des philosophes et des économistes, et qui enragea jusqu'à son dernier jour de n'avoir pas vécu le contemporain de Concini et d'Albert de Luynes.

Voilà donc Jean relégué jusqu'à sa mort à Sully. Entouré de sa nombreuse famille, il bâtit, il guerroye contre ses voisins, témoin ce pauvre prieur du Val-Saint-Benoît, qui avait eu ses archives dévastées par deux domestiques de Sully, et qui, ayant osé se plaindre au maître, vit son envoyé jeté dans un cachot sans autre forme de procès. Quand il ne sait que faire, le châtelain poursuit à bâtons rompus ses Mémoires, cet autre monument de tous les styles qu'il élève à la gloire de sa maison.

Mémoires de Gaspard de Saulx, lit-on en tête, vis-à-vis le portrait du maréchal ; et ce titre promet moins qu'il ne donne ; car outre la biographie du héros, nous trouvons, dispersée en mille fragments épars, celle de l'auteur ; puis, jetées confusément au travers de ces souvenirs de famille, des digressions et des dissertations sans fin qu'on n'a pris soin de relier par aucun lien apparent ou caché (1).

_____

gues de Langres, par l'abbé Mathieu, p. 210, et la chronique manuscrite de Javernault (ce dernier ouvrage se trouve dans la bibliothèque de M. Pistollet de Saint-Ferjeux, à Langres).

(1) C'est dans l'édition originale qu'il faut lire les Mémoires. Là on trouve les titres, supprimés dans les éditions modernes, et qui se suivent les uns les

La main de l'auteur a couru aussi capricieuse que sa pensée. J'imagine qu'à ses moments perdus il commençait un récit en l'honneur de son père, puis, emporté par ses propres souvenirs, faisant involontairement retour sur luimême, il se jetait dans des réflexions qui ne s'arrêtaient qu'au moment où il cessait d'écrire, sauf à reprendre ensuite le fil biographique à peu près au point où il l'avait abandonné : bienheureux encore quand il ne noyait pas le récit de la vie paternelle dans le récit de l'histoire du temps. Étrange livre que celui-là, où l'auteur a entassé ses lectures, et en même temps versé ses colères et ses aigreurs, où la narration principale devient elle-même digression : faites-la disparaître, et vous aurez les *Discours politiques et militaires* de La Noue ; supprimez au contraire les digressions, comme certains éditeurs l'ont tenté, et vous vous trouverez en face d'une sèche chronique. A propos des premières années de Gaspard, on nous parle de l'éducation ; à propos d'Henri VIII, de la Réforme ; à propos du mariage de François II, du mariage en général ; à propos de l'invasion de Charles-Quint, de la puissance espagnole, sans compter les nombreux passages où le narrateur *illustre* la vie de son père par le récit de ses propres aventures. Les Mémoires commencent comme une chronique du moyen âge, par une courte

---

autres le plus singulièrement du monde, sans que chacun d'eux soit bien justifié par ses développements. D'ordinaire les premières lignes seules de chaque chapitre s'y rapportent. Ainsi, à l'année 1567, je trouve successivement les chapitres : *Des bruits. — Ligues et associations. — Aides à la faveur de ses parents,* et sous cette dernière rubrique, comme sous-titres en marge : *De ne refuser les charges. — C'est honte d'avoir grade sous les tyrans. — Bataille de Saint-Denis.*

excursion à travers l'histoire universelle; la vie du maréchal, les annales du XVIe siècle, les impressions personnelles, les boutades satiriques ou philosophiques s'en partagent le reste.

Comment expliquer ce chaos? Par l'origine et par le mode de composition de ces Mémoires. Le vicomte Jean avait entre les mains les papiers de son père, dont il a usé à sa guise, brûlant sans doute tout ce qui pouvait nuire à l'honneur de sa maison; il avait à ce sujet une théorie qu'il ne s'est pas fait faute d'exposer (1); de là très-probablement les étranges lacunes qu'offre la correspondance du maréchal. Quant à ce qu'il laissa subsister, il en fit à sa fantaisie des extraits, avouant l'origine des uns, tels que le récit de Moncontour et les avis donnés au conseil du roi en 1572 et 1573, enchâssant les autres sans mot dire dans sa prose. Il a beau affirmer que Gaspard n'aimait point écrire; il est telle page dans son œuvre qui porte la marque d'un grand esprit, et Jean n'avait hérité de son père que la passion, à aucun degré le génie. En étudiant donc son livre, nous ne cesserons d'unir dans notre pensée le père et le fils, inspirateurs tous deux, à des degrés divers, des *Mémoires de Tavanes* (2).

---

(1) « Il faut disposer de ses papiers comme de ses biens, brûler les faux sentiers, s'il y en a, et ne laisser que les grands chemins de la vertu... Ceux qui laissent des patentes et papiers à leurs enfants, faisant foi de divers desseins est dangereux (*sic*), s'ils ne sont vivants pour leur déclarer le sujet qu'ils ont eu en la diversité des temps. » (*Mémoires*, p. 389.)

(2) Les papiers du maréchal avaient été déjà mis à profit par son neveu Charles de Neufchaizes, qui dès 1574, fit paraître un opuscule intitulé : *Instruction et devis d'un chef de guerre*, tiré, disait-il, des écrits de Gaspard de Saulx.

Nous savons par plusieurs passages qu'ils ont été commencés en 1601, et que la plus grande partie fut écrite entre 1616 et 1621. On n'ose dire composés, car Jean a l'air d'avoir jeté pêle-mêle les papiers de son père et les siens, l'expression de ses souvenirs et celle de ses rêves. J'hésite à adopter l'hypothèse d'éditions successives et clandestines de cet ouvrage, qui ne repose sur aucune preuve sérieuse. L'auteur, on le sait, ne voulait écrire que pour l'instruction de ses *enfants, neveux, cousins*, comme le dit sa dédicace. Son livre fut imprimé en secret sous ses yeux, et il en distribua seulement quelques exemplaires aux intéressés. Après la Fronde, en 1657, un imprimeur de Lyon en hasarda une édition qu'il ne vendait qu'en cachette, n'ayant pu obtenir de privilége. On recherchait cet ouvrage comme le fruit défendu; les esprits hardis aspiraient avec délices le souffle de franche indépendance qui s'exhale de chacune de ses pages (1).

Jean de Tavanes est avant tout un irréconciliable, épan-

Pour tout ce qui concerne l'authenticité et l'intégrité des Mémoires de Gaspard et Guillaume de Saulx, le lecteur voudra bien se reporter à l'Introduction de ma publication sur la *Correspondance des Saulx-Tavanes au XVIe siècle*.

(1) Gui-Patin, lettre du 15 octobre 1657. — Il écrit ailleurs : « J'ai ouï dire autrefois au père Louis Jacob, carme bourguignon, qu'un certain M. de Tavanes avait fait imprimer dans un château en cachette un tome de Mémoires historiques qu'il n'avait osé publier, à cause de plusieurs choses étranges qu'il avait dites contre les grands, et entre autres de Catherine de Médicis, et qu'il n'en avait donné que quelques exemplaires à peu de ses amis. Cet auteur y parle quelquefois hardiment, mais néanmoins je n'y ai encore pu y rien trouver de pareil. *Vir fuit militaris ingenii ferreus et alte cinctus*, qui ne fut jamais savant, mais qui a tâché de s'appuyer sur quelques raisons d'État, plus vraisemblables que bonnes, *in gratiam sui regis*, mais qui me fait rire quand il en vient aux ruses et impostures des favoris, etc. » Il se plaint plus loin des fautes de tout genre, chronologiques, géographiques, typographiques. (Lettre du 13 juillet 1657.)

chant son fiel sur le papier, et exhalant ses plaintes stériles. « Le stoïque, dira plus tard Saint-Simon, est une belle et noble chimère. » Chimère surtout pour l'homme qui a été malgré lui le courtisan d'un Henri IV ou d'un Louis XIV, et dont l'esprit reste sans cesse partagé entre des espérances et des regrets également inutiles. Il est facile d'être stoïque dans la disgrâce, quand on a été comme Sully un personnage nécessaire, quand on a tenu au moins un instant le timon des affaires humaines. On peut alors rédiger ses *OEconomies* et écrire, avec une pensée d'apologie, le testament d'un règne où l'on a eu sa part de royauté. Tavanes au contraire est un survivant de la Ligue, qui a traversé une ère d'apaisement presque sans la comprendre. Il semble écrire une main sur la garde de son épée; il guerroye avec la plume, prenant l'audace pour la franchise, la brusquerie pour la force; il échappe par l'imagination au huis clos de son château, non pour admirer le spectacle de la prospérité publique, mais pour remonter vers les années militantes et troublées de sa jeunesse, comme un prisonnier livré à ses pensées et se parlant à voix basse du temps où il était libre. Il se permet des sorties irréfléchies, où il y a parfois des idées bizarres, parfois aussi une perspicacité étonnante pour son temps. Sa rancune lui donne le sens rassis dont il a trop souvent manqué les armes à la main; sa clairvoyance est admirable, quand l'intérêt de sa personne ou de sa caste n'est pas en jeu, et il faut savoir gré à ce penseur maussade d'un certain nombre d'opinions hardies qui le distinguent de ses contemporains et le mettent en avance sur son siècle. La solitude, le souvenir des leçons paternelles, l'expérience ont éclairé son jugement, et sous son horizon restreint, il apprécie toutes choses à un point de vue très-étroit, et par instants très-élevé.

La guerre et la politique, tels sont les deux principaux objets de ses réflexions. Sur diverses questions relatives à sa profession, il a laissé des pages qui ne sont pas sans intérêt. Il déclare avoir fait tant pour les siéges que pour les batailles des inventions utiles que certains, comme Maurice de Nassau, se sont appropriées; il a même son plan tout prêt pour les fortifications de Paris. Ces fragments de son œuvre sont importants pour l'histoire de la stratégie au XVIe siècle. Leur tort est d'arriver sans rime ni raison, de couper le fil du discours; ce n'est pas comme dans Monluc, où les dissertations, les remontrances sont rattachées au récit et lui servent de conclusion, de morale. Laissons donc ces pages démodées et écoutons notre auteur, les papiers de son père sous les yeux, soulevant hardiment les questions les plus complexes de la politique extérieure et intérieure, faisant et défaisant à son gré, du fond de son cabinet, l'Europe et la France.

Les cinq avis au roi Louis XIII qui précèdent ses Mémoires font penser qu'il n'avait pas renoncé à l'espoir de jouer un rôle dans les affaires publiques. Ce censeur sévère, qui déclame à la fois contre les princes fainéants et les historiens adulateurs, fait appel à l'intervention royale pour tout dominer, pour tout pacifier; et comment sa morgue ligueuse, comment ses prétentions féodales ne seraient-elles pas un moment tombées? C'est le temps où les huguenots ressuscitent les idées des Seize, et rêvent pour la France une république aristocratique et fédérale. Jean non-seulement ne sera point leur complice, mais les voyant reprendre les armes, il hasardera quelques conseils sur la meilleure manière de réduire leur place d'armes, Montauban. Il les croit aujourd'hui divisés, refroidis, et estime qu'on en viendrait à bout sans grande peine. « Il y a si peu de différence entre la religion catholique et la calviniste, » que moyennant certaines réformes consenties par le pape, on arriverait à la réconciliation des deux communions. Entre autres résultats possibles d'un semblable événement, Jean voit la reprise des Provinces-Unies par l'Espagne et la conquête de l'Angleterre. Il a en effet, comme Henri IV, sa chimère politique, son *grand dessein*; il veut reconstituer la Ligue pour rétablir l'unité religieuse en Europe, et il refait à sa guise la carte, disant son mot sur chacun. Pour l'Espagne, il ne doute pas que Dieu, dans un dessein providentiel, n'ait attribué à la plus zélée des nations catholiques le nouveau monde; toutefois, en la voyant se dépeupler, demander chaque année dix mille émigrants à la France, il pressent l'heure où elle mourra de faim, gorgée d'or, sur ses terres en friche. Pourquoi donc la France ne partagerait-elle point avec elle ce lointain et merveilleux empire des Indes?

Louis XIII avait récemment épousé Anne d'Autriche; la rivalité des deux nations paraissait assoupie. Aussi Jean profite de leur alliance momentanée pour émettre un autre vœu, dont on suit la tradition dans les esprits depuis le moyen âge, le vœu de la guerre contre les Turcs.

Le Français en particulier lui paraît propre à cette guerre, « peuple belliqueux, léger et inconstant, qu'il faut occuper à la guerre étrangère, ou la civile prend naissance dans eux-mêmes. » Jean, qui connaît l'Orient, l'armée et la tactique turques, trace un plan de campagne qui doit aboutir à la délivrance de la Grèce, à la conquête de Constantinople et de l'Asie. C'est tout le programme de la politique du parti ligueur modéré, franchement réconcilié avec Henri IV.

Ce qui ferait d'autant mieux croire à cette réconciliation, c'est que Jean, sans craindre de se contredire, prêche ensuite la guerre contre l'ennemi héréditaire, contre la maison d'Autriche; elle lui semble naturelle, après tant et de si graves griefs de part et d'autre. Puisque l'Espagne s'est mise à la tête des catholiques en Europe, il ne faut pas hésiter à s'aider contre elle de tout le monde, « même du Turc. » Richelieu n'eût pas mieux dit. Là encore le vicomte trace son plan de campagne, il prémunit contre les fautes qui ont fait avorter les guerres d'Italie; et au bout de ce rêve patriotique, il entrevoit, dans une vision glorieuse, un roi habitant les Tuileries et le Louvre réunis, maître des Pays-Bas, des frontières des Pyrénées et du Rhin; rêve bien français, obstinément ressuscité de siècle en siècle, qui, même pendant les guerres de religion, poursuivait à la fois le défenseur de Saint-Quentin et celui de Metz, Coligny et François de Guise (1)!

La politique intérieure de Tavanes mérite encore da-

---

(1) *Mémoires*, p. 382.

vantage d'attirer notre attention ; elle nous prouve une fois de plus qu'aucune génération de l'ancienne France n'a manqué d'esprits éclairés et hardis, et que les idées de progrès et de liberté ont été constamment défendues, même au sein de cette noblesse tour à tour complice de violences féodales et des vices élégants de l'ancien régime.

Jean a commencé par être presque un démagogue ; il voulait, dès le début de la Ligue, armer le peuple de piques, la république dût-elle s'en suivre ; maintenant qu'il a appris à connaître l'égoïsme des grands et l'inconstance du « populaire », il demande à Louis XIII de changer « la domination seigneuriale en une juste royauté ». Pour lui, le seul remède aux maux de la France, c'est la réforme des abus, la ruine des factions accomplie par le roi assisté des États généraux ; là seulement est le salut de l'Église et du peuple. Dès lors, comme si les députés de la nation l'écoutaient déjà siégeant parmi eux, il parle, il fait entendre ses conseils et ses remontrances. Ainsi quand il écrit : « Les rois sont créés pour servir aux peuples qui peuvent être sans rois, et non les rois sans peuples, » il répète à sa façon ce que son compatriote Philippe Pot a fait entendre à Charles VIII aux États de 1484, ce que Robert Miron vient de redire aux États de 1614, ce que Louis XV lui-même entendra tomber de la bouche de Massillon. Il a beau admirer les Turcs et leur obéissance aveugle à un maître ; il ne se dissimule pas que ce qui fait le succès dans un camp de barbares ne saurait être la règle d'un État. Il rappelle donc que les rois ne sont pas seulement les élus de Dieu, mais les élus de leurs peuples, sans bien, il est vrai, se rendre compte comment il concilie ce droit populaire avec ce qu'il appelle ailleurs « l'usurpation » de Hugues Capet. Évidemment, il est de ceux qui ont cru qu'Henri de Guise était l'héritier légitime de Charlemagne.

« Heureux, s'écrie-t-il, sont les Castillans et les Anglais, au pays desquels il ne s'impose rien sur leur consentement ! » Ce fut là, il s'en souvient, un des souhaits raisonnables du parti ligueur à sa naissance ; il voudrait donc voir des assemblées régulières d'États généraux, comme les désirait le bourgeois Étienne Marcel au XIVe siècle, comme les rêvera Fénelon au XVIIIe ! Seulement, plus audacieux que ce dernier, et précurseur assurément fort ignoré des novateurs de 1788, il entend que les États soient la représentation exacte de la nation entière ; car il s'est très-bien aperçu que quand les seigneurs parlent du bien public, ils entendent avant tout leur intérêt. Grandir le tiers, il le sait, c'est anéantir du coup les priviléges du clergé et de la noblesse ; il prévoit néanmoins cette réforme, et par là même, la révolution égalitaire de 1789. « Le gouvernement populaire étant en puissance, les prééminences et priviléges des ecclésiastiques et des nobles seraient mis en controverse, les faveurs et dons des rois perdus, parce que les peuples veulent expressément l'égalité (1). »

Cette vue nette des principes du gouvernement s'accuse encore davantage, s'il s'agit de dénoncer les abus. Ainsi contre les financiers et leurs larcins, il a des traits qui eussent réjoui Colbert. Parle-t-il des décorations et

---

(1) *Mémoires*, p. 227-228.

des récompenses honorifiques? Il souhaiterait moins y voir un témoignage de la faveur royale que la récompense du courage. Les misères secrètes des Parlements lui sont connues; il s'étonne de voir les arrêts rédigés en latin, et non en un français intelligible (1). Où sa clairvoyance est la plus remarquable, c'est quand il signale les trois vices capitaux qui discréditaient la justice, la diversité des coutumes, l'emploi trop fréquent des tribunaux extraordinaires, l'usage de la torture.

Sur le premier point, « il faudrait assembler et brûler les coutumiers, les gloses, les chicaneries romaines, et ne laisser que cinquante feuillets de papier où serait contenu tout le droit; du moins les régler tous au droit écrit. » On le voit, c'est radical, et par conséquent tant soit peu chimérique. Bâtir un édifice, puis en faire disparaître les fondations, est-ce possible? Telle est l'erreur de ceux qui, en étudiant notre Code civil, croient inutile de recourir à la législation antérieure; on ne rompt pas ainsi impunément avec la tradition. Sous cette réserve, l'idée du vicomte est excellente; plus d'un de nos rois eût voulu la réaliser. Philippe le Long, Louis XI, et plusieurs autres souverains ont tendu à ce but par leurs grandes ordonnances, applicables à tout le royaume; notre siècle a complété l'œuvre, et Jean de Tavanes serait sans doute satisfait, malgré les répugnances que lui eût inspirées son esprit aristocratique, des « cinquante feuillets » où notre législation est renfermée aujourd'hui.

Pour ce qui regarde les tribunaux et commissions ex-

---

(1) *Mémoires*, p. 287-288.

traordinaires, il les repousse par cette simple considération de bon sens qu'ils indiquent un manque de preuves suffisantes contre ceux qu'on veut perdre. Il proclame ainsi, — et il n'est pas le premier — ce grand principe reconnu et remis en lumière plus tard, que nul ne peut être distrait de ses juges naturels ; plaidant ainsi du reste *pro domo sua*, car il a failli à deux reprises comparaître en face de semblables assemblées, et il était résolu d'avance à les récuser, en gardant le silence devant elles. Il n'hésite pas à louer Henri IV de n'être point sorti des formes ordinaires pour le jugement du maréchal de Biron. Qu'était-ce alors que le grand Conseil, sinon un tribunal auquel on renvoyait tout ce qu'on voulait soustraire aux tribunaux ordinaires? Je ne sais si Jean était défavorable aux justices seigneuriales et aux tribunaux de priviléges, mais du moins attaque-t-il franchement les tribunaux d'exception.

Il n'est pas moins net contre la torture. « Les gehennes, dit-il, sont cruelles et incertaines, dont la seule crainte fait avouer le crime non commis... S'il réussit un bien de ces cruautés, il en réussit deux maux. J'avouerais pour l'éviter ce à quoi je n'aurais jamais pensé (1). » Dans ce temps où la procédure inquisitoriale avait envahi nos lois civiles, cette protestation ne fut pas la seule; le calviniste Robert Estienne et le sceptique Montaigne la firent entendre à côté du catholique Tavanes, et à cet égard ils n'ont rien laissé à dire aux philosophes du XVIIIe siècle. Ils pouvaient s'appuyer eux-mêmes sur des auto-

(1) *Mémoires*, p. 223, 224.

rités respectables qui, depuis l'ère chrétienne, avaient témoigné contre une coutume outrageante pour la conscience et la liberté. On appliquait alors, tantôt la question préparatoire, destinée à arracher à l'accusé l'aveu de son crime, tantôt la question préalable, qui suivait la condamnation et servait à arracher au coupable la révélation de ses complices. Jean n'est pas moins hostile à l'une qu'à l'autre, à celle qui fait avouer des crimes imaginaires, et à celle qui, s'ajoutant à la peine, prétend avoir sur le condamné un effet que la crainte de Dieu n'a souvent pas. « Le plus grand supplice, dit-il ailleurs, devrait être de couper la tête. » Comptons-le donc parmi les ancêtres de Beccaria, et ainsi, même en un siècle qui vit les effroyables supplices infligés à Ravaillac, une voix aura protesté contre les cruautés inutiles.

Ce qui donne une saveur étrange à ces Mémoires, c'est la liberté hardie avec laquelle l'auteur dénonce des abus d'un autre genre, ceux qui avaient servi de prétexte à la Réforme. Tavanes est un ardent catholique, mieux encore, un ligueur, et le doyen de tous; il est resté tel en ce sens qu'il croit juste de s'armer pour maintenir une religion, mais non pour en imposer une. La Ligue n'a été à ses yeux qu'une guerre défensive; en définitive, il accepte la victoire d'Henri IV sur elle comme le jugement de Dieu. De même il approuve en thèse générale l'inquisition et y voit une institution de salut public, et il met néanmoins en relief avec une insistance étrange les arguments qu'on a produits contre elle. « Aucuns disent » selon lui que les *auto-da-fé* ont été inutiles. Qu'on remarque cette dernière formule; elle lui sert d'ordinaire pour couvrir sa personne et envelopper ses hardiesses. Il revient à diverses reprises sur cette pensée que « la religion gît en créance, qui ne peut être fixée que par raison, et non par flammes », qu'en matière de foi, il « est plus besoin de larmes que d'armes ».

Il est bien entendu qu'il déteste la Réforme et ses auteurs, qu'il ne ménage ni Luther ni Calvin à l'occasion. Il cite cependant avec une faveur évidente certaines opinions des novateurs sur la discipline ecclésiastique. Il ne serait pas hostile à l'idée du mariage des prêtres, de l'élection du pape par tous les évêques; il insiste nettement sur la nécessité des offices en français. C'est le cas de dire que certaines déclarations, hérétiques dans la bouche d'un hérétique, peuvent être catholiques dans la bouche d'un catholique. Enfin il fait l'apologie des jésuites, et n'en frappe que plus fort sur les autres ordres religieux, à qui il reproche de manger le bien des pauvres, et de préférer les macérations au travail. En attendant leur réforme, il expose à leur endroit ses souhaits, hardis pour l'époque; il les voudrait voués à la vie active, au service des pauvres, à la guerre contre les Infidèles (1).

Il faut savoir moins de gré au vicomte d'avoir raillé cette peur des revenants dont son siècle était possédé; souvenons-nous toutefois que tel lieu commun d'aujourd'hui était, il y a trois cents ans, une vérité meurtrière pour qui s'en faisait l'apôtre. Tavanes avait raison de se louer de la prudente tolérance d'Henri IV; en Espagne, le saint-office ne l'eût pas laissé vivre en paix.

---

(1) *Mémoires*, p. 113-116.

Se défier des rois et des gens d'église, telle est la première qualité du baron féodal, et Jean la garde, d'un bout à l'autre de son livre. C'est avant tout un gentilhomme de droit divin. Son premier mot est celui-ci : « Dieu ayant apaisé sa colère, Noé sortit de l'arche. » On dirait que l'auteur veut faire remonter jusque-là sa noblesse. Il se contente pourtant de la présenter comme contemporaine de l'établissement du christianisme dans les Gaules, ce qui est encore modeste pour un homme persuadé que la noblesse descend d'Abel, le peuple de Caïn.

Un peu plus loin il devance les théories de Boulainvilliers sur la noblesse : « Les rois s'abusent, qui disent pouvoir faire des gentilshommes ; c'est Dieu qui donne le courage... » Si elle dégénère, c'est par des mésalliances. Suit une série de conseils pour l'éducation des nobles. Qu'on ait d'abord une grande prudence dans le choix du précepteur ; que celui-ci ne trouble pas la jeune intelligence de son élève par des contes, des fables, des poésies ; qu'il lui raconte les grands faits de l'histoire sainte, « plus délectables que les Roland et les Amadis ». Il en viendra ensuite à Hérodote, à Xénophon, à Plutarque. Quant au latin, c'est une étude de luxe ; il serait à désirer qu'elle ne fût pas poussée trop loin, les exemples des anciens n'ayant pas été sans influence sur les révolutions du monde moderne. Voilà un ancêtre que certains réformateurs de nos jours ne s'attendaient guère à rencontrer.

Ainsi les langues ne sont pas pour lui des sciences, mais des instruments qu'il faut apprendre à manier par la conversation et l'usage. Les Français, continue notre auteur, et en ceci il montre un esprit pratique, apprennent trop de choses et ne savent rien. Dans les sciences, on doit également rechercher le côté utile, ne point s'embarrasser de détails oiseux, séparer la paille du grain ; l'escrime, la géographie, la tactique, l'équitation, et l'éloquence par surcroît, voilà les meilleurs trésors du gentilhomme. Pourquoi les rois n'établiraient-ils pas des colléges pour leur noblesse, vraies pépinières de soldats et d'hommes de guerre (1) ?

Toutes ces vues réformatrices prouvent que le vicomte Jean était peu satisfait des nobles de son temps. Il attaque en effet les Bellegarde et les Luynes avec la même âpreté, sinon avec le même éclat que Saint-Simon les légitimés. A l'exemple de Monluc, qui reprochait aux nobles d'avoir délaissé les charges des villes, il leur reproche d'avoir abandonné aux vilains les fonctions judiciaires : « Les seigneurs romains s'en tenaient honorés..... C'est être vraiment noble que de faire la justice. Ce sont eux qui ont puissance sur les biens et la vie des autres. » Il les estimerait bien mieux assis sur les fleurs de lis que parés de ces ordres de chevalerie que, pour son compte, il dédaigne. De même Saint-Simon, s'il méprisait les *robins*, n'a jamais été plus fier, plus content de lui que le jour où il a siégé au Parlement, à la fameuse séance plénière où fut cassé le testament du grand roi.

Au point de vue historique, Jean de Tavanes n'a pas

---

(1) *Mémoires*, p. 9-17 (Cf. Rabelais, *Gargantua*, ch. 14, 23-24) ; Montaigne (*Essais* II, 8) ; Sadolet (*De liberis recte instituendis liber*) ; La Noue (*Discours politiques et militaires*, V et VI).

échappé aux défauts particuliers propres aux auteurs de Mémoires. Vrai chevalier du moyen âge, il ne cherche dans la mêlée générale des événements que les ennemis de sa maison ou les siens. Quelquefois aussi, à son insu, il transmet une impression déjà altérée par le temps des faits dont il a été témoin. Il se défend et se venge à la fois; il rédige un testament où il lègue aux générations futures ses ressentiments, et en même temps la haute opinion qu'il a de lui-même et de son héros. Il est néanmoins précieux, indispensable à certains égards pour l'histoire du XVI° siècle. Il a fait comprendre mieux que personne la rivalité des Montmorency et des Guises; sur François Ier, sur Henri II, sur Catherine de Médicis, il a des mots que, les uns après les autres, tous les historiens répèteront. Presque seul, il a démêlé et fait connaître les origines premières de la Ligue. L'exposé des causes de la Saint-Barthélemy est une étude morale suivie, où l'on distingue parfaitement le jeu des passions politiques et humaines, et il a trouvé de belles et sombres couleurs pour le tableau du massacre.

La valeur littéraire de l'œuvre est moindre. Quelle inexpérience et quelle âpreté à la fois! Comme la plume pèse aux doigts de ce *condottiere* désarmé! Elle va par sauts et par bonds, traçant des phrases brusques et pénibles; beaucoup de traits portent, mais la variété des tours manque, et l'ensemble est d'une confusion rebutante. Comme certains écrivains latins, l'auteur vise à la brièveté énergique et quelque peu obscure (1). Il réussit par hasard

---

(1) Un seul exemple : Quand il dit de son père qu'il « aimait mieux faire que dire », il traduit, en le resserrant, Salluste. « Optimus quisque facere quam

à peindre d'un mot une situation ; les tableaux sont rares, et c'est par là qu'il est inférieur à Saint-Simon ; il ne sait pas peindre à fresque comme lui ; l'art de la composition lui est étranger, et le désordre de ses idées est rendu plus apparent encore par le caractère de son style. Çà et là se détache en relief quelque page qui saisit le lecteur. Est-ce Saint-Simon, est-ce La Boétie qui a jeté sur le papier les lignes tourmentées et inachevées de cette esquisse :

« Qui entre libre en la cour des rois devient serf..... Être assujetti aux voluptés, plaisirs, imperfections d'autrui, lever, coucher, dîner, marcher, chasser, se tenir debout, n'est avoir son corps à soi, non plus que l'âme est libre, qui flatte, médit, se plie, déguise, farde, cache le vrai, publie le faux, rapporte, dissimule, s'offre à ses ennemis, trompe ses amis..... Si les rois donnent des grades sans mérite, c'est autant de honte ; le nain n'est plus grand au-dessus du clocher..... Prenant charge aux cours des princes, adieu plaisirs ; pressé, importuné, ennuyé, en crainte, plein de contraires, en soupçon ; un songe, un rapport, une femme ruinent la faveur, qui ne se peut souvent perdre sans la vie et l'honneur..... Combien de soupçons, de crainte, de bourreaux de conscience, leur attachent l'épée à un filet de soie sur la tête ? Les grandes compagnies nuisent, les affaires tourmentent, les vivres délicieux inquiètent, tuent le corps et le maniement des affaires de l'âme (1)..... »

Tournez la page, et vous croirez lire une de ces bou-

---

dicere, sua ab aliis benefacta laudare, quam ipse aliorum, narrare malebat. » Catilina, VIII.)

(1) *Mémoires*, p. 67.

tades paradoxales qu'on prenait au sérieux dans les salons philosophiques du XVIIIe siècle :

« Nous blâmons, nous moquons les barbares et sauvages de leurs coutumes, sans considérer que nous en avons d'aussi ridicules et ineptes qu'eux, lesquelles par accoutumance se tolèrent. Ils mangent la chair humaine pour se nourrir, nous en usons en médecine pour nous guérir; ils assomment leurs pères vieux, plusieurs mettent les leurs sur la paille, à ce qu'ils soient tôt passés, ce qu'ils disent faire pour ne les laisser languir; ils servent les images, et nous portons à manger à celles de nos rois quand ils sont morts; ils louent des gens pour pleurer leur décès, et les veuves des gentilshommes se mettent en lieu où elles ne voient jour de six semaines. Nous trouverions barbare aux autres nations s'ils s'allaient tuer pour une folle parole, ainsi qu'on fait en France, etc. » Et il continue en accusant les unes après les autres toutes les classes de la société (1).

Parfois il prend le ton d'un prédicateur : on pourrait citer nombre de passages qui ne seraient point déplacés dans un livre de spiritualité ou d'apologétique : « Dieu, dit-il après les Proverbes et avant Racine, tient le cœur des rois en ses mains. — Rois, princes, conseillers d'État, résolvez, repensez, Dieu se réserve tout, se moque des prudences humaines. » N'est-ce pas là presque l'accent, l'autorité d'un homme bien autrement éloquent, d'un compatriote de Tavanes qui naquit presque au moment où ces lignes étaient écrites, de Bossuet?

---

(1) *Mémoires*, p. 137.

Cette tournure particulière de son esprit s'accuse surtout à la fin de son œuvre, dans ses considérations philosophiques et religieuses sur la mauvaise fortune et la mort. L'auteur se sentait sans doute près de la tombe, et pressentait la prompte disparition de sa lignée. Il prolonge l'expression de ses regrets et de ses plaintes en des termes qui annoncent en effet la grande et grave éloquence du siècle suivant. Après cinq cents pages de récriminations et d'apologie à tout prix, il conclut avec l'accent de la résignation et de la prière. Ainsi Monluc, épargné par cent combats, souhaitait pour ses vieux jours un ermitage où méditer en paix : ici l'ermite existe, relégué au fond d'un château splendide, y portant le poids de dix blessures reçues en vain, de trente ans de combats et d'une éternelle disgrâce. Dès lors l'activité de l'esprit a remplacé celle du corps; le guerrier au repos médite, raisonne, disserte sur le passé, essaye même, par delà cette mort qu'il attend de pied ferme comme il attendait l'ennemi, de pressentir l'avenir. Ainsi fit La Noue chez les huguenots; la mort le prit sous les armes; du moins dans les loisirs forcés d'une prison, avait-il dit aussi son mot sur tout ce qui peut intéresser un soldat, un Français, un chrétien. Si vous parcourez ses curieux *Discours*, vous y trouverez agitées, comme dans Tavanes, les diverses questions qui s'imposaient à la pensée d'un bon gentilhomme; vous y entendrez éloquemment déplorer les maux dont souffre le royaume, discuter les changements à introduire dans l'armée, dans la politique générale et dans l'éducation; et au bout de ces discours, en forme de péroraison obligatoire, l'éloge de la piété et de la vie contemplative. Il y a là une grandeur qui est familière aux hommes du seizième siècle, et qu'on ne retrouvera pas aussi souvent désormais.

Voyez en effet, quelques années plus tard, dans un autre château de la Bourgogne, un homme qui fut aussi un soldat et un courtisan, et qui vécut dans la disgrâce; c'est Bussy-Rabutin. Frappé au milieu de sa carrière militaire, alors qu'il espérait, comme Jean de Saulx, devenir maréchal de France, Bussy se consolait, la plume à la main, sous les ombrages de son parc, au milieu des images galantes ou guerrières dont il avait orné ses galeries (1). Il écrivait de spirituels mémoires, d'élégantes lettres à sa cousine de Sévigné, à ses voisins de campagne; il s'ingéniait à donner un attrait littéraire aux plus scandaleuses histoires; il négociait enfin avec la cour, sans se lasser et sans croire jamais trop s'humilier, son retour en grâce. Comme écrivain, il survivra certainement à Jean de Tavanes; mais combien sa conduite est moins digne d'estime! Le vieux ligueur a conservé des mœurs du XVIe siècle une raideur de principes, une hauteur de pensées que le frondeur disgracié n'a plus ou ne saurait avoir. Au lieu de médire de ses contemporains et même de ses amis, il rassemble pieusement les souvenirs de ses ancêtres; il veut les fixer, sinon pour une génération peu

---

(1) « Je suis ici très-commodément, j'y fais bonne chère; j'embellis tous les jours une belle maison; je n'y ai ni maître ni maîtresse. » (Lettre de Bussy du 19 janvier 1667.)

C'est encore lui qui écrit à Jacques de Saulx : « Dans le malheur où nous sommes, vous et moi, de n'avoir ni les honneurs que nous devrions avoir, ni même les espérances, nous avons au moins le repos, que les courtisans n'ont pas. » (Lettre du 7 mars 1679.)

disposée à l'écouter, au moins pour des parents qui en garderont le culte, pour une postérité dont il recueillera peut-être le tardif suffrage. C'est là l'avantage incontestable des aventuriers du XVI° siècle sur les ambitieux et les épicuriens du XVII° qui ont écrit leurs mémoires, depuis Retz au marquis de La Fare. Saint-Simon fait exception bien entendu, et s'il fallait lui trouver un précurseur qui nous présentât comme l'ébauche de son talent et de son caractère, c'est Jean de Tavanes qu'il faudrait nommer.

CHAPITRE SIXIÈME.

LA FRONDE.

JACQUES DE SAULX (1)

(1620-1683).

Les Tavanes et les Condés.— Jacques de Saulx, ses Mémoires.— Son rôle sous la Fronde. — Il tente de soulever Dijon (1650). — Il est défait à Arc-sur-Tille par son cousin le marquis de Tavanes. — Assiégé dans Bellegarde, il capitule. — Son séjour à Montrond, en Picardie. — Sa retraite sur Stenay. — Il est lieutenant de Condé dans la campagne de 1652, à Étampes, au faubourg Saint-Antoine. — Son duel avec M. de Quintin. — Sa retraite en Bourgogne. — Son amitié avec Bussy-Rabutin. — Il meurt (1683).

Les Condés furent au XVIIe siècle, pour la maison de Saulx-Tavanes, ce qu'avaient été les Guises au XVIe. Devenus de père en fils gouverneurs de Bourgogne,

---

(1) Sources principales :
Manuscrits.
1° Lettres de Jacques.
2° *Mémoires de Philibert de La Mare* (Bibliothèque de Dijon, ms. n° 493.)
Imprimés.
1° *Mémoires de Jacques* (Cologne, 1691), réédités avec notice et notes par Moreau (Paris, Jannet, 1858.)
2° *Mémoires de Millotet*, avocat général au Parlement de Bourgogne.— *Anecdotes de Maleteste* (publiés en 1866 dans les *Analecta Divionensia*).
3° *Correspondance du premier président Brulart*, éditée par de La Cuisine.
4° *Mémoires et correspondance de Bussy-Rabutin.*
5° *Mémoires de Montglat, Lenet*, Mlle de Montpensier, Mathieu Molé, etc.

ils ne pouvaient ne pas distinguer une famille qui passait pour la plus ancienne de la province, et qui avait donné à leurs prédécesseurs d'illustres auxiliaires. Le temps où un Condé était menacé à Noyers par un Tavanes était loin ; ou plutôt le service secret qu'un Condé avait alors reçu d'un Tavanes ne pouvait être oublié, même après un demi-siècle. Ce fut donc sous les auspices des premiers princes du sang que Claude, fils aîné de Guillaume, fit son chemin dans le monde. Après avoir sollicité en vain la lieutenance de Bourgogne (1), il obtint successivement l'office de grand bailli de Dijon, et un commandement dans les gens d'armes d'Henri de Condé. Ces charges passèrent, après sa mort prématurée, à son fils, un des futurs héros de la Fronde.

Dans l'histoire de la noblesse française, les frondeurs sont les petits-fils dégénérés, mais reconnaissables, des ligueurs. Jacques de Saulx fut, sous Louis XIV, ce qu'avait été le vicomte Jean, son grand oncle, sous Henri IV. Serviteur fidèle du grand Condé, son ami autant qu'on pouvait l'être, il le suivit avec une égale ardeur sur les champs de bataille de la guerre étrangère et sur ceux de la guerre civile ; même, pendant deux ans, ce fut un capitaine qui donna fort à faire à Mazarin et dont les exploits défrayaient les pamphlets et les gazettes. Puis soudain, à trente-deux ans, il disparaît pour toujours de la scène des camps et du monde, il vit jusqu'à sa mort sur ses terres de Bourgogne, se consumant, comme son ami Bussy-Rabutin, dans une retraite oisive. Moins

(1) Sur Claude de Saulx, voy. Lettres de Malherbe à Peiresc (éd. Regnier, t. III, p. 287, 293, 358).

coupable que le premier prince du sang et moins heureux que lui, le vieux frondeur ne trouvera place ni dans les palais ni dans les armées de Louis XIV.

Occupa-t-il ses loisirs forcés en écrivant les Mémoires qui parurent sous son nom en 1691, huit ans après sa mort? S'il n'a point pris la plume, il a évidemment inspiré l'interprète de sa pensée; il a voulu, par son intermédiaire, tracer un mémoire justificatif de sa conduite durant les guerres civiles (1). Ce petit volume met en scène Jacques au moment de l'arrestation des princes, et le quitte quand il quitte lui-même le camp du prince de Condé. On en retrouve des passages entiers, textuels, dans les Mémoires de Bussy, qui ne parurent qu'en 1696. Certains se sont demandé, quoique la question paraisse résolue par la date, lequel avait copié l'autre; ils ne voulaient pas supposer sans doute que Bussy-Rabutin, si soigneux de sa gloire littéraire, fût descendu à dérober quelques lambeaux de prose à l'obscur biographe de son ami; c'eût été pour eux, à l'inverse de la fable, le paon se parant gratuitement des plumes du geai. Cependant, pour que le secrétaire de Tavanes fût le coupable, il faudrait qu'il eût eu communication du manuscrit de Bussy, et alors c'est du consentement de l'auteur qu'il lui aurait fait des emprunts. Serait-il bien étonnant du reste que Bussy eût été le voleur, lui qui mettait si cavalièrement

---

(1) « Dans un exemplaire qui a appartenu au couvent d'Issy, j'ai trouvé la note suivante : Ces Mémoires ont été recueillis et donnés au public par N. J. Bindo, avocat, et sur le titre on a marqué *ex dono auctoris.* » (Quérard, *France littéraire.*)

Ils n'ont pu être écrits avant 1672, car on y cite la mort du chancelier Séguier.

à contribution les écrivains latins, et se croyait autorisé à marquer de son nom leurs phrases, parce qu'il les avait traduites?

Quoi qu'il en soit, les Mémoires de Jacques nous offrent sur certains épisodes de la Fronde un récit assez intéressant, assez animé pour qu'on ait jugé bon de les rééditer de nos jours. Je voudrais voir en tête, au lieu de l'image assez vulgaire que certains exemplaires de l'édition originale contiennent, la reproduction du beau portrait que renferme le musée de Dijon. Jacques s'est fait représenter portant la cuirasse et l'écharpe militaire sur l'habit de cour; une de ses mains gantées de buffle tient le bâton de commandement, cet insigne qu'il a eu si peu de temps le droit de porter, et que le roi ne lui a plus permis de reprendre. Cette figure douce et sérieuse, encadrée dans les flots d'une perruque blonde, cette fine moustache, ces yeux bleu clair d'une expression calme et résolue, révèlent en lui l'homme de cour et de guerre, mais avant tout le bon soldat, ambitieux et brave, digne de ses protecteurs et de sa race. Lenet, qui ne l'aimait pas, lui a rendu ce témoignage : « Tavanes, qui a toujours été assez droit en besogne, aime assez son compte et ses avantages; mais, soit parce qu'il connaît son talent, soit par sa pente naturelle, nous ne l'avons jamais vu entrer dans aucune intrigue. »

Dès l'adolescence, Jacques de Saulx connut les champs de bataille et la cour. Il était né en 1620; âgé d'un an de plus que le grand Condé, attiré auprès de lui par la charge de son père, il fut élevé dans sa compagnie, et compta de bonne heure parmi ces vaillants et brillants *petits-maîtres* qui devaient former, contre l'Espagne et contre Mazarin, l'état-major du héros. A dix-neuf ans, il se distinguait au siége de Perpignan. On le voit depuis à Rocroy, à Thionville où il a le bras percé d'un coup de feu, à Nordlingen, aux siéges de Lérida et d'Ypres. Sa conduite dans ces diverses affaires lui valut en 1645 le brevet de maréchal de camp : c'est, à la suite de Condé, un serviteur obscur et fidèle du roi. Il est vrai que l'attachement à M. le Prince domine en lui tous les autres ; et d'après les idées d'alors, il eût accompli un acte presque blâmable, et en tout cas extraordinaire, en l'abandonnant sur les champs de bataille de la Fronde. Il devint donc un de ses meilleurs et de ses plus vigoureux lieutenants, dès le premier jour de la prise d'armes des princes (1).

La première page de ses Mémoires le montre, après l'emprisonnement de Condé à Vincennes, courant à franc-étrier sur la route de la Bourgogne (janvier 1650). Il va tenter dans son pays natal ce que Mme de Longueville à

---

(1) La lettre inédite de Jacques qui suit (Bibl. nat. — Cab. des titres) me semble être, quoique l'adresse et la date soient incomplètes, un engagement pris envers Condé :

A Son Altesse.

Monseigneur, l'extrême envie que j'ai de ne demeurer inutile en un service fait qu'en attendant quelque meilleure occasion je n'ai pas voulu faillir d'obéir à vos commandements, encore que ce soit en chose de si peu de considération que j'ai honte de vous les présenter. Toutefois je vous supplie très-humblement les vouloir accepter de bonne volonté avec mon très-humble service comme chose qui vous est acquise de longue main, et sera le reste de mes jours que j'estimerai pour très-bien employés s'il se présentait quelque bonne occasion pour prouver à Votre Altesse combien je lui suis très-humble et très-obéissant, et avec cette vérité je prendrai la hardiesse de vous baiser très-humblement les mains, priant Dieu, etc.

A Paris, ce XXIII.

Rouen, Turenne à Stenay essayaient de leur côté; il va fomenter la guerre civile. A première vue, il pouvait espérer réussir. Condé avait à Dijon un certain nombre de partisans sur lesquels il croyait pouvoir compter; Comeau et Bussierre, créatures de son père, qui occupaient le château, au Parlement le premier président Bouchu, l'ancien procureur général Lenet et une partie des conseillers. Certains corps de troupes penchaient de son côté : ainsi on racontait qu'à Beaune, à la fin d'un repas, les officiers du régiment de Persan, leur major Baas en tête, avaient fait couler quelques gouttes de leur sang dans leurs verres, et avaient trempé leurs épées dans ce mélange en jurant de mourir pour la délivrance du prince. Il avait été convenu qu'ils dissimuleraient leurs sentiments, resteraient unis, prêts à courir du côté de Bellegarde ou de Stenay. Bellegarde en particulier, quoique dégarnie, mal armée, sans munitions, était aux mains d'un officier dévoué à Condé, Le Royer de Saint-Micaut; située près de la frontière espagnole, elle pouvait devenir pour le parti un centre de résistance (1). Heureusement pour la cour, toutes ces forces s'ignoraient pour ainsi dire les unes les autres; l'événement qui devait les soulever simultanément ne les trouva point préparées, et Jacques de Saulx crut à tort que son titre d'élu de la province et sa présence à Dijon suffiraient pour les rallier toutes à lui, sous une direction commune.

Donc, une nuit de janvier 1650, il arriva en poste

---

(1) On appelait alors Bellegarde, du nom d'un ancien gouverneur de Bourgogne, la petite ville de Seurre, chef-lieu du comté du même nom, sur la rive gauche de la Saône.

aux portes de la ville. Il se présenta aussitôt au château, où Comeau et Bussierre protestèrent contre une levée de boucliers inopportune, et ne lui permirent même pas de demeurer. Ainsi repoussé, Jacques vint frapper à deux heures du matin à la porte de Lenet, et lui demander ce qu'il y avait à faire. Il lui exprima d'abord son intention de gagner Bellegarde : « Mieux vaudrait, répondit l'ancien procureur général, occuper le château d'Auxonne, qui n'est pour ainsi dire pas gardé; en ce cas, il faudrait partir à l'instant, agir avant que la nouvelle de l'arrestation de M. le Prince y soit parvenue, et n'ait désarmé d'avance les timides. »

Au lieu de suivre ce conseil, Jacques voulut s'assurer qu'un soulèvement à Dijon n'avait aucune chance de succès. Le matin il courut çà et là, soufflant la révolte à l'oreille du premier président et des gentilshommes qu'il supposait acquis à Condé. Il descendit même dans la rue pour tenter la fidélité des bourgeois : « Quoi! Messieurs, s'écriait-il, M. le Prince est arrêté par Mazarin, et vos boutiques ne sont pas fermées! Souffrirez-vous qu'on le retienne, puisque Paris et toute la France le redemandent? » A son grand étonnement, chacun, soit crainte, soit conviction que tout était inutile, lui tourna le dos (1). Le doyen de la Sainte-Chapelle se borna à offrir sa bourse et ses prières; l'évêque de Châlon proposa d'engager sa vaisselle. Quant à payer de sa personne, aucun n'y songea. Les magistrats ne hasardèrent même pas une protestation.

---

(1) *Mémoires de Millotet*, p. 12.

Quelques hommes énergiques, dévoués au roi, profitèrent de cette disposition incertaine et passive des esprits : il faut citer parmi eux au premier rang l'avocat général Millotet. Ce magistrat trop peu connu a été une des gloires du Parlement de Bourgogne par son noble caractère, par sa ferme conduite dans des circonstances difficiles, et aussi par son talent d'écrivain ; ses Mémoires ne seraient point déplacés à côté de ceux des Motteville et des Retz. Il requit immédiatement qu'il fût enjoint au maire de faire prendre les armes à la milice, et de s'assurer de Jacques et de ses complices. Le Parlement fit droit à cette requête, sans que le premier président se permît autre chose que quelques objections timides. Non content de ce succès, Millotet se fit, comme on le lui reprocha plus tard, tribun du peuple. A sa sortie du palais, il harangua la foule qui se pressait aux portes, déclarant qu'il n'y avait pas un instant à perdre, et qu'il fallait se saisir du rebelle.

C'était faire beaucoup d'honneur à Jacques, qui était déjà rentré découragé à son logis, « où étaient cinq ou six gentilshommes aboyant contre la lune (1) ». Sur de nouvelles instances de Lenet, il s'échappa le jour même avec l'intention d'aller surprendre Auxonne ; il n'était pas à une lieue de Dijon, qu'il revint à son premier dessein, et courut s'enfermer dans Bellegarde. Cette petite ville fut dès lors la place d'armes du parti. « S'il y avait quelque meurtrier ou prévenu de crime, ou quelqu'un qui voulût se venger de son ennemi, il se jetait dans Bellegarde (2). »

(1) *Mémoires de Lenet*, 1re partie, p. 215.
(2) *Mémoires de Millotet*.

Pendant qu'un Tavanes se levait ainsi en faveur d'une cause désespérée dès le premier jour, un autre Tavanes, son cousin, accourait à Dijon, « tout de cœur pour servir le roi ». Henri de Saulx, marquis de Mirebel, fils aîné du vicomte Jean, ressemblait plus à son oncle Guillaume qu'à son père. Il avait été un brillant soldat dans les campagnes du Piémont sous Louis XIII. On l'avait vu, lors de l'invasion de 1636, à la tête de quelques centaines de Dijonnais armés, courir sus aux impériaux, puis, plus tard, pousser ses pointes hardies jusqu'au cœur de la Franche-Comté. « Tavanes, marquis de Mirebel, dit un historien franc-comtois, vint brusquement assaillir la ville de Gy avec cavalerie, infanterie et canon (13 août 1641). Le bonheur voulut qu'une troupe de vieux soldats faisant escorte au sel qui était conduit de Besançon à Gray se rencontra à Gy..... à l'heure que Tavanes attaqua la ville du côté de la montagne; et fut la défense si généreuse et le courage des bourgeois..... si grand, qu'il suppléa au défaut des murailles qui étaient sans flancs ni parapets. Le canon ne servit de rien à Tavanes, ni tous ses efforts, lesquels connaissant vains, il s'exposait lui-même comme de rage à la mousqueterie de ceux de dedans; mais il ne put mourir et fallut qu'il se retirât honteusement (1). » Lieutenant général au bailliage de Dijon depuis 1630, il était peu aimé de ses maîtres, malgré ses services; aussi ne sortait-il de Sully que pour leur faire les visites auxquelles il était

---

(1) Girardot de Nozeroy, *Histoire de dix ans de la Franche-Comté de Bourgogne*, XIV, 9.

strictement tenu (1). C'est l'histoire du maréchal son aïeul se retirant sur ses terres quand le duc d'Aumale venait en Bourgogne. Ce sont aussi les scènes de la Ligue qui vont se renouveler : Louis XIV y remplace Henri IV, Condé Mayenne, et au service de l'un ou de l'autre, deux Tavanes se combattent.

Mandé par le Parlement, Henri de Saulx arriva à Dijon le 28 janvier, et de concert avec Millotet, qu'il connaissait de longue date, il prit en main le gouvernement. Il venait « pour rassurer, disait-il, les peuples; mais il trouva besogne faite, car jamais on n'a vu une plus grande tranquillité que celle qui se conserva (2) ». Cet aveu de Lenet n'est pas sans artifice; en effet, sous un calme apparent, plus d'une intrigue se nouait, plus d'une défection se préparait. Lenet lui-même se concertait secrètement avec le major Baas pour introduire dans le château de Dijon deux cents mousquetaires, et l'entreprise eût réussi, sans la timidité du gouverneur Comeau qui, après avoir longtemps hésité, finit par se convaincre qu'il valait mieux être fidèle au roi qu'à M. le Prince. Jacques vint incognito à Dijon et reçut des officiers du régiment de Persan les plus belles promesses. Un autre régiment, celui de Meille, se divisa ouvertement. Son commandant et deux compagnies firent défection et partirent dans la direction de Stenay, où Turenne concentrait les principales forces de l'armée des princes. Des lettres de ce général

---

(1) D'après les *Mémoires mss. de Ph. de La Mare* (t. I, part. I, p. 28) la princesse Anne de Gouzague reçut d'Henri de Saulx, son parent, une hospitalité secrète au château de Sully. Elle avait fui la cour, à la suite d'une intrigue avec le duc de Guise qui avait fait grand bruit.

(2) *Mémoires de Lenet*, 1ʳᵉ partie, p. 213.

à Jacques et au premier président furent interceptées; elles appelaient à Stenay tout ce qui avait pris les armes en Bourgogne. Millotet évalue le nombre des rebelles à environ six mille cinq cents, et ajoute que s'ils fussent arrivés à temps, ils eussent fait tourner la fortune en faveur de la Fronde, puisque, sans eux, Turenne faillit l'emporter sur les troupes du roi à Rethel.

Il fallait à tout prix empêcher Jacques de passer. Millotet et Henri de Saulx, l'homme de robe et l'homme d'épée, montrèrent une égale ardeur au milieu d'un désarroi d'autant plus grand que personne ne prenait guère au sérieux ni ses adversaires, ni sa propre cause. Le marquis, fort inquiet ou du moins voulant le paraître, fit barricader toutes les avenues du château pour prévenir une sortie (1), ramassa ce qu'il put de noblesse, de troupes fidèles, d'archers et de volontaires et, le 8 février, se mit en marche pour essayer de fermer la route du nord à son cousin sortant de Bellegarde. Il entraînait à sa suite le régiment de Persan, auquel il se fiait médiocrement; car il avait sommé auparavant Baas de lui dire nettement si on pouvait compter sur lui. Baas et ses officiers embarrassés avaient répondu « qu'ils étaient serviteurs du roi et qu'ils sauraient se défendre si on les attaquait. » — « Évitez autant que possible une rencontre, avaient-ils fait dire d'autre part au comte Jacques (2). »

---

(1) Dans une ordonnance il déclare le péril « imminentissime » et oblige tous les habitants, même les privilégiés et les ecclésiastiques, à faire guet et garde (Registres de la chambre de ville, 5 février 1650).

(2) Lenet ajoute : « Le sieur Du Passage, qui y était (à Bellegarde) et qui prétendait s'y conserver, persuada au comte de Tavanes, et ensuite à Coligny et à plusieurs autres, d'en sortir avec toutes les troupes superflues.... En cela il fai-

Celui-ci, averti qu'il était attendu à Stenay, se voyant déjà à la tête d'une armée en Champagne, ne les écouta pas. Il courut d'abord jusque vers Langres, pour rallier quelques troupes campées près de son château du Pailly. Là il apprit que les gardes de M. le Prince, ainsi que les régiments de cavalerie de Condé et d'Enghien, étaient arrivés à Bellegarde. Il leur manda de le rejoindre en toute hâte, et voyant qu'ils n'arrivaient pas, courut au-devant d'eux avec six cents cavaliers. Il les rencontra à quelques lieues à l'est de Dijon, entre les villages de Genlis et d'Arc-sur-Tille, embrassa les officiers à qui il fit renouveler leur serment de fidélité, et reprit avec eux le chemin de Stenay. En passant près du château d'Arc-sur-Tille où demeurait sa mère, il voulut prendre congé d'elle ; mais en digne fille des Brulart, ces serviteurs aussi dévoués qu'indépendants de la couronne, elle refusa de recevoir un rebelle. Ainsi repoussé par sa mère, le jour même, Jacques allait trouver en face de lui son cousin, à la tête des troupes royales.

Le marquis Henri occupait en effet avec sa petite armée la plaine située entre Beire et Arc, aux bords de la Tille. Jacques, ne sachant pas résister au plaisir de charger, le somma par un trompette de lui livrer passage, et sur son refus donna le signal de l'attaque. Sa bonne fortune voulut que le marquis eût placé au premier rang de sa ligne de bataille le régiment de Persan, pendant que lui-même formait la réserve avec la noblesse, les

---

sait deux choses qui étaient d'une grande utilité à lui et au vicomte : l'une qu'il demeurait le maître de Bellegarde, et l'autre qu'il fortifiait Turenne. » (*Mémoires*, 1ʳᵉ partie, p. 216).

prévôts, et le reste de l'infanterie. Au premier choc, deux compagnies firent défection; une autre, sous l'impulsion de son capitaine, tint quelques instants; le reste plia et mit bas les armes. La cavalerie tourna bride à son tour en désordre, et le marquis gagna Beire ayant laissé sur la place deux morts, cinq blessés et ayant perdu tous ses bagages. La mêlée n'avait guère duré qu'un quart d'heure. Le comte voulut user de courtoisie en renvoyant à son parent ses équipages; celui-ci refusa de les recevoir, et même, disent les Mémoires de Jacques, « il jeta au feu un testament qu'il avait fait en sa faveur ». Ne croirait-on pas avoir assisté à une de ces batailles du moyen âge italien, vrais tournois à armes courtoises, où il y a plus de menaces échangées que de sang répandu?

Cette facile victoire changea les plans de Jacques; malgré les siens, qui se plaignaient de son peu de conduite, il renonça à continuer sa route, et se flatta à la fois de surprendre Dijon sans défense et de soulever toute la province. Pendant que le marquis vaincu se réfugiait dans la capitale, la même nuit, une quarantaine de cavaliers arrivaient jusqu'au pied du château, et parlementaient inutilement pour se faire ouvrir les portes. Le jour suivant, on vit apparaître à travers la campagne les troupes du comte, grossies d'une partie des forces de son adversaire. La panique était grande; elle ne le fut pas assez pour qu'on courût au devant d'une reddition que Jacques espérait. Il n'osa tenter une attaque de vive force; ses soldats bornèrent leurs exploits à la poursuite d'un président au Parlement, qui retournait de sa maison de campagne à la ville, et à la capture d'un avocat et d'un procureur, qu'ils mirent en liberté moyennant vingt pistoles. En traversant le village de Longvic, ils incendièrent la maison du gouverneur Bussierre pour se venger, disait-on, de ce qu'il avait refusé l'entrée du château aux partisans de M. le Prince. Plusieurs cavaliers sortirent furtivement pour aller rejoindre les rebelles, et dans les rues de Dijon, quelques cris inoffensifs de : Vive Condé! poussés par de jeunes nobles, se firent entendre. Au Parlement, le comte retrouvait des auxiliaires, au moins en paroles; le premier président répétait qu'il ne fallait pas procéder contre les gens de M. le Prince, puisque le roi n'avait pas condamné leur maître.

Après être resté deux jours en observation devant la ville, Tavanes pensant recevoir, ainsi qu'on le lui avait promis, des munitions de la Franche-Comté, se replia sur Bellegarde, et s'en fit remettre par Saint-Micaut le commandement. Dans cette place même, sa position n'était pas sûre. Dès avant l'investissement, les bourgeois députèrent secrètement leur maire au Parlement, afin de lui faire connaître leurs sentiments, et d'obtenir, s'il était possible, la venue d'un envoyé du roi (1).

(1) La lettre suivante, inédite, peut jeter quelque jour sur les intentions de Jacques au début du siége. L'original, froissé et souillé comme s'il avait été envoyé dans un fourreau d'épée à son adresse, appartient à M. Ed. de Barthélemy :
« Monsieur, vous m'avez offert par le messager de lui donner un passeport pour retourner trouver M. de Turenne, c'est de quoi je vous supplie et même de lui donner un homme qui le mène par un chemin bien assuré. Nous sommes présentement investis : nos ennemis ont passé les rivières du côté de Saint-Jean de Losne et de Verdun; l'on m'a écrit plusieurs fois que l'intention de M. l'archiduc était que nous refusions tout secours du Comté; nous sommes bien étonnés de n'en avoir aucune nouvelle. Vous nous ferez grand plaisir à tous de faire savoir à M. de Turenne que nous sommes assiégés. Je vous prie, etc.

« 25 mars 1650. »

Sur ces entrefaites Vendôme, donné pour successeur à Condé, arrive à Dijon. Quand le Parlement se présente à son audience, il demande : « MM. les gens du roi sont-ils ici ? — Aussitôt chacun nous montra. Nous allâmes à lui, où en nous embrassant il dit à mon compagnon (le marquis de Mirebel) et à moi : Vous n'êtes que deux gens du roi : mais à présent nous serons trois. Lequel de vous est M. Millotet (1) ? » Pourtant à partir de ce moment le marquis disparaît de la scène : c'est un homme dévoué et modeste comme Guillaume, serviteur estimé plutôt qu'aimé de ses maîtres, et qui sait se retirer dès qu'il se sent plus importun qu'utile (2).

Vendôme fut suivi de près par le roi, la reine mère et Mazarin, qui entrèrent à Dijon le 16 mars. Il avait déjà, moyennant dix mille livres, acheté la reddition du château : Saint-Jean de Losne, Châlon et plusieurs autres places surprises par les frondeurs avaient capitulé gratuitement à la première sommation. Il ne restait plus que Bellegarde, et encore, dès le début des troubles, les bourgeois s'y étaient prononcés ouvertement pour le roi ; mais Tavanes, Saint-Micaut, Le Passage et un certain nombre de gentilshommes, tout l'état-major de la rébellion, s'y était renfermé, pour ne pas se rendre sans condition (3). Jacques répondit fièrement à la sommation

---

(1) *Mémoires de Millotet*, p. 35.

(2) Il mourut le 11 octobre 1653, à cinquante-six ans, sans enfants de son mariage avec Marguerite Potier de Tresmes.

(3) « Le Mazarin a été trompé dans son calcul sur le voyage en Bourgogne ; il pensait avoir intelligence dans Bellegarde avec Saint-Micaut, qui était dedans ; mais le comte de Tavanes, qui tient fort pour le prince de Condé, a tout renversé et s'est rendu le maître là-dedans. » (Lettre de Gui Patin à Spon, 1er avril 1650.)

de se rendre qui lui fut faite de Dijon par la régente. Il essaya de faire bonne contenance, en arborant le drapeau noir sur les murailles, en envoyant quelques volées de canon aux assiégeants; il devait se glorifier plus tard d'avoir par sa résistance attiré la cour en Bourgogne, et ainsi permis à la Guyenne et à la Normandie de se déclarer pour Condé. Pourtant il fut loin d'accomplir les merveilles que lui attribue la grande Mademoiselle dans ses Mémoires; dès qu'il vit que les troupes royales avaient achevé en deux jours l'investissement, il annonça son intention de traiter, et pria qu'on lui envoyât à cet effet Claude Bossuet, l'oncle du grand évêque, originaire de Seurre par sa famille; ce personnage devait inspirer confiance aux bourgeois par le dévouement dont il avait fait preuve de tout temps envers le roi.

Les premières propositions des assiégés furent traitées par Mazarin d'extravagantes : Jacques osait demander à envoyer un message à Stenay où campait Turenne, et, si rien n'était survenu au bout de trois semaines, à se retirer librement, suivi de tous les siens, avec les honneurs de la guerre. « Non, lui fut-il répondu, nous attendrons dix jours seulement, et ce délai expiré, la garnison devra être licenciée; les chefs prendront du service dans l'armée royale ou se retireront chez eux. » Pour appuyer cet ultimatum, Mazarin fit venir de Dijon le jeune Louis XIV, qu'il montra aux assiégeants et aux assiégés. Si les officiers frondeurs, les plus ardents ou les plus compromis, se déclaraient encore prêts à mourir sur la brèche, « les soldats qui étaient dans Seurre, dit Montglat, entendant les cris de joie que faisait l'infanterie de l'armée en voyant le roi, se mirent aussi à crier vive le roi, en jetant leurs chapeaux en l'air; en sorte que leurs officiers n'en étaient plus les maîtres, et se trouvèrent en péril d'être arrêtés ». Au jour fixé, la place fut livrée : Louis XIV y entra à la tête de son régiment des gardes, et ce siége peu meurtrier mit fin à la révolte en Bourgogne (1).

Jacques de Saulx avait obtenu son maintien comme bailli de Dijon, et des lettres d'abolition pour lui ainsi que pour ses compagnons : néanmoins il n'était pas de ceux qui s'étaient soumis sans arrière-pensée à Bellegarde. Il rejoignit d'abord à Paris les amis des princes, et tous ensemble, d'après les ordres de Mme de Condé, gagnèrent le Berry et le château fortifié de Montrond que M. le Prince y possédait. « En y allant, ils avaient tous changé leurs noms. Ce que voyant un volontaire de Bretagne nommé Launay-Liais, obscur et glorieux, attaché au sieur de Bussy, crut qu'il était d'un homme de qualité de changer son nom. Pendant qu'il en cherchait un autre que le sien, Tavanes qui le tourmentait toujours sur la vanité, le trouvant en cela fort ridicule : Hé! mordieu, lui dit-il, vous vous moquez de craindre que votre nom soit connu : si vous voulez prendre celui que j'ai pris, je m'appellerai Launay-Liais, et je suis assuré sous ce nom d'être plus caché que pas un de la compagnie. Cela fit rire tous les assistants, mais le volontaire faillit s'en désespérer (2) ».

---

(1) *Mémoires de Montglat*, Mlle *de Montpensier*, Mme *de Motteville*. — Appendice aux *Mémoires de Mathieu Molé* (Ed. de la Soc. de l'Hist. de France, t. IV, p. 384 et sq.) — Lenet donne dans ses Mémoires le texte de la capitulation.

(2) *Mémoires de Jacques*, p. 40. — Bussy a emprunté cette anecdote à Tavanes, et la raconte exactement dans les mêmes termes.

Jacques reçut bientôt une commission de lieutenant général; il commençait malgré tout à croire qu'il ne recueillerait pas de sa fidélité à M. le Prince tout le fruit qu'il en attendait. Placé à Montrond près de la princesse de Condé, il songea à se faire gouverneur de cette place. Au cas d'un accommodement entre Condé et Mazarin, il eût été ainsi en état de traiter pour lui-même; c'est du moins ce que lui fit entendre son conseiller ordinaire, le duc de Tresmes. Jacques parvint à obtenir de la princesse promesse de la charge qu'il convoitait. Lenet survint, et en rappelant, soit le peu de fermeté de Jacques à Bellegarde, soit ses relations suspectes avec la cour, il fit revenir sa maîtresse sur la parole donnée. On put craindre un moment un esclandre, une lutte armée ; car bon nombre de gentilshommes et de domestiques du château paraissaient prêts à soutenir Jacques. L'attitude résolue des officiers du régiment de Persan changea leurs dispositions, et notre héros se décida à quitter la place, en multipliant à la fois les plaintes et les protestations de fidélité. « Quand mon mari sera en liberté, lui dit Mme de Condé en le quittant, il jugera de tout cela (1). »

Nous le retrouvons à Paris au commencement de 1651, dans l'escorte de Condé sorti de prison. A son instigation, son jeune frère, le comte de Beaumont, sème l'agitation en Bourgogne parmi les jeunes gentilshommes, et les invite à solliciter du roi, sous le plus frivole prétexte, la permission de s'assembler en armes. Il est aussitôt enfermé au château de Dijon pour crime d'État, et

---

(1) Pour les détails de cette affaire, dont Jacques ne parle pas dans ses Mémoires, v. *Mémoires de Lenet*, 2e partie, p. 444-446.

ses complices sont décrétés de prise de corps (1). Le danger pour la cour n'est pas là; il est en Guyenne où Condé prépare la révolte armée. Jacques hésitait à se joindre à lui; il espérait un gouvernement qu'on ne lui donna pas. Au milieu de la foule des ambitieux et des égoïstes, on distinguait assez son dévouement pour dédaigner de le récompenser. Les déceptions qu'il avait éprouvées à Montrond se renouvelèrent plus d'une fois ; de là vient qu'en dehors des combats, où il ne s'épargna point, il jetait du côté de la cour un regard de regret et d'inquiétude; moitié par intérêt bien entendu, moitié par remords, il eût voulu être dans l'autre camp, où son beau-père le duc de Tresmes plaidait sa cause et l'appelait. Dès ce moment il fit demander au duc s'il n'était pas temps pour lui de se retirer : « Prenez garde, lui dit celui-ci, M. le Prince est homme à vous faire une querelle d'Allemand, afin d'avoir votre charge de lieutenant des gendarmes pour rien ; vous y avez fait de grandes dépenses, tâchez d'en retirer quelque chose. D'abord passez l'hiver chez vous ; à votre retour, vous chercherez à vous en défaire. » Tavanes demanda donc à se retirer sur ses terres ; il dut néanmoins attendre de quinze jours en quinze jours, jusqu'à ce que Condé le priât d'aller prendre le commandement de ses troupes en Picardie. Il reçut en même temps du roi la confirmation de son titre de lieutenant général ; il ne pouvait plus songer à se plaindre.

La mission qu'on lui confiait était des plus délicates; en face de M. d'Aumont, qui commandait au nom du roi,

---

(1) *Anecdotes de Maltes* e. p. 8-22.

il devait préparer les soldats à se ranger sous les ordres de
M. le Prince, quoiqu'il arrivât, et ne savait encore si son
maître s'accommoderait avec la cour ou recourrait aux
armes. Il campait à une demi-lieue de d'Aumont, se
bornant à prendre le mot d'ordre de lui, et sans jamais
souffrir que ses troupes se mélassent en aucune façon aux
troupes royales. Au bout de six semaines, pendant que
d'Aumont investissait Furnes, il apprit que Condé s'était
retiré en Guyenne, et qu'il devait lui-même se mettre en marche sur Stenay et rejoindre les Espagnols, mais seulement
le plus tard possible. Il commença aussitôt, poursuivi par
ses amis de la veille, cette retraite « l'une des plus belles
et des plus hardies, disent les Mémoires, dont on ait jamais entendu parler ». Il s'en attribue évidemment tout
le mérite; son compagnon d'armes Coligny-Saligny a
prétendu au contraire qu'à deux reprises, par l'opposition qu'il fit à Tavanes, il assura le salut des troupes
placées sous leurs ordres (1). Jacques du moins paya
bravement de sa personne dans une escarmouche au passage de la Meuse, et faillit être pris. Après avoir mis ses
troupes en sûreté en Flandre, il rentra en France où il
se prodigua, pendant la campagne de 1652, au service
d'un maître dont il n'avait pas encore éprouvé l'ingratitude.

Avec les ducs de Nemours et de Beaufort, il avait amené
du nord à Condé un gros contingent de forces françaises
et espagnoles, et à leur suite il s'était montré aux Pari-

---

(1) *Mémoires de Coligny-Saligny*, p. 36. — Bussy a copié littéralement
dans ses Mémoires le récit de Tavanes sur cette retraite, en ayant soin de retrancher les phrases où son ami avait pris plaisir à se glorifier.

iens comme un des restaurateurs de leurs libertés. Quand la campagne contre les royaux commença sur la Loire, on le vit au premier rang. A Bléneau, il se distingua à la tête de la cavalerie de l'aile droite, et lorsque Condé eut jugé utile aux intérêts de sa cause de gagner Paris, Tavanes demeura chargé, avec Clinchant, du commandement des troupes. Il fit décider qu'on gagnerait Étampes, où l'on devait trouver de grands approvisionnements (1). Dans la nuit du 23 avril, les frondeurs y entrèrent comme en ville prise; et leur chef parvint à grand'peine, sur les prières de la duchesse de Châtillon, à faire cesser le pillage. A peine y étaient-ils installés, que survint un de ces incidents, à la fois sanglants et burlesques, dont fourmillent les annales de la Fronde. La grande Mademoiselle, arrivant à Étampes, eut la fantaisie de passer, accompagnée de ses « maréchales de camp », la revue de l'armée. En dépit des représentations de Tavanes, on se prêta à ce caprice; soudain les troupes royales apparurent, et firent du champ de manœuvres un champ de bataille. Quinze cents hommes de l'armée des princes furent taillés en pièces aux portes de la ville.

(1) V. Sur cet épisode *La prise d'Etampes*, poëme latin par Pierre Baron, maire de la ville en 1652, publié en 1869 avec des notes curieuses par Paul Pinson. L'auteur décrit les maux dont Etampes eut à souffrir; une seule fois, il met en scène notre héros :

> Asperior miles, præfectus et ipse Tavannus
> Sævior exsultat, viresque animosque resumit,
> Excubat exercetque vices, quod cuique tuendum
> Imperat, atque audax nova propugnacula condit,
> Et nimis extensam præcidere cogitat urbem,
> Mœnia præruptis firmatque labantia vallis, etc.

Cf. *Antiquitez de la ville d'Estampes*, par Basile Fleureau, Paris, 1683, in-4°.

Jacques fut bientôt assiégé dans Étampes ; pour son malheur, ce siége, malgré les démonstrations qui furent faites de part et d'autre, ne fut pas plus sérieux que celui de Bellegarde. Il ne faut point prendre à la lettre l'éloge de Retz : « Le comte de Tavanes.... fit l'une des plus belles et des plus vigoureuses résistances qui se soient faites de nos jours. » Il avait incendié les faubourgs au premier bruit qu'il eut de l'arrivée de Turenne ; une fois les armées en présence, tout se borna à une canonnade plus bruyante que meurtrière. Un jour le roi, voulant passer d'un quartier à un autre, pria Jacques par un parlementaire de cesser un moment le feu. Il était d'usage, paraît-il, qu'on respectât comme neutre la personne royale, et les Espagnols eux-mêmes n'avaient pas manqué à ce devoir pendant les siéges de Hesdin et de Perpignan. Le jeune Louis XIV n'en essuya pas moins, un moment après, quelques volées de canon des assiégés. D'après Montglat, Jacques aurait voulu par ce coup d'audace compromettre jusqu'au bout ses soldats, de façon qu'ils ne fussent pas tentés, comme à Bellegarde, de se soumettre à la vue du roi. Devinant ce qu'on lui voulait, il aurait envoyé à sa place aux avant-postes, pour mieux arriver à ses fins, un Allemand parfaitement ignorant du français, de telle sorte que le parlementaire royal n'aurait pu remplir sa mission. L'auteur des *Mémoires* se tait naturellement sur ce dernier incident, et présente une toute autre version des faits. Selon lui, il n'y avait pas dans la place une seule pièce de canon ; un coup de fauconneau a été tiré par hasard, pendant que Tavanes était bien loin de là. Est-ce un motif suffisant pour condamner à la retraite, comme on l'a fait, un capitaine auquel Mazarin lui-même a rendu hommage, et qui eût certainement renouvelé les exploits de son bisaïeul, le vainqueur de Moncontour? Il n'eût pas dû oublier pourtant ce qu'on avait dit de Mademoiselle, le jour où de la Bastille elle commanda le feu contre les troupes royales : « Ce canon-là vient de tuer son mari. » Louis XIV pouvait pardonner une révolte contre son autorité; mais pointer un canon contre sa personne lui semblait, ou peu s'en faut, un sacrilége doublé d'une lâcheté. Aussi la carrière militaire de Tavanes était-elle déjà près d'être achevée (1).

L'arrivée du duc de Lorraine Charles IV et de ses bandes mercenaires accourues de Flandre au secours du parti fit lever à Turenne le siége d'Étampes. Ce grand capitaine, secondé du reste par l'inaction inattendue des Lorrains, manœuvra assez habilement pour empêcher Tavanes de donner la main à ses auxiliaires. Le défenseur d'Étampes ne put que rejoindre sous Saint-Cloud le gros des frondeurs.

Nous ne suivrons pas dans le détail les opérations des deux armées jusqu'à cette journée du faubourg Saint-Antoine où la noblesse française versa si généreusement son sang autour de Condé. Posté devant l'une des trois avenues du faubourg, au carrefour de la Croix de Picpus, Tavanes y donna, disent les relations du temps, des preuves de la dernière valeur, et résista longtemps aux che-

---

(1) *Mémoires*, p. 140-143. — Cf. la curieuse et rare Mazarinade intitulée *Lettre de M. le comte de Tavanes à Mgr le duc d'Orléans sur la trahison des Allemands découverte par les habitants.... Le 27ᵉ jour de mai 1652.*

vau-légers du roi, défendant pied à pied ses barricades, et quand elles furent emportées, abritant par de larges brèches faites aux maisons ses troupes de cheval contre une canonnade furieuse, tenant enfin, au milieu d'une mêlée corps à corps, à chaque étage et dans chaque chambre (1). Condé, par une charge désespérée à la tête de la réserve, seconda son énergie ; ils détruisirent presque à eux deux le corps qui leur était opposé.

Jacques rentra un des derniers dans Paris, sous la protection de l'artillerie de la Bastille. Demeuré seul sain et sauf parmi les capitaines frondeurs, morts ou mortellement blessés, il fut investi, en l'absence de M. le Prince, du commandement général. Il ne s'en plaignit que plus vivement, à l'exemple de Gaspard de Saulx, de ne pas être suffisamment récompensé de ses services. Une réunion se tint au Palais-Royal, où ses compagnons d'armes, à la veille de la ruine du parti, se distribuèrent entre eux, sans l'appeler à cette curée, les gouvernements et les charges. Le triste duel où le duc de Beaufort tua son beau-frère le duc de Nemours, la scène scandaleuse où Condé souffleta le comte de Rieux, la défection du duc d'Orléans, tous ces incidents lui donnaient à penser. D'autre part, son beau-père, attentif à lui ménager son pardon auprès du roi, l'exhortait à saisir le premier motif venu pour se détacher. Sa tante, Mme de Tigery, veuve d'un intendant de Marie de Médicis, le menaçait de le déshériter s'il ne rentrait dans le devoir. Les hauteurs, la susceptibilité de Condé devaient rendre à Jacques la chose facile.

(1) Le cardinal de Retz dit même qu'il fut blessé, détail qui n'est confirmé par aucun autre contemporain.

A la fin d'une entrevue avec son maître, il se hasarda à dire, comme par plaisanterie : « Votre Altesse peut s'assurer d'être bien servie, puisqu'elle dispose des charges et emplois de la couronne. » M. le Prince, qui ne l'avait entendu qu'à demi, demanda comme en riant : « Que dit donc ce fou de Tavanes? » Le comte, sur ce mot de fou, se retournant vers le prince : « Mes folies ne doivent pas être inconnues à Votre Altesse, lui dit-il, puisque je n'en ai jamais fait que pour elle, mais je n'en veux plus faire. » Condé ne jugea pas à propos de relever ces mots; car celui qu'on appelait son bras droit lui était plus utile que jamais (1).

Sur ces entrefaites, l'armée royale aux ordres de Turenne, menacée d'être prise entre les frondeurs et leur allié le duc de Lorraine, parvint à se dérober par une marche soudaine et hardie. Jacques ne sut-il pas ou ne voulut-il pas la prévoir? Y eut-il impéritie de sa part, négligence ou trahison volontaire envers un parti auquel il n'appartenait plus que de nom? Excellent officier sous un habile capitaine, plein de vigueur et d'entrain au feu, n'était-il pas au-dessous de sa tâche à la

---

(1) *Mémoires*, p. 195-196. — Mlle de Montpensier rapporte un autre fait, qui montre combien de querelles mesquines agitaient le camp des princes : « J'eus un petit démêlé avec M. le Prince, pour M. le comte de Holac, sur ce que Tavanes avait fait mettre un officier de son régiment en arrêt.... Après j'envoyai quérir Holac qui était enragé et qui attribuait cela à un mépris que l'on avait pour lui, et les Allemands sont fort glorieux : de sorte que j'avais quasi autant de peine avec lui qu'avec M. le Prince... Tavanes ne put venir... de sorte que je fis l'accommodement le lendemain.... Je fus fort fâchée de cette rencontre : Tavanes est mon parent et de mes amis, et j'étais obligée d'être contre lui.... Ils furent encore quelque temps sans se parler, et même Holac, qui était maréchal de camp, quand il était de jour et que Tavanes était au quartier, envoyait prendre l'ordre par un autre. »

tête d'une armée? Il croit s'excuser dans ses Mémoires en avouant qu'il a été prévenu trop tard des mouvements de son adversaire. Aussi Condé fut-il impitoyable à son endroit : « Il faudrait, dit-il, donner des brides à Tavanes et à Valon ; ce sont des ânes. » On fit ce qu'on put pour donner le change au vulgaire du parti ; on parla du décampement de Turenne comme d'une honteuse défaite, et on publia même que Tavanes avait été nommé à cette occasion maréchal de France (1). Il n'en était rien ; au contraire Condé peu après, retiré avec les débris de ses troupes en Champagne, songea à enlever le commandement général au fidèle serviteur qui l'avait suivi dans cette aventure, pour le transférer au prince de Tarente : « Que veut donc Votre Altesse, s'écria Jacques, que je fasse désormais auprès d'elle ? L'honneur me permet-il de servir sous un autre dans votre armée, après l'avoir toute commandée depuis tant de temps ? » Condé repartit non sans embarras qu'il n'avait pas d'autre moyen de témoigner sa reconnaissance au prince de Tarente, et que Tavanes devait être assez de ses amis pour accepter cette situation ; et il lui proposa en terminant de partager le commandement avec ce personnage. Sur un refus facile à concevoir, il rompit brusquement et avec humeur l'entretien. Cependant, lorsque Jacques vint prendre congé de lui, il laissa percer un regret sous ses reproches : « Allez donc, lui dit-il, et donnez au Mazarin la joie de m'avoir arraché mon bras droit pour l'em-

---

(1) *Journal contenant ce qui se passe de plus remarquable dans le royaume, pendant cette guerre civile, à Paris, le 23 août 1652.* — Paris, 1652, in-4°.

ployer contre moi-même. » Jacques répondit en protestant qu'il ne voulait ni paraître à la cour, ni y exercer aucun emploi, tant que Condé n'y serait pas rentré lui-même (1).

Ici, en effet, s'arrête sa carrière militaire. Il eut le bonheur ou le courage (on eût dû lui en savoir gré plus tard) de quitter Condé au moment où, d'ennemi de son roi, celui-ci devenait transfuge et traître à sa patrie. A la fin de 1652, il rentre sur ses terres de Bourgogne, où il vivra encore plus de trente ans dans la retraite. Toutefois, son humeur batailleuse ne s'apaisa que peu à peu, et comme son grand-oncle Jean, après la Ligue, frustré comme lui d'un bâton de maréchal qu'il avait peut-être un moment porté, il ne demeura point jusqu'à la fin de la Fronde à l'abri des tentations. Il crut en 1654, alors que la paix se rétablissait partout, l'occasion favorable pour obliger ses maîtres à compter avec lui; il se saisit à main armée de certains châteaux de Bourgogne situés sur la frontière comtoise; une simple démonstration du duc d'Épernon, gouverneur de la province, l'obligea à se soumettre (2).

On conçoit dès lors qu'il ait vécu dans ses terres,

---

(1) *Mémoires*, p. 219. — Comme lui, le maréchal de Tavanes, même dans la jeunesse, supportait impatiemment un égal. Selon Brantôme (t. V, p. 150), lorsqu'il était en Piémont sous les ordres de Brissac, il « ne se pouvait accorder avec lui, tant il lui portait d'envie et de jalousie, bien qu'il fût fort vieil et pratique capitaine, et l'autre jeune, brave, vaillant et entreprenant ».

Le comte de Coligny-Saligny, dans ses Mémoires (p. 66-68), raconte une scène semblable qu'il eut avec Condé, à la suite de laquelle il quitta son service : « Dès qu'il a obligation à un homme, dit-il ailleurs de Condé, la première chose qu'il fait est de chercher en lui quelque reproche par lequel il puisse en quelque façon se sauver de la reconnaissance. »

(2) *Gazette de France* du 22 août 1654.

relégué comme un suspect et un brouillon incorrigible, rongeant son frein, et pour tromper ses penchants belliqueux, se battant volontiers en duel et plaidant à outrance. Bussy lui supposait plaisamment des procès dans tous les parlements du royaume (1). Il en perdit un entre autres contre un petit-fils de Guillaume de Saulx, son cousin Jean du Mayet, pour la succession du vicomte Jean, dont la lignée s'était éteinte à la seconde génération. Quant aux duels, il en eut de célèbres ; on n'était pas scrupuleux à cet égard au milieu du monde où il vivait (2). En 1663 il se fit enfermer au Fort-l'Évêque après un combat singulier avec le comte de Plancy, qui l'avait provoqué sans le connaître, et qui devint un de ses meilleurs amis (3). Sa rencontre avec le marquis de Quintin resta célèbre dans les fastes du duel; on la racontait encore quatre-vingts ans après à la cour de Louis XV, en l'embellissant de détails romanesques (4). Elle occupe les dernières pages des Mémoires, comme si elle était le couronnement de la carrière militaire du héros :

« Aussitôt que Tavanes eut pris congé de Son Al« tesse, il dépêcha un gentilhomme au marquis de « Quintin, parent de M. de Turenne, pour l'avertir

---

(1) Lettre du 28 décembre 1680.

(2) « Messieurs de Tavanes et d'Aumont... se sont battus en Bourgogne, et M. d'Aumont a désarmé Tavanes ; et de crainte qu'ils retournassent au combat, M. d'Enghien leur a donné des gardes. » *Mémoires de Mathieu Molé* (éd. de la Société de l'Hist. de France, t. II, p. 466).

(3) *Correspondance du président Brulart*, publiée par de La Cuisine, t. I, p. 279-281.

(4) *Mémoires de Luynes*, t. VI, p. 358-359. M. de Quintin y est donné comme le beau-fils de Jacques, et son rival auprès de Mme de Romécourt.

« qu'il n'était plus dans le commandement, et qu'il
« était prêt à le satisfaire... Le marquis reçut cet avis
« avec de grands témoignages de joie ; et, ayant marqué
« à ce gentilhomme le jour, l'heure et le lieu où il
« irait l'attendre sur la route, il l'assura qu'il s'y trou-
« verait seul, et le pria de dire au comte d'en user de
« même, afin de ne point embarrasser leurs amis dans
« leur querelle. Tavanes, sur cette réponse, partit avec
« un gentilhomme et un valet de chambre, avant ses
« gens et son équipage ; et, étant à une lieue, il donna
« ordre au gentilhomme d'y attendre son train, et mena
« avec lui son valet de chambre jusqu'au rendez-vous,
« où, ayant aperçu le marquis d'assez loin, il mit pied
« à terre et aussitôt alla droit à lui l'épée à la main.
« Le marquis le vint recevoir de bonne grâce, et en
« deux ou trois coups que Tavanes lui allongea, il le
« blessa d'un coup mortel à la mamelle droite ; et
« comme il commençait à chanceler en combattant, il
« s'écria tout d'un coup : « Prenez garde, Tavanes, mes
« gens viennent fondre sur vous, » et tomba presque en
« même temps. Le comte regardant derrière lui dans le
« moment qu'un de ses gens accourait l'épée tendue
« pour le percer, lui donna un revers du tranchant de la
« sienne au travers du visage, le renversa par terre et en
« fit fuir deux autres qui venaient avec lui. Tavanes étant
« aussitôt remonté à cheval, envoya son valet de cham-
« bre après eux leur dire de venir prendre soin de leur
« maître, et alla rejoindre ses gens sur le chemin (1)... »

(1) *Mémoires*, p. 220-222.

Ces triomphes de duelliste ne donnaient à son amour-propre que des satisfactions dérisoires, et ne le consolaient guère de la perte de ses illusions et de ses espérances. Tandis que ses complices de la Fronde, — et parmi eux il y a un Vauban, un Luxembourg, — ont reçu leur pardon, et fait oublier un moment d'erreur par de glorieux services; tandis que Condé lui-même commande les armées royales, il n'est jamais employé, malgré ses demandes réitérées. Vainement il se fait dire non-seulement le serviteur du roi, mais l'homme de Mazarin, pour obtenir de ce dernier le gouvernement d'Auxonne; il reste, aux yeux de Louis XIV, sous le poids de l'attentat d'Etampes (1). Une seule fois, en 1674, il reçoit l'ordre exprès de se rendre avec l'arrière-ban sur la Meuse, sous les ordres du marquis de Rochefort; pour ne pas servir sous autrui, il refuse d'obéir à cet appel, et il est obligé de se démettre de sa charge de bailli de Dijon en faveur de son fils (2). Du moins celui-ci avait-il la permission de servir le roi, et aux côtés même de l'ancien ami de son père. Il était au fameux passage du Rhin et conquérait trois drapeaux à Senef. Deux de ses frères moururent de la mort du soldat, au siége de Candie et à Cassel.

Leur père, atteint prématurément de la goutte, se résigna à vieillir dans ses magnifiques résidences du Pailly et de Sully; là il recevait un certain nombre de voisins, de parents et d'amis, et entre tous le compagnon de ses

---

(1) *Correspondance du président Brulart*, t. I, p. 124.
(2) *Archives de la Côte-d'Or*, B, 11721. — *Mémoires mss. de Philibert de La Mare*, t. I, part. II, p. 99.

exploits et de ses folies d'autrefois, le comte de Bussy, provincial et disgracié comme lui. Ce dernier, dans une lettre à Mme de Sévigné, a tracé un crayon de leur vie de château, de leurs relations et de leurs distractions : « Nous fîmes la partie, écrit-il, de nous trouver le 29 août chez Tavanes, à Sully, et nous en revînmes le 31. Outre le premier président (Brulart) et sa femme, M. et Mme du Houssay, il y avait encore l'évêque de Langres, Mme de Chamilly, le commandeur Brulart, M. d'Epinac, M. et Mme de Toulongeon et l'abbé Bonneau ; ma fille et moi couchâmes à Épinac, qui n'est qu'à une demi-lieue de Sully. Il arriva là une chose qu'on n'a peut-être jamais vue dans la maison d'un gentilhomme ; nous entrâmes dans la cour de Sully, qui est la plus belle cour de château de France, sept carrosses à six chevaux chacun, à la suite les uns des autres, et nous étions cinq qui n'avions pas mené les nôtres.... Nous ne nous séparâmes point que nous n'eussions fait une autre partie, qui est de nous trouver à Laborde, chez le premier président, au commencement d'octobre prochain (1)... »

Un autre habitué de ces réunions était l'évêque d'Autun, Gabriel de Roquette, le soi-disant modèle du *Tartuffe*. On raconte qu'un jour la comtesse de Tavanes étant avertie de sa visite à un moment où elle avait lieu de se plaindre de lui, vint à sa rencontre, et dès qu'elle le vit : « Monseigneur, lui dit-elle malicieusement, j'ai prié plusieurs belles dames de se trouver ici, et nous aurons avec cela des violons. J'ai cru que le tout

(1) Lettre du 2 septembre 1678. — Éd. Lalanne, t. IV, p. 78.

serait de votre goût. » — « Madame, repartit l'évêque, je suis bien heureux qu'on ne me propose rien de pis (1). »

Jacques avait gardé ses entrées à la cour, où il ne parut que rarement, comme s'il eût craint d'y passer pour un revenant importun. Il venait néanmoins à Paris chaque hiver; il y avait conservé des amis, et Bussy nous le montre accueilli chez le premier président de Lamoignon, dans cette campagne de Bâville visitée et chantée par Boileau (2). Il aimait à envoyer en quelques lignes, sans aucune préoccupation de bel esprit, les nouvelles du jour au châtelain de Chaseu. Il suffit de les lire pour s'assurer que leur auteur n'a point pris la peine d'écrire lui-même ses Mémoires. Ce sont de laconiques bulletins plutôt que des lettres; à peine si l'on entend çà et là une plainte, aussitôt étouffée, de courtisan disgracié : « Tout le monde se prépare à le suivre (le roi) dans son voyage; vous croyez bien que je ne suis pas de ceux-là. » Et Bussy répond : « Dans le malheur où nous sommes, vous et moi, de n'avoir ni les honneurs que nous devrions avoir, ni même les espérances, nous avons du moins le repos que les courtisans n'ont pas (3). »

Un jour, pendant l'hiver de 1683, Bussy reçut d'une main étrangère une nouvelle inattendue, douloureuse entre toutes, celle de la mort de son ami, et au lieu de

---

(1) *Souvenirs de Jean Bouhier*, recueillis par L. Larchey, p. 23.

(2) Lettre de Bussy à Mme de Montjeu, 2 mai 1680. — Éd. Lalanne, t. V, p. 110.

(3) Lettres des 5 et 7 mars 1679. — Éd. Lalanne, t. IV, p, 318.

souhaits de bonne année, ce fut une oraison funèbre qu'il envoya au président Brulart le 1ᵉʳ janvier 1684 : « Je viens d'apprendre la mort de notre pauvre ami Tavanes. Ce n'est pas pour me consoler que je me donne l'honneur de vous écrire, c'est pour m'en affliger avec vous. J'y perds un frère d'armes et le meilleur ami que j'eusse au monde. Dieu lui donne sa paix, et à vous et à moi la crainte; car enfin ses jugements sont terribles. »

CHAPITRE SEPTIÈME

LA COUR DE LOUIS XV
HENRI-CHARLES ET NICOLAS DE SAULX (1)

(1687-1761)

I.

Les Saulx-Tavanes à la cour. — Une sœur du chancelier Daguesseau ; sa légende. — Henri-Charles de Saulx, commandant en chef en Bourgogne (1687-1761). — Ses querelles avec le Parlement, le président de Brosses. — Une mercuriale inédite de Daguesseau. — Relations d'Henri-Charles avec la cour. — Son fils et son petit-fils à Versailles. — Le premier duc de Saulx (1786).

Le dix-septième siècle est une période critique dans l'histoire de la noblesse française ; il marque le terme de son existence politique ; il la réduit à chercher dans les almanachs de cour et dans le *Mercure de France* ses

---

(1) Sources principales :
Manuscrits.
1º Les Papiers de Saulx (Archives de la Côte-d'Or) offrent ici une source abondante.
2º Registres du Parlement de Bourgogne (Bibl. de Dijon).
3º Archives du département de la Seine-Inférieure.
Imprimés.
1º *Mémoires de Dangeau, Luynes, d'Argenson*, etc., passim.
2º Foisset, *le Président de Brosses.*
3º L. Fallue, *Histoire de l'Église de Rouen.* — *Semaine religieuse du diocèse de Rouen*, oct. 1868.

titres d'honneur. Parmi ses membres, les plus heureux sont ceux qui se tiennent à portée du regard et du sourire du roi : les plus dignes d'éloge sont ceux qui ont conquis au prix de leur sang, sur la frontière, la croix de Saint-Louis ou une mention dans la *Gazette*. Comment écriraient-ils leurs mémoires? Saint-Simon est une exception admirable, mais unique; et encore est-il plus le peintre de ses contemporains que le chroniqueur de sa maison. Dangeau et de Luynes s'oublient tout à fait pour s'anéantir devant le soleil royal; et combien d'autres qui ne savent même plus tenir une plume et qui perdent leur temps et leur vie dans des débats d'étiquette ou de misérables intrigues! Les dates mémorables de leur vie sont celles des présentations au roi, et non plus celles des batailles gagnées. Ce monde ennuyé, hautain et gourmé ne connaît plus l'attitude chevaleresque et la désinvolture cavalière des héros de la Fronde. Les nouvelles races comme les anciennes dégénèrent, les courtisans succèdent aux patriciens, et les Saulx-Tavanes n'échappent pas à la loi commune. La décadence les atteint promptement, au sortir de ces époques agitées où leur nom a si souvent retenti. A Versailles, ils comptent, mais dans le vulgaire des courtisans. En Bourgogne, leur situation est grande encore, et si médiocre que nous apparaisse dans son gouvernement Henri-Charles de Saulx, on voit du moins qu'il cherche, avec plus de prétention que de bonheur, à ne pas être écrasé sous le poids de son nom.

Le fils aîné de Jacques le frondeur fut moins malheureux que son père auprès de Louis XIV; il devint même lieutenant général en Bourgogne. Il avait épousé Marie-Catherine Daguesseau, sœur du chancelier, un peu malgré son père, que l'idée d'une alliance avec une famille de robe et d'intendance effarouchait un peu (1). Ce mariage n'en devait pas moins servir, mieux que les plus sérieux services, la fortune de sa maison. Quant à Mlle Daguesseau, elle « avait toujours passé, disent les *Souvenirs de Mme de Créqui*, pour une personne étrange. Elle avait des habitudes farouches, des passe-temps occultes et des allures ténébreuses; aucune liaison suspecte à la vérité, mais nulle amitié connue, et pas plus de relations avec ses propres parents qu'avec la famille de son mari... »

Et Mme de Créqui continue par ce singulier récit, que nous reproduisons sous toutes réserves :

« Elle habitait presque toujours un vieux et sombre château nommé Lux......; elle disparaissait quelquefois de chez elle à l'insu de toute sa maison, sans que personne l'eût vue sortir, et sans qu'on pût s'imaginer ce qu'elle était devenue. Ensuite on entendait sonner de sa chambre au bout de sept à huit jours d'absence et de profond silence, on la retrouvait dans son appartement comme si de rien n'était, et toujours avec les mêmes habits dont elle était vêtue le jour de sa disparition.....

« La comtesse de Saulx se retire dans sa chambre un samedi soir; elle envoie coucher ses femmes en leur disant qu'elle ne veut pas se déshabiller encore et qu'elle y pourvoira toute seule. On l'entend fermer aux ver-

---

(1) Lettre de Jacques de Saulx à Bussy, 29 janvier 1683.

roux la porte de sa chambre, et ses deux filles en causèrent en s'en allant, parce que leur maîtresse ne lisait et n'écrivait presque jamais, et surtout parce qu'il ne se trouvait dans sa chambre à coucher aucun livre, ni rien de ce qu'il aurait fallu pour écrire. — Madame ne pourra jamais se délacer de son corps piqué, et comprenez-vous ce que Madame va faire toute seule enfermée dans sa vieille tour? Dieu le sait et Dieu veuille!...

« Il est bon de vous dire que c'était une tourelle du château qui formait les parois de cette chambre. Elle était éclairée par une seule croisée garnie de barreaux très-solides et très-serrés. La cheminée, suivant l'ancien usage, était barrée dans le tuyau par une double croix en fer. Cette même chambre était sans cabinets, sans issue et sans aucune autre ouverture que la fenêtre grillée, la cheminée barrée, et la porte d'entrée dont cette étrange personne avait eu soin de pousser les verroux. Enfin ladite chambre était précédée par une grande pièce où couchait une vieille demoiselle Daguesseau, que sa nièce avait recueillie chez elle, parce que c'était une espèce d'idiote, et peut-être aussi parce qu'elle pouvait payer une forte pension. Voilà l'état des lieux, et voici l'état des faits.

« On était entré le lendemain, comme à l'ordinaire, à sept heures du matin, dans cette grande pièce qui servait de passage ou d'antichambre et où l'on faisait coucher Mlle Daguesseau. On l'avait trouvée sans connaissance, étendue sur le parquet, en camisole de lit, coiffée de nuit, avec les jambes nues, et tenant fortement serré dans sa main droite un cordon de sonnette qu'elle avait arraché. Tout ce qu'on put tirer d'elle, après qu'elle eut repris ses sens, mais non son bon sens, qui ne lui revint jamais, c'est qu'elle avait eu grand'peur! et qu'elle ne pouvait se rappeler nulle autre chose. On commença par gratter poliment, ensuite on frappa rudement et longtemps à la porte de sa nièce qui n'avait garde de répondre. On envoya chercher le curé, le bailli seigneurial et tous les notables du pays qui s'encouragèrent et finirent par se décider à enfoncer la porte; mais ce fut après avoir constaté juridiquement que ladite porte était verrouillée à l'intérieur, tandis que sa clé se trouvait dans la serrure en dehors de la chambre et du même côté que les signataires du procès-verbal.

« On n'a jamais revu la comtesse de Saulx. Rien n'était dérangé dans son appartement, où son lit n'avait pas même été défait. Deux bougies, que ses femmes avaient apportées la veille et qu'elles avaient placées sur une petite table près d'un grand fauteuil, avaient été soufflées au milieu de la nuit, car on calcula qu'elles n'avaient pas dû brûler pendant plus de deux heures et demie. Une de ses pantoufles que j'ai vue chez son fils (c'était une mule de velours vert à talon rouge) était restée sur le parquet à côté de ce même fauteuil, et c'est tout ce qu'on a jamais retrouvé d'elle.

« On savait que son fils, le cardinal de Tavanes, était accouru sur les lieux pour y diriger une information judiciaire; mais on croyait savoir que le procureur-général de Bourgogne avait parlé de manière à lui faire comprendre que l'honneur de sa maison pouvait s'en trouver compromis, et toujours est-il que le cardinal abandonna subitement son projet d'enquête, et qu'il s'en retourna précipitamment dans son diocèse de Châlons. Les uns parlaient de sortiléges et d'affinités suspectes avec les bohémiens; les uns parlaient du diacre Pâris ou du chevalier de Folard, et les autres discouraient sur le vampirisme, ce qui du reste n'aurait jamais expliqué comment une grande femme de cinq pieds quatre pouces aurait pu s'évaporer sans qu'il en restât rien ! Tout le monde en parlait, et l'on en parla pendant longtemps, par la bonne raison qu'on ne savait qu'en dire. Le chancelier Daguesseau m'a dit cent fois qu'il n'en savait pas plus que nous, et que c'était une chose incompréhensible... (1) »

Des trois fils de cette mystérieuse dame, deux firent certaine figure, soit à Dijon, soit à Versailles, l'un comme commandant en chef en Bourgogne, l'autre comme archevêque de Rouen et comme aumônier de la reine. Neveux du chancelier de France, ils se trouvèrent tout portés dès leur jeunesse aux honneurs de l'État ou de l'Église.

L'aîné servit honorablement dans les dernières guerres du règne de Louis XIV, fit bravement son devoir à Hochstædt, à Oudenarde où il fut blessé, à Malplaquet; puis, à l'exemple de son père, dans son mariage avec Anne Amelot rechercha surtout de solides avantages. C'était, sans parler d'une fortune considérable, l'espérance de la grandesse d'Espagne, à l'aide de laquelle Amelot, ancien ambassadeur à Madrid, devait faire oublier aisément son nom. Quant à son gendre, il recueillit à

---

(1) *Souvenirs de la marquise de Créqui*, t. I, p. 186-187. — La *Gazette de France* du 29 janvier 1729 annonce la mort de la comtesse de Tavanes comme ayant eu lieu à Paris quatre jours auparavant.

trente-cinq ans la lieutenance générale de Bourgogne comme un héritage qui lui était dû.

Dès 1721, il vint à Dijon avec la mission délicate d'y présider les États, en l'absence du gouverneur, M. le Duc; il sut, ce qui était le comble de l'art, satisfaire la cour et ménager la province; il n'y eut qu'une voix sur sa magnificence, son habileté et son esprit de conciliation (1). Il revint en 1727, à titre définitif. Les compliments et les protestations de dévouement ne lui firent pas défaut à son arrivée; on saluait en lui le descendant du maréchal de Tavanes et surtout le neveu du chancelier; et ce fut le Parlement qui célébra le plus haut cette concorde entre les armes et la toge. Il devait pourtant s'engager un jour avec l'héritier des Saulx dans une des querelles de préséance les plus longues du dix-huitième siècle. Dieu sait pourtant combien sont alors fréquents les incidents de ce genre! Ils tiennent autant de place dans la correspondance administrative d'Henri-Charles que les prêches et les rébellions huguenotes dans celle de Gaspard.

Le commandant en chef était un homme tout d'extérieur, sans cesse occupé des questions d'étiquette et de l'honneur du pas dans les cérémonies publiques, et n'entendant pas raillerie sur ses moindres prérogatives. C'était

---

(1) *Journal historique sur les matières du temps* (de Verdun), août et novembre 1721. Ce journal cite une chanson composée en l'honneur d'Henri-Charles par un poëte du crû; en voici un couplet :

> A balancer les intérêts
> Du monarque et de ses sujets
> Que de grâces en sa personne!
> Il sait au besoin pour l'État
> L'art d'agir aux champs de Bellone
> Et l'art de parler au sénat.

l'esprit du temps; aussi se croyait-il simplement exact à remplir son office, et protestait-il de ses sentiments de modestie et de conciliation, ce qui lui permettait de confondre les priviléges de sa place avec les intérêts du roi : « Je ne suis pas, disait-il, le maître des honneurs qui doivent m'être rendus, je n'en suis que le dépositaire. » Et tout en se déclarant ennemi de la vaine ostentation, toujours porté à prévenir les vaines querelles, il perdait son temps et ce qu'il avait d'esprit à conquérir ou à défendre un rang, une marque quelconque de déférence envers sa personne.

C'est là un des traits saillants du dix-huitième siècle provincial : on se dispute le pas, non point l'épée à la main et en champ-clos, comme l'eussent fait les gentilshommes d'autrefois; l'encre coule au lieu de sang. Que de subtilités soulevées pour des affaires qui n'ont par elles-mêmes rien que de frivole! Que d'érudition on dépense pour rechercher les précédents (1)! Saint-Simon est tout feu pour raconter de semblables querelles. A Dijon, c'est le premier président du Parlement qui prend feu, parce qu'une députation insolite a été envoyée à son collègue de la Chambre des comptes; un autre jour, c'est le doyen de la Sainte-Chapelle qui réclame la préséance sur les doyens des cathédrales; c'est la milice bourgeoise et la milice proprement dite qui se disputent le pas, sans toutefois en venir aux mains. Toute une ju-

---

(1) Hénault, dans son *Abrégé chronologique de l'Histoire de France*, publié en 1744, juge à propos d'insérer des faits comme ceux-ci : 1607. Le duc d'Épernon entre en carrosse au Louvre sous prétexte d'incommodité. — 1669. On accorde à M. de Guise la permission d'avoir un carreau à la messe du roi, comme son père l'avait eu.

risprudence puérile se crée; et quand Henri-Charles n'a pas l'occasion de l'appliquer, il trouve aisément de nouveaux cas à soulever ou à résoudre. Les matières à débat sont inépuisables! Telle personne ne s'est pas servie de telle formule en lui parlant, tel corps ne lui a pas envoyé une députation assez nombreuse, ou bien n'a pas placé de carreau sous ses genoux à telle cérémonie. Il est presque aussi important pour lui d'obtenir de semblables prérogatives que d'arracher aux États, par acclamation, les sommes demandées par le roi.

Dès 1729, il était en querelle avec le vicomte-mayeur de Dijon qui ne voulait pas lui donner du *Monseigneur*, et qui d'autre part n'osant l'appeler Monsieur, trouvait toujours moyen d'être absent dans les circonstances embarrassantes (1). Cela prête à rire; et pourtant, en y réfléchissant, on s'aperçoit que sous ces querelles frivoles des intérêts plus graves étaient en jeu, ceux des libertés publiques et provinciales qu'on poursuivait jusque dans leurs derniers retranchements et leurs manifestations les plus innocentes. Le pouvoir royal, après les avoir réduites, par ses gouverneurs et ses intendants, à n'être plus qu'un vain mot, s'attaquait aux mots eux-mêmes; et quand le Parlement ou toute autre corporation luttait pour telle ou telle formalité d'étiquette, il défendait en elle quelque image de ses priviléges détruits pièce à pièce et de sa grandeur passée. C'est là seulement ce qui donne une valeur historique aux exploits d'Henri-Charles de Saulx contre le vicomte-mayeur ou le Parlement de Dijon.

---

(1) Registres de la Chambre de Ville, 25 juin 1729.

Le grand événement de sa vie fut sa querelle avec le Parlement, à propos de son titre inusité de *commandant en chef*, et des honneurs que ce titre devait lui conférer. Elle dura au moins quatre ans, sans cesse ravivée par des incidents inattendus.

M. le duc de Bourbon, gouverneur de la province, étant mort en 1740, son lieutenant général Tavanes crut nécessaire de demander, sous la forme d'un nouveau brevet, une confirmation de ses fonctions. Celui qu'on lui accorda portait qu'à l'avenir, sous le gouvernement de M. de Saint-Aignan, il commanderait *en chef*. Aussitôt l'enregistrement opéré, le Parlement devait lui envoyer une députation. A ce sujet, une grave question fut soulevée parmi les magistrats. La députation serait-elle de cinq personnes comme en 1611 pour M. de Bellegarde, ou de dix comme en 1651 pour M. d'Épernon? Henri-Charles, armé de sa qualification nouvelle, tenait pour le second parti, et la cour, à son grand regret, dut intervenir. Rien ne déplaisait plus au pacifique cardinal de Fleury que ces tempêtes dans un verre d'eau, dont le bruit arrivait jusqu'à lui. Comment donner tort au représentant de Sa Majesté, si la justice l'exigeait? Ici ce ut l'oncle même du plaignant, le chancelier, qui fit entendre le *quos ego* royal. Sa lettre, que nous citons presque en entier, est comme une mercuriale privée et inédite, un chapitre vivant de l'histoire des mœurs administratives à cette époque :

« A Paris, le 9 may 1740.

« M. de Saint-Florentin m'a remis, mon cher neveu, tout

ce qu'il a receu soit de votre part ou de celle du Parlement de Dijon...... et je vous avoue que si vous m'aviés consulté avant de prendre votre party sur ce sujet, je vous aurois conseillé de vous contenter d'avoir receu ces lettres pour en faire usage dans les occasions et de vous épargner l'embarras d'un nouveau cérémonial et d'une espèce de nouvelle réception. M. de Saint-Florentin m'a paru avoir pensé de la même manière, et en voici les raisons en peu de mots.

« Vos lettres de commandement illimité ne vous donnent rien de nouveau à proprement parler, au moins par rapport à l'exercice extérieur de votre pouvoir. Elles vous déchargent seulement de l'obligation où vous estiez d'agir dans une espèce de dépendance de feu M. le Duc. Au surplus vous n'acquérez pas plus d'autorité dans la province que vous n'en aviez auparavant. Vous ne croissez point à l'égard du Parlement, votre liberté est augmentée, votre dignité ne l'est point, et il n'y a rien de changé que ce qui se passoit secrètement entre vous et M. le Duc, et dont vous n'estiez pas obligé de faire mention dans les ordres que vous donniez.

« On ne voit pas d'ailleurs que M. le duc de Bellegarde qui avoit passé par les mesmes degrés que vous ait cru devoir faire enregistrer au Parlement les lettres qui luy donnoient le gouvernement absolu et sans condition du duché de Bourgogne.

« Enfin combien durera l'effet de vos nouvelles lettres ? M. de Saint-Aignan reviendra bientost, et qui sait si n'estant peut-estre pas trop content de la cour, il ne prendra pas le parti de résider dans un aussi beau gouvernement que celuy de Bourgogne, et en cas que cela arrivât, n'auriés-vous pas regret d'avoir tant solemnisé un commandement de si peu de durée?

« Mais quoique ces réflexions m'eussent beaucoup frappé, si j'avois esté consulté les choses estant encore entières, je sens bien qu'aujourd'huy l'affaire ayant une fois esté engagée de votre part, vous ne pouvez plus reculer avec bienséance, et dire que vous ne vous souciez pas de faire connoître vos nouvelles lettres au Parlement.

« C'est ce qui fait que j'ai très-attentivement lu vostre Mémoire et la lettre qui l'accompagnoit. J'ay remarqué dans le Mémoire que vous traitiés plusieurs points particuliers, comme le nombre des conseillers qui doivent vous recevoir et vous reconduire quand vous irez au Parlement, le lieu jusqu'où qu'ils iront, celuy où il fauldra que vos gardes s'arrestent, le fauteuil dont le dos a esté haussé, la place que vous devés avoir dans la cathédrale, aux cérémonies auxquelles les compagnies sont invitées.

« Mais comme le Mémoire du Parlement ne fait mention d'aucun de ces articles, je présume que vous estes d'accord sur tous avec cette compagnie, et vostre lettre à M. de Saint-Florentin confirme cette pensée, puisque vous y dites que toute la difficulté entre le Parlement et vous se réduit à savoir si l'on suivra en ceste occasion l'exemple de M. de Bellegarde ou celuy de M. d'Épernon sur l'article de la députation.

« Je réduis donc aussi mes réflexions à ce seul point, et il me paraît que, tout bien considéré, c'est l'exemple de M. de Bellegarde qui doit l'emporter.

« Ce qui se passa à l'égard du duc d'Aumale et de Mayenne n'a rien de décisif. Ils estoient de la maison de Lorraine dont on sait quel estoit alors le crédit excessif dans le royaume, et d'ailleurs ces deux exemples ne sont pas uniformes. Le silence des registres du Parlement ne peut être suppléé par des recueils qui n'ont point d'autorité sur les faits qui regardent le mareschal de Biron, homme d'ailleurs d'un caractère ambitieux, entreprenant et abusant de la faveur de Henri IV, qui lui renversa la teste.

« Vous convenez tacitement, mon cher nepveu, de tout ce que je viens de dire, puisque vous vous réduisez aux seuls exemples de M. de Bellegarde et de M. d'Épernon entre lesquels il ne s'agit que de choisir.

« Le dernier, comme le Parlement l'observe, est unique. Pourquoy d'ailleurs a-t-on rendu plus d'honneur au duc d'Espernon qu'au duc de Bellegarde et même aux princes de la maison de Lorraine? Il y a bien de l'apparence que le fait s'estant passé presque immédiatement après les troubles de la minorité de Louis XIV, on voulut peut-estre mortifier le Parlement, ou qu'il y eut d'autres raisons singulières qui ne doivent pas estre tirées à conséquence.

« On est mesme icy en droit de vous opposer votre propre exemple. Pourquoy le Parlement vous rendroit-il plus d'honneur à l'occasion de vos dernières lettres qu'il ne l'a fait par rapport aux premières?... J'ay cru qu'il estoit bon que vous fussiez toujours instruit par avance de ce qu'on pense icy, en attendant que l'on vous fasse savoir les intentions du Roy, qui pourroit bien ne pas s'éloigner de ce que je viens de vous marquer (1)... »

C'est ainsi que le chef de la magistrature française, le chancelier dont les éloquents discours formaient comme le code moral de l'homme public, descendait dans la pratique à des consultations de casuistique officielle, à des réprimandes assaisonnées de souvenirs historiques, dont personne ne lui savait gré. On finit, en cette circonstance, par décider Henri-Charles à se contenter des honneurs qu'il avait reçus lors de l'enregistrement de ses premières lettres, « provisoirement », il est vrai, « et sans tirer à conséquence ».

A quelque temps de là, la querelle se réveilla de plus belle. Le commandant en chef, ayant perdu sa femme (janvier 1741), voulut que le Parlement lui envoyât en signe de condoléance, une députation, comme aux princes gouverneurs en pareil cas. Cette fois le Parlement trouva bon de déclarer que la députation ne devait pas avoir lieu, et quand il se décida à en envoyer une, ce fut à Versailles, pour présenter à cet effet ses très-respectueuses et très-opiniâtres remontrances. Dagues-

---

(1) Cette lettre appartient à M. Édouard de Barthélemy. Nous trouvons dans les papiers de Saulx l'avis conforme de Saint-Florentin : « Vous auriez mieux fait de ne point lever cette question, écrit le ministre d'État à Tavanes, le 11 mai 1740, et éviter un nouvel enregistrement de vos lettres, qui dans le fond ne vous donne pas plus d'autorité que celle que vous aviez...... Vous savez qu'on n'aime pas les doubles emplois et qu'on est bien aise d'épargner des appointements. D'ailleurs vous savez qu'à la cour on n'aime pas à juger et que je crains que M. le cardinal ne soit surpris de voir élever par vous des difficultés dont on n'avait point entendu parler depuis longtemps.... Vous avez encore une difficulté avec le vicomte mayeur de Dijon, et les exemples sont contre vous ; ainsi à votre place je l'éviterais et aimerais mieux m'en départir présentement que d'avoir une décision qui ne me serait point favorable.....»

…eau reprend alors la plume, et quoique obligé à soutenir avec son neveu ce qu'on appelait l'honneur de la couronne, on sent qu'au fond il continuait à blâmer les prétentions de Tavanes : « Je vous plains fort, mon cher neveu, lui écrit-il le 29 mars 1741, d'avoir affaire à des têtes aussi déraisonnables que celles qui conduisent le Parlement de Dijon dans ce qui vous regarde. Leur céder serait peut-être le parti le plus commode pour vous et le plus conforme à votre honneur. Mais cette affaire devient à présent celle du roi plutôt que la vôtre. » Comme conclusion, tout en désapprouvant le Parlement et en approuvant son adversaire, on demanda à l'un d'envoyer la députation, et à l'autre de la refuser : c'était terminer le débat sans trancher la difficulté qui l'avait fait naître.

Aussi la querelle reprit pour la troisième fois en 1744, année de victoires, par conséquent de fêtes et de cérémonies publiques, et de luttes de préséance. A l'occasion d'un *Te Deum* pour la conquête du comté de Nice, il fut enjoint par lettres de cachet, dans toutes les provinces, de rendre aux commandants militaires les mêmes honneurs qu'aux princes : nouveauté contre laquelle le Parlement de Bourgogne fut seul à protester. En apparence, il ne s'agissait encore ici que d'une question d'étiquette ; pourtant, à tout bien considérer, l'obéissance silencieuse eût été la consécration d'un empiétement nouveau sur les priviléges de la province déjà tant amoindris. Le Parlement refusa donc d'enregistrer les lettres de cachet ; les plus jeunes conseillers, et parmi eux le président de Brosses, étaient l'âme de la résistance. Des remontrances furent envoyées : « Si le sieur comte de Tavanes, y disait-on, toujours attentif à solliciter de nouvelles distinctions, réussissait dans la poursuite de celles-ci, il faudrait, Sire, vous attendre de le voir tenter dans la suite de nouveaux efforts pour les faire encore augmenter. » En attendant qu'on eût fait droit à ses réclamations, le Parlement concéda à Henri-Charles les honneurs revendiqués par lui, mais seulement par respect, ajoutait-il, pour les ordres réitérés du roi, par provision, sans tirer à conséquence; et il eut soin de faire inscrire cette réserve sur ses registres et de la notifier même à son adversaire.

Cette résistance de détail exaspérait la cour; on crut la briser en exilant six magistrats, parmi lesquels de Brosses. Celui-ci partit pour l'Auvergne où il était relégué, en faisant une chanson contre Tavanes; à chaque ville où il s'arrêtait, il ajoutait un couplet. Qui nous rendra le Noël satirique de l'illustre président? Le Parlement cherchait à continuer la lutte avec des armes plus efficaces. Il envoyait à la cour deux députés, qui ne purent obtenir audience; il en appelait à certains hauts personnages, entre autres le comte de Charolais et le duc de Saint-Aignan; mais les lettres qu'il leur adressa furent interceptées par le premier président Berbisey. Berbisey était un magistrat d'humeur douce, conciliant jusqu'à la faiblesse, toujours prêt à pencher du côté du pouvoir, quand la justice n'était pas ouvertement violée. Après avoir parlé de donner sa démission, il revint vite de ces velléités romaines; tout au plus laissa-t-il passer une supplique au roi, pour lui demander le rappel des six exilés ; encore la lettre fut-elle renvoyée par Saint-Florentin, comme irrespectueuse. Un moment on voulait exiler le Parlement tout entier ; puis on trouva plus piquant de le priver de vacances, et de lui faire continuer sans interruption son service : punition de pédagogue en colère à des écoliers rebelles ! Ce que la cour voulait obtenir de lui, c'était une soumission non pas *de fait* mais *de droit*.

Enfin au mois de décembre, à l'occasion d'un nouveau *Te Deum*, et malgré douze voix obstinées dans la résistance, le Parlement se résigna à renoncer aux réserves dont il avait enveloppé ses précédentes concessions. Les exilés revinrent, et l'un d'eux, de Brosses, chargé d'aller complimenter Tavanes, trouva moyen d'avoir le dernier mot : « Monsieur, lui dit-il, le roi, maître des honneurs, vous a accordé le plus grand que vous puissiez obtenir. Ce Parlement, toujours plein de respect pour ses soumissions et ses volontés, vient, à l'occasion de votre retour, pour exécuter les ordres de S. M. — Monsieur, répondit le commandant en chef, je rendrai compte à S. M. de l'exécution de ses ordres. »

« Des mots, des mots, des mots ! », comme dit Hamlet. Des mots ont causé la querelle, ont servi d'arme pour la soutenir, et c'est dans des mots qu'on la noie.

Suivons maintenant Henri-Charles dans ses relations avec la cour. Là du moins il ne se payait pas de mots ; les demandes d'argent ne lui coûtaient guère, du moins tant que dura l'administration parcimonieuse de Fleury. Il lui fallait d'abord des gratifications après chaque réunion des États, et on en mesurait l'importance à la docilité qu'il avait su inspirer à ces assemblées. Il lui fallait des indemnités, lorsqu'il avait dû, par exemple, recevoir la reine de Sardaigne où l'ambassadeur turc à leur passage à Dijon : et il ne dédaignait pas de solliciter l'exemption des ports de lettre pour sa correspondance officielle. Ni les refus, ni les réponses dilatoires trop fréquentes ne le décourageaient. Un jour il demande sans succès à la ville un logement gratuit; un autre jour il réclame du ministre une augmentation de traitement ou une promotion quelconque. Sur ce point il ressemblait à son illustre ancêtre, qui du moins payait l'épée à la main l'argent et les honneurs dont il se fit combler jusqu'à son dernier jour; comme lui encore, par point d'honneur, il jugeait de sa dignité de demander un congé, si le gouverneur, M. de Saint-Aignan, venait tenir les États (1). A Versailles enfin, il avait l'art de se faire bien venir des uns et des autres. La reine avait son frère pour aumônier et son fils pour chevalier d'honneur; ce qui n'empêchait pas le prudent gentilhomme de faire sa cour aux favorites. On le surprend en 1752 envoyant des plants de noyer à Mme de Pompadour, avec un mémoire sur la manière de les planter (2).

---

(1) « Le duc de Saint-Aignan m'a beaucoup surpris en me disant qu'il comptait faire sa résidence habituelle à Dijon.... Il m'a demandé si cela ne ferait pas de la peine à M. de Tavanes, et quelle maison il pourrait habiter. Je ne comprends pas trop bien ceci, car il n'est pas vraisemblable ni que l'on ôte le commandement à M. de Tavanes, ni que l'on laisse ensemble dans la même ville un gouverneur et un commandant. Vous savez l'effet de deux soleils dans un lieu trop étroit. » (De Brosses, *Lettres sur l'Italie*, lettre 48.)

(2) Lettre de remerciments adressée par Saint-Florentin (21 mars 1752).

Le portrait d'Henri-Charles (à Lux) nous révèle un homme dont les traits sont sans relief, le regard terne, mais dont les lèvres pincées indiquent un attachement obstiné à ses résolutions comme à ses intérêts.

Henri-Charles mourut à son château de Lux, âgé de soixante-quinze ans, le 30 août 1761. Sur lui se ferme, du moins en Bourgogne, l'histoire des Saulx-Tavanes. Ni son fils, ni son petit-fils ne lui succédèrent dans sa charge de commandant en chef. Les domaines de Sully et du Pailly avaient cessé de leur appartenir; à Dijon même leurs hôtels patrimoniaux étaient passés entre des mains étrangères. Leur vie fut celle du commun des gentils-hommes, faisant bravement leur devoir aux armées, et portés malheureusement à mesurer leur importance au nombre de leurs bonnes fortunes comme au chiffre de leurs dettes : l'on est contraint pour ainsi dire de remuer la poudre du greffe ou de toucher à la chronique scandaleuse pour retrouver la trace de leur nom.

Charles-Michel-Gaspard, fils d'Henri-Charles, fut lieutenant *ad honores* du roi en Bourgogne, gouverneur au même titre de ce château breton du Taureau où fut alors enfermé La Chalotais; il vécut à la cour, où le retenaient les fonctions de menin du Dauphin et de chevalier d'honneur de Marie Lecksinska. Ce fut le grand seigneur défini par Montesquieu : un homme qui voit le roi, qui parle aux ministres, qui a des ancêtres, des dettes et des pensions. Il laissa en mourant (1784), avec une fortune fort amoindrie, une réputation qui n'était ni meilleure ni pire que celle des hommes de son rang et de son époque. Au temps où un Rohan-Guéméné faisait banqueroute, c'était bien le moins qu'un Saulx obligeât les siens à renoncer à sa succession (1). Il compta parmi les adorateurs des duchesses

---

(1) On raconte encore à Lux une légende dont une tour du château, dite la *Tour du diable*, aurait été le théâtre et que la prodigalité héréditaire

de Châtillon et de Luxembourg, et, quoique attaché au service de la reine, il porta ses hommages à cette singulière comtesse d'Estrades, qui fut quelque temps un personnage aux côtés de sa cousine la Pompadour (1). C'était comme son père vouloir faire bon ménage avec tout le monde.

Il sut du moins — ce qui était rare alors — aimer tant qu'elle vécut sa femme, Mlle de Froulay-Tessé, une des rares grandes dames de ce temps que les contemporains aient louée, et dont personne n'ait médit (2). Cette jeune femme, vantée pour sa jolie figure, son caractère simple et aimable, mourut à trente-huit ans de la petite vérole, et une sombre légende, qu'il faut mettre à côté de celle de Mlle Daguesseau, eut cours sur sa fin. Quelque temps après sa mort, on dut rouvrir pour un de ses parents les caveaux où elle avait été ensevelie. « On fut surpris d'abord, ensuite on fut épouvanté d'éprouver pour en ouvrir la porte une résistance inexplicable. A force de résolution

---

des Saulx a sans doute inspirée. Un comte de Saulx (on ne dit pas lequel), à court d'argent et à bout de ressources, évoqua le diable, qui se hâta d'accourir : « Remplis ma botte de pièces d'or, lui dit-il, et je te livre mon âme. » Marché fut aussitôt conclu; le diable versa étourdiment le contenu d'un sac bien garni dans la botte qu'on lui présentait, et s'aperçut trop tard que cette botte privée de semelle était comme un tonneau des Danaïdes où l'or passait sans jamais la remplir, pour tomber sur le pavé. Ainsi joué, il s'enfuit en abandonnant sans compensation son trésor au comte de Saulx, qui demeura trop heureux d'avoir ainsi joué le malin esprit et refait subitement sa fortune.

(1) *Journal et Mémoires de d'Argenson*, 8 novembre 1755. — Le recueil ms. de Maurepas contient sur ses relations avec Mme de Luxembourg une épigramme sanglante qui débute ainsi :

> Jamais, Tavanes, ta tendresse
> Ne séduira cette duchesse
> Quoiqu'on te sache si charmant, etc.

(2) *Mémoires de Luynes*, t. V, p. 401, 403; t. XIII, p. 32; t. XIV, p. 295.

laborieuse, on vint à bout de la faire tourner sur ses gonds de pierre, et l'on entendit pour lors un sinistre bruit d'ossements qui roulèrent sur les degrés depuis la porte qu'on ouvrait jusqu'au fond du souterrain. Ceux qui se hasardèrent à descendre les premiers s'embarrassèrent les pieds dans un suaire, et quand on voulut placer le corps de M. de Tavanes à côté de celui de sa nièce on trouva que la bière de cette malheureuse jeune femme était tombée par terre et qu'elle avait été brisée. On découvrit avec horreur qu'on l'avait enterrée vivante, qu'elle avait eu la force de rompre son double cercueil, et qu'elle était venue mourir de faim à l'entrée du sépulcre, d'où sa lamentable voix n'avait pu se faire entendre de ceux qui la pleuraient ; car elle était adorée de son mari, de ses enfants, de ses frères (1).... »

Sa belle-fille, la première duchesse de Saulx, est moins bien traitée par l'auteur, du reste sans grande autorité, des *Souvenirs de Mme de Créqui*. « Elle ne disait pas d'extravagances, mais vous allez voir que les autres n'y perdaient rien. Elle faisait brûler des plumes de pigeon sur la table et pendant son dîner, pour ne pas sentir ce qu'elle appelait une odeur de cuisine. Elle arrivait chez moi toute emmaillottée dans une douzaine de coqueluchons, dont elle se dépouillait successivement de cinq minutes en cinq minutes ; ensuite elle s'écriait qu'on la faisait étouffer, et elle allait s'installer sur une fenêtre qu'elle faisait ouvrir dans une première salle, et sur laquelle fenêtre ouverte elle s'asseyait les jambes en dehors. Elle y

---

(1) *Souvenirs de la marquise de Créqui*, t. I, p. 187-188.

commençait par dire ses prières et finissait par s'endormir, tellement qu'elle est tombée deux ou trois fois dans mon jardin ; mais c'était du rez-de-chaussée, grâce à Dieu pour elle (1) ! »

Cette singulière personne eut le tort plus grave de comprendre le mariage comme beaucoup trop de grandes dames d'alors. Son mari était, disent les contemporains, « un petit homme tout blanc, assez sémillant, sans parler beaucoup » (2), qui, instruit à l'improviste, par ses yeux, de la façon dont sa femme entendait la fidélité conjugale, se contenta de lui dire avec calme : « Vous devriez bien fermer votre porte, Madame. » La séparation de corps et de biens fut prononcée, et Mme de Saulx fut obligée en outre de se démettre de ses fonctions de dame du palais. On sait combien Marie-Antoinette, sur l'article de la conduite privée, se montrait à juste titre impitoyable.

Le duc de Saulx, son chevalier d'honneur, participa dans une certaine mesure à cette disgrâce. « Sans avoir été en faveur auprès de la reine, étant même étranger à sa société, il lui était sincèrement attaché et gémissait profondément de ses malheurs. Tous ses sentiments étaient nobles et généreux. Fixé à la cour dès sa première jeunesse, il n'avait point adopté les idées assez ordinaires parmi ceux qui l'habitaient. Je lui ai entendu dire que la charge de chevalier d'honneur lui plaisait surtout en ce

---

(1) *Souvenirs de la marquise de Créqui*, t. I, p. 143. — Elle termina ses jours dans les prisons de la Terreur, trop malade pour être transportée quand l'ordre de la mettre en liberté arriva. « Je l'ai peu connue, a écrit depuis sa belle-fille, mais j'avais pourtant apprécié l'élévation de son caractère et la parfaite bonté de son cœur. »

(2) *Souvenirs du comte de Tilly.*

qu'aucun avantage pécuniaire n'y était attaché, et lorsque l'Assemblée nationale ordonna la publication du Livre rouge, il la vit avec une parfaite indifférence, assuré, disait-il, que son nom ne s'y trouverait point inscrit (1). »

Du moins avait-il reçu de Louis XVI, le 29 mars 1786, le brevet de duc héréditaire (2). J'aime à croire que le roi récompensait surtout en lui l'illustration et les services de ses ancêtres; car sa vie est de celles qui ont passé sans laisser de traces (3). Il mourut au commencement de 1792, quelques mois avant la chute de la monarchie française.

(1) *Mémoires inédits de la dernière duchesse de Saulx.*
(2) Lettres d'érection du comté de Beaumont et de la baronnie de Lux en titre de duché héréditaire. — *Archives nationales,* carton T, 109, 1-2.
(3) Une autre figure, qui porte bien la marque du dix-huitième siècle, est celle d'un vicomte de Tavanes, cousin des précédents et lieutenant général en Mâconnais, dont Mathieu Marais a tracé, sans y prétendre, un impitoyable portrait : « Le vicomte de Tavanes a épousé l'année dernière Mlle du Breuil, fille d'un receveur général des finances, et en a eu cent mille écus de dot. Voilà la dot jouée.... La comtesse de Livry a gagné trois cent mille livres au vicomte en jouant avec lui en tête à tête au pharaon... On l'a fait se contenter de vingt mille livres comptant.... Le vicomte a renvoyé sa femme, qui avait perdu son peloton à Chantilly, où se trouva le portrait de M. d'Agout, son amant très-secret. Il l'a rendue à Mme du Breuil sa mère, et *sequitur leviter filia matris iter,* etc. » (*Correspondance de Mathieu Marais,* août 1722, 30 août 1724.)

II.

Nicolas de Saulx (1690-1759). — Ses études théologiques. — Il est nommé évêque de Châlons ; sa conduite à l'égard des jansénistes. — Son attitude à la cour, comme premier aumônier de la reine. — Il est nommé archevêque de Rouen, cardinal, grand aumônier du roi. — Son caractère, ses vertus, son testament. — Les serfs de Montbenoît.

Dans ce groupe effacé et frivole des derniers Saulx-Tavanes, je rencontre une figure pâle comme celles qui l'entourent, du moins grave et pure. C'est celle de Nicolas de Saulx, frère du commandant en chef en Bourgogne, mort cardinal, grand aumônier du roi et archevêque de Rouen.

Il était né le 17 septembre 1690. Il fut de bonne heure destiné à l'Église et reçu dans le chapitre noble de Saint-Jean de Lyon. Il n'était pas encore sorti du séminaire, quand Fénelon jeta les yeux sur lui pour en faire son coadjuteur. L'illustre archevêque avait suivi de près son éducation ecclésiastique ; sur le conseil de jésuites qui le lui avaient recommandé, il avait chargé des gens sûrs d'assister à ses thèses et de lui rendre compte de son genre de vie. Satisfait de ses qualités et de sa conduite, il allait le demander au roi, lorsqu'il mourut. L'abbé de Saulx recueillit néanmoins les bénéfices de son patronage en représentant la province de Sens et en remplissant les fonctions de promoteur à l'assemblée du clergé de 1715. De brillants examens passés en Sorbonne l'année suivante le désignèrent encore davantage aux honneurs ecclésiastiques.

Les fonctions de grand vicaire de Pontoise qu'il remplit d'abord étaient pour lui l'apprentissage de l'épiscopat. Ce vicariat particulier, quoique dépendant de l'archevêché de Rouen, conférait à celui qui en était titulaire des priviléges étendus et une autorité presque indépendante, par cela seul que certains liens le rattachaient au diocèse de Paris. L'abbé de Saulx n'y resta pas longtemps ; à trente-quatre ans il devenait évêque de Châlons-sur-Marne; ce qui lui donnait droit de séance au Parlement, en qualité de pair ecclésiastique.

Il passa douze ans sur ce siége, où il porta l'esprit de Fénelon son maître. Au milieu de l'effervescence des querelles soulevées par la bulle *Unigenitus*, recueillant la succession d'un prélat appelant (M. de Noailles), il sut ramener la soumission et la paix dans son clergé et son troupeau (1). La tournée qu'il fit à travers son diocèse, et dont les procès-verbaux existent, eut d'excellents effets. Les *Nouvelles ecclésiastiques*, ce moniteur clandestin du jansénisme, sont obligées de confesser ses succès et l'art avec lequel, sans la moindre menace, il obtenait la soumission de ses prêtres. Elles insinuent avec malignité qu'il se contentait de peu et qu'il ne négligeait pas les petits présents; elles le montrent néanmoins en tête-à-tête avec un curé récalcitrant, et répétant sans se lasser : Voyez, Monsieur, avec quelle douceur je vous parle. « On se souvient encore dans le pays, di-

---

(1) La *Société littéraire* de Châlons salua son arrivée dans son diocèse par une pièce de vers, sur laquelle s'égaya un poëte en qui on a voulu reconnaître Crébillon. De là une longue querelle où l'on échangea, sous le couvert de la rime, beaucoup de gros mots. Voir l'Appendice II.

sent-elles, de la réponse singulièrement ingénue que fit un curé nouvellement subjugué à un de ses amis qui lui reprochait la rétractation de son appel : Que vouliez-vous que je fisse? Monseigneur me la demanda avec tant de politesse qu'il ne me fut pas possible de la refuser (1). »

Le nouveau catéchisme diocésain qu'il publia reçut des éloges unanimes. La pieuse reine Marie Lecksinska dès son arrivée en France l'avait choisi pour premier aumônier; et quoique attiré vers la cour par le voisinage et par ses nouvelles fonctions, il fut de ceux à qui on n'eut pas à reprocher d'être infidèles au devoir de la résidence. Grand seigneur dans son château épiscopal de Sarry, il y reçut et y maria deux princes, les ducs d'Orléans et de Bourbon. A Versailles, où il ne faisait que les apparitions commandées par les devoirs de sa charge, il paraît avoir été un courtisan sans empressement et sans bassesse. Il fut le directeur spirituel de ce petit cercle de gens honnêtes et timides qui entourait la reine délaissée, et dont le duc de Luynes a écrit jour par jour l'histoire. Sans être insensible aux distinctions mondaines, il voulait au moins paraître les laisser venir à lui. Lors d'une promotion de chevaliers du Saint-Esprit, dont il espérait faire partie, il se présenta devant le cardinal de Fleury, qui lui dit devant vingt personnes, en montrant du doigt son camail : Vous avez là un violet qui tire bien sur

---

(1) Elles ajoutent, il est vrai, comme pour atténuer cet aveu : « On assure qu'un autre se laissa gagner par une tabatière dont le généreux prélat lui fit présent. » (*Nouvelles ecclésiastiques*, an. 1748, p. 175. Cf. Supplément de l'an. 1728, p. 286-287.)

M. Ed. de Barthélemy a publié dans l'*Annuaire de la Marne* pour 1876 un curieux document du temps sur ce sujet.

le rouge. Interdit et ne sachant que penser, le prélat se contenta de répondre : C'est une belle couleur ; et le malin d'Argenson, qui était présent, ajouta : Ce rouge a été jusqu'aux joues (1).

Cette modestie naturelle lui inspira toujours une répugnance extrême pour ces querelles de préséance bien plus fréquentes encore autour du monarque qu'en province. Sa charge d'aumônier l'exposait à d'incessants débats avec *l'ordinaire;* il sut toujours esquiver ces disputes, d'autant plus vives qu'elles étaient plus frivoles, et dont son caractère le rendait incapable (2). Exemple assurément bien perdu pour ses contemporains, et surtout pour son frère, l'antagoniste du parlement de Bourgogne !

Après douze ans d'épiscopat, il fut transféré en 1733 sur le siége métropolitain de Rouen, et il y porta sa haine du bruit, son zèle discret et attentif à toutes les bonnes œuvres. Il fut là le prélat instruit et humble, d'une humeur douce qui semblait en harmonie avec sa santé délicate, qu'on avait connu à Châlons. On ne parla point de ses querelles avec le Parlement pour refus de sacrements aux jansénistes. Le Rituel qu'il publia est une des œuvres liturgiques les plus remarquables de l'ancienne Église gallicane ; enfin il ordonna l'inventaire des titres de l'archevêché et fit préparer une histoire générale du diocèse.

Les vertus qu'il manifesta étaient de celles dont notre

---

(1) *Mémoires de Luynes*, t. IV, p. 64. — L'archevêque de Rouen devint commandeur du Saint-Esprit, le 21 mai 1747.

(2) *Mémoires de Luynes*, t. X, p. 283.

siècle fait volontiers honneur à celui qui les possède, comme si elles comptaient parmi les découvertes qu'il a faites. Il connut le prix de l'instruction, comme le témoignent les bourses qu'il fonda dans ses séminaires pour les jeunes étudiants, et les hommages dont il entoura la tombe du grand propagateur de l'enseignement populaire, le vénérable de La Salle. « Quant à sa charité, elle était proverbiale..... C'est lui qui fit transporter l'Hôtel-Dieu à la place qu'il occupe actuellement, en aidant puissamment à sa construction..... Dans le rude hiver de 1740 à 1741, quand la Seine déborda, inonda la ville et réduisit à l'extrémité des milliers d'habitants (20,000, dit-on), réfugiés sur les toits des maisons, l'archevêque ouvrit son palais, multiplia les secours, et les versa par centaines de mille francs dans le sein des victimes du fléau. Ses propres appartements servirent d'hôpital, et il se fit un honneur de soigner lui-même les pauvres qu'on y établit (1). »

Vrai prince de l'Église, s'il dédaignait le faste pour lui-même, il exerçait une magnifique hospitalité au château de Gaillon, maison de campagne de ses prédécesseurs, qu'il embellit encore, où il fit de grandes plantations et bâtit une écurie de cinquante chevaux. Il faut ajouter qu'il sacrifiait parfois au goût d'un siècle qui préférait la commodité à l'art; qu'il laissa détruire les plus heureuses constructions du cardinal d'Amboise, la belle fontaine de marbre qui décorait la cour d'honneur et l'élégant clocher de la chapelle (2). Le vandalisme officiel

---

(1) *Semaine religieuse du diocèse de Rouen*, n° du 10 octobre 1868.
(2) *Mémoires de Luynes*, t. VII, p. 34 et sq. — *Comptes des dépenses de la construction du Château de Gaillon*, Introduction (Coll. des Doc. inédits).

était partout. L'archevêque qui mutilait ainsi les œuvres les plus délicates de la Renaissance avait pour émules ses chanoines, qui enlevaient de la cathédrale, comme autant de superfluités gothiques, les tombeaux de Richard Cœur de Lion et de Charles V.

En revanche, c'est le propre des corporations religieuses comme des autorités civiles, au dix-huitième siècle, de lutter à outrance pour certains usages, remontant sans doute aussi aux âges barbares. Ainsi, lors des fêtes religieuses qui signalèrent la promotion de l'archevêque au cardinalat, les membres de son chapitre remarquèrent avec indignation que contrairement à la tradition, il avait fait porter la queue de sa robe dans le chœur ! On fit savoir au prélat que, d'après le cérémonial de l'église de Rouen, ce privilége ne pouvait lui appartenir. Le lendemain, l'archevêque reparut dans le chœur, un caudataire à sa suite. Le doyen s'élance sur celui-ci, et lui serre si fortement le bras qu'il le force à lâcher prise. Monseigneur se retourna en manifestant son mécontentement : « On vous avait prévenu, lui fut-il répondu. — Je ne remettrai jamais les pieds dans votre église, » répliqua le cardinal. On sait qu'heureusement il ne tint pas parole.

Personne peut-être n'a eu dans l'Église de France une fortune aussi brillante. Grand aumônier de la reine à la mort de Fleury, cardinal en 1756, il devint grand aumônier de France l'année suivante. Aussi prudent que digne, il usait contre les scandales de la cour de la seule protestation permise, celle du silence. Le silence était en effet, comme le dit plus tard l'abbé de Beauvais sur la tombe de Louis XV, une leçon pour le monarque ; le grand aumônier sut la donner à propos. « Le roi, écrit d'Argenson, ayant dit à l'archevêque de Rouen qu'il passerait chez lui à Gaillon, en allant au Havre, ce prélat s'est contenté de lui faire une grande révérence. Le roi lui a dit une seconde fois : M'entendez-vous ? J'irai chez vous. Autre grande révérence. Puis S. M. a marché trois pas, s'est retournée, a dit : Non, Monsieur, je me ravise, je n'irai pas chez vous. L'archevêque de Rouen est grand aumônier de la reine ; il entre dans le ressentiment de cette princesse de ce que le roi promène ainsi la marquise de Pompadour et se donne en spectacle aux peuples normands, il craint d'en être le fauteur, et — ajoute le sceptique chroniqueur, — il évoque sur cela son caractère de prélature, auquel il ne songerait pas sans sa politique d'officier de la reine, d'homme qui compte survivre au roi et que la reine lui survivra. Ainsi voilà un archevêque qui sera bien mal avec le roi (1). »

D'Argenson se trompait ; l'archevêque n'était pas un courtisan si avisé, ni Louis XV un souverain si injuste. Le roi passa en effet quelques jours après à Rouen sans s'y arrêter, Mme de Pompadour dans ses carrosses. L'archevêque n'en resta pas moins bien en cour jusqu'à sa mort.

Son caractère connu le désignait des premiers pour faire partie de la commission ecclésiastique qui fut chargée en 1752 d'apaiser les querelles jansénistes. A cinq reprises député de Rouen aux assemblées du clergé, il présida cette réunion en 1752, et sa nomination au provi-

---

(1) *Journal et Mémoires de d'Argenson*, 19 septembre 1749.

sorat de Sorbonne acheva de lui faire parcourir toute la série des honneurs de l'Église. Malade de la pierre, il mourut des suites de l'opération à Paris, le 10 mars 1759.

Le cardinal n'était ni un grand orateur, ni un écrivain ; il n'avait pas même, ses portraits en font foi, ce grand air qui suppléait, chez certains prélats de son temps, aux qualités de leur état. Ce fut du moins une belle âme, un esprit éclairé et un cœur généreux : il se révèle tout entier dans son testament (1). On y lit entre autres : « Si je meurs à Rouen, le lieu de ma sépulture est marqué ; si je meurs à Gaillon, je désire et veux être enterré à la Chartreuse de Gaillon. Dans quelque autre endroit qu'il plaise à Dieu de disposer de moi, c'est la paroisse de cet endroit où je veux être inhumé. Il n'y aura ni armes, ni tentures, ni décoration fastueuse..... Je fais la même défense pour les messes et services qu'on pourra célébrer pour moi ; un luminaire décent, surtout nul faste dont j'ai toujours été si éloigné. » A part quelques souvenirs laissés à ses plus proches parents, des legs à tous ses serviteurs, en ayant bien soin de mieux traiter les plus anciens, il institue pour ses légataires universels les prêtres infirmes de son diocèse retirés au séminaire de Saint-Louis, « à la charge de payer et acquitter les réparations qui peuvent se trouver à faire à mes bénéfices, que je déclare avoir fait suivre pendant ma vie avec grande attention (2) ; à la charge de payer mes

---

(1) Ce testament, fait à Gaillon le 20 mai 1757, a été publié dans la *Semaine religieuse du diocèse de Rouen*, n° du 17 octobre 1868.

(2) Il avait reçu en commende dès 1718 l'abbaye de Montbenoît (diocèse de Besançon), qu'il échangea plus tard contre celle, bien plus riche, de Saint-

dettes. S'il s'en trouve, elles seront peu considérables, ayant toujours eu grand soin de faire tout payer. »

Au nombre de ces bénéfices était l'abbaye franc-comtoise de Montbenoît, un des rares domaines du royaume où le servage existât encore. Il se désista de ses droits par une charte de 1744, et prévint ainsi pour son compte les protestations de l'école philosophique au sujet des serfs du Mont-Jura. Sans exagérer le mérite de cette concession, car les serfs de Montbenoît achetèrent par l'augmentation de la dîme leur affranchissement, elle reste pour son auteur un titre d'honneur plus durable que ceux qu'il reçut de son vivant, et qui ne l'ont pas recommandé longtemps à la mémoire des hommes (1).

Étienne de Caën. Il avait en outre et garda jusqu'à sa mort celle de Signy (diocèse de Reims) et celle de Saint-Michel en Thiérache (diocèse de Laon).

(1) En quoi consistait cette mainmorte? Les serfs de Montbenoît nous le disent, dans leur requête à l'archevêque : « Ils ne peuvent contracter aucun engagement hypothécaire sur leurs biens sans le consentement de leur seigneur ; et venant à mourir sans descendance en ligne directe ou sans être communiers, c'est-à-dire vivant en communauté avec le chef de leur famille, toute leur succession appartient de droit au seigneur. » En un mot ils sont à l'état non pas d'esclaves, mais de mineurs. — « Il est juste, écrit l'archevêque en les affranchissant, le 11 mai 1744, qu'ils se libèrent de la mainmorte, macule odieuse et méprisable, au moyen de l'augmentation de la dîme qu'ils accordent à leur seigneur, pour l'indemniser des échutes fréquentes qui lui arrivent, par la mort de ceux qui ne laissent point d'enfants ou de parents communiers. » Ils devront en conséquence payer désormais la dîme à l'abbaye sur le pied de la onzième gerbe, au lieu de la quatorzième.

CHAPITRE HUITIÈME

LA PROVINCE AU XVIIIe SIÈCLE

HENRI DE TAVANES-MIREBEL (1)

(1705-1747)

Un héros de roman au dix-huitième siècle. — La branche de Tavanes-Mirebel. — Henri de Mirebel enlève sa cousine Ferdinande de Brun (1732). — Leur fuite en Lorraine. — L'aventure de Sarrebruck. — Colère de M. de Brun. — Son entrevue avec Mirebel à Dôle. — Mlle de Brun est ramenée à Paris, enfermée au couvent de La Flèche. — Mirebel est condamné à mort. — Sa fuite, sa haute fortune dans les armées de l'Empire. — Nouvelle entrevue avec M. de Brun au camp de Braunau. — Mirebel obtient sa grâce. — Sa cousine refuse de l'épouser. — Il meurt (1747); jugement.

Hommes de guerre et hommes d'église, ligueurs et frondeurs, courtisans et hobereaux ont successivement

---

(1) Sources principales :
Manuscrits.
1° Un recueil très-incomplet de pièces ayant trait au marquis de Mirebel existe aux archives de la Côte-d'Or (papiers de Saulx).
2° D'autres pièces, plus nombreuses et plus importantes, appartiennent aux archives de Brun (au château de Buthier (Haute-Saône). Nous en devons la communication à l'obligeance de Mme la marquise de Scey de Brun.)
3° Lettres du président Bouhier (voir l'Appendice III).
Imprimés.
1° *Lettre de M.... à une personne de considération.* — Besançon, 1734 (Bibl. nat. — Cabinet des titres).
2° *Lettres sur le différend de M. le marquis de Brun... et de M. le marquis de Tavanes* (par l'abbé Pérau). — 1743.
3° *Œuvres choisies de Bertin du Rocheret* (Châlons, 1865), p. 113-120.
4° *Mémoire pour D^{lle}... de Brun contre Messire... Bureau de La Rivière.* — Paris, 1763 (archives de Brun).
5° *Mémoires du duc de Luynes,* passim.

défilé sous nos yeux. Il ne manquait plus à la maison de Saulx-Tavanes qu'un héros de roman; il apparaît en plein dix-huitième siècle sous les traits de Louis-Henri, marquis de Mirebel. Derrière lui s'ouvre un monde nouveau, où ne manquent ni les caractères étranges, ni les aventures extraordinaires.

Le premier marquis de Mirebel, frère de Jacques et son complice dans les troubles de la Fronde, eut deux enfants de son mariage avec une petite-fille du vicomte Jean, Louis-Marie et Henriette. Cette dernière, mentionnée dans les lettres de Mme de Sévigné sous le nom de Mme de Druys, épousa en premières noces le comte du Montal, malgré l'opposition de sa famille : « Ce sont là, écrivait à cette occasion le président Brulart à Bussy, de ces choses désagréables qu'on ne peut éviter quand on a affaire à des têtes folles comme celles de la mère et de la fille, qui n'ont pas plus de cœur l'une que l'autre. » De ce mariage naquit une fille que nous retrouverons tout à l'heure sous le nom de marquise de Brun.

Le second marquis de Mirebel fut aussi de bonne heure une « tête folle ». Qu'on en juge par un trait. Dans sa jeunesse, il encourut une condamnation à mort pour un meurtre étourdiment commis, au milieu d'une de ces équipées vulgaires où se fourvoyait trop souvent la jeune noblesse du dix-huitième siècle. Il traversait à une heure avancée de la nuit les rues de Dijon, accompagné d'un ami, le marquis de Sassenay. Ils passèrent devant une maison éclairée où il y avait nombreuse compagnie; à ce moment un des invités sortait; c'était un prêtre, qu'ils forcèrent par une grossière insulte à revenir sur ses pas. Au bruit, deux autres invités, un bourgeois nommé Arviset et un gentilhomme normand de passage à Dijon, accourent sur la porte : des paroles animées s'échangent, les épées sortent du fourreau, et une véritable partie carrée s'engage dans l'obscurité. Mirebel, qui avait croisé le fer avec l'étranger, déroba tout à coup son arme à son adversaire, et d'un revers atteignit au côté droit Arviset, tout occupé à se défendre contre M. de Sassenay : « Je suis blessé, » s'écria le malheureux, qui se crut loyalement frappé, et au moment où il se retirait, il reçut du même côté à l'épaule un second coup qui le renversa raide mort sur le seuil de la porte. En ce moment on accourait avec des flambeaux sur le théâtre du combat. Les deux coupables furent reconnus dans leur fuite, et la veuve d'Arviset implora judiciairement une réparation qu'elle obtint. Un arrêt du parlement du 11 août 1702 condamna par défaut MM. de Mirebel et de Sassenay à mort, ordonna leur exécution en effigie, les contraignit à verser trente mille livres soit en aumônes, soit en dommages-intérêts, et confisqua leurs biens. Une sentence aussi sévère ne s'explique que par la conviction des juges qu'elle ne serait pas exécutée. Grâce à de puissantes médiations, des lettres de rémission la suivirent aussitôt; les deux condamnés vinrent à genoux et tête nue les présenter au parlement, en audience solennelle (1).

De son mariage avec Catherine de Choiseul, le meurtrier d'Arviset eut plusieurs filles, et un fils, le principal personnage de ce récit.

---

(1) Archives de la Côte-d'Or, fonds Boudot, carton 5.

Henri de Mirebel, né en 1705, embrassa fort jeune la carrière des armes. D'abord lieutenant de cavalerie au régiment de Luynes, il devint à vingt-cinq ans capitaine des gardes de M. le duc de Bourbon. Filleul de la princesse de Condé, bien vu du comte de Toulouse et de la princesse de Conti, il eût fait un rapide et brillant chemin à la cour, sans une aventure malheureuse dont les conséquences troublèrent sa vie et livrèrent son existence aux plus singulières vicissitudes.

Depuis l'enfance, durant ses séjours en Bourgogne chez son père, au château de La Marche, il eut souvent occasion de rencontrer une de ses parentes, Ferdinande de Brun. C'était l'unique héritière d'une des plus riches familles de la Franche-Comté. Elle habitait Dôle, éloigné de La Marche seulement de quatre lieues. Sa mère, Mlle du Montal, était une cousine germaine du jeune Mirebel : les deux familles se visitaient fréquemment, et les jeunes gens grandirent ensemble. Un enfant qu'ils tinrent ensemble sur les fonts baptismaux fut le premier lien qui les unit. Ils prirent l'usage de s'écrire durant leurs absences, et Mirebel devint insensiblement pour sa cousine un ami, un confident ; à leur âge à tous deux, où l'amitié se transforme si aisément en amour, ils finirent par se regarder comme deux fiancés, et par passer pour tels aux yeux des autres.

La jeune fille s'engagea avec d'autant plus d'ardeur dans cette liaison qu'elle ne trouvait rien au foyer paternel qui y attachât son cœur. M. et Mme de Brun ne vivaient pas en bonne intelligence : le mari avait un caractère entier et tyrannique; sa femme, âgée de douze ans de plus que lui, était d'un esprit faible et mal assis, où des gens prévenus eussent pu pressentir la folie. Les deux époux s'étaient aigris et irrités mutuellement par de fâcheux procédés qui ne laissèrent subsister dans le ménage qu'une paix toute extérieure. Au milieu de ces luttes domestiques, Mlle de Brun reçut pourtant l'éducation dont son esprit naturel la rendait digne. Seulement sa mère, à en croire les accusations postérieures du marquis, lui inspirait de l'éloignement pour les sacrements, tolérait entre ses mains des livres dangereux, et éloignait d'elle les gouvernantes portées à lui rappeler ses devoirs envers son père. La jeune fille, qui au fond avait le caractère et l'indomptable volonté de celui-ci, chercha en dehors du toit paternel les conseils et les appuis. Son *compère* était le premier à portée de les lui offrir; et le brillant officier devint l'objet d'une amitié ardente, en attendant qu'il fût l'instrument de la délivrance.

Mirebel, de son côté, n'hésita guère à s'engager, Mme de Brun l'ayant depuis longtemps dans son esprit désigné pour son gendre. Par la naissance, par l'âge (il avait neuf ans de plus que sa cousine), il ne laissait rien à désirer; ses biens étaient médiocres, il est vrai, comparés à ceux des Brun : raison de plus pour que la marquise songeât à relever ainsi la fortune d'un parent qu'elle chérissait. Elle favorisa donc autant qu'elle put cette inclination mutuelle, et leur permit de se voir ou de s'écrire avec une entière liberté. M. de Brun, au contraire, à cause du peu d'intelligence qui régnait entre lui et sa femme, demeurait inattentif ou indifférent à ces relations, prologue d'une longue et douloureuse tragédie.

L'idylle en effet précéda longtemps la tragédie. Des lettres, de petits présents, gages d'amitié et de fidélité, s'échangèrent pendant plusieurs années entre Paris et Dôle (1). Mlle de Brun, enhardie par les difficultés d'une situation chaque jour plus délicate, initiait sans réserve son cousin aux dissensions intestines dont elle était témoin, parfois victime : « Ma mère, « lui écrit-elle un jour, comme vous la connaissez, m'a « joué un tour des plus piquants. Elle m'a brouillée « avec mon père qui l'écoute à présent comme si c'é- « tait un oracle, sans cependant se raccommoder avec « elle; elle me fait connaître de plus en plus son bon « esprit. Je crois que cela viendra au point que cela « me décidera à prendre avec courage mon parti.... « Sans les amitiés que mon oncle (le marquis de Tavanes) « me fait journellement, j'aurais été sûrement me mettre « dans un couvent. »

Un autre jour elle lui confiera la lutte engagée avec son père; ce dernier, par antipathie contre la marquise, par crainte que les Tavanes en recherchant son alliance ne convoitent surtout sa fortune, a fini par déclarer à sa fille qu'elle devra ou entrer en religion, ou accepter de sa main un époux qu'il lui a désigné, le comte de Salives; comme elle a choisi le couvent, il lui a refusé son consentement pour y entrer. « Je voudrais être, écrit-elle à Mirebel « le 31 janvier 1732, la maîtresse de vous donner des

---

(1) M. de Tavanes père apportait de Paris à la marquise des colifichets, des rubans, des palatines, des vers, des lettres ; alors elle faisait venir sa fille et lui disait avec un air de contentement : « Devinez, ma fille, qui vous envoie tout cela. » (Mémoire ms. de M. de Brun, envoyé au chancelier Daguesseau. — Archives de Brun.)

« preuves de ma reconnaissance qui est à l'infini. Je vou-
« drais bien être la maîtresse de mon sort; je crois que
« vous ne doutez point, et que vous me rendrez la jus-
« tice d'être persuadé que je le mettrais entre vos mains,
« ne le pouvant mieux placer. Je ne connais point ce
« mari que je n'aime pas, ni d'autres. »

Il fallait à tout prix empêcher le mariage avec M. de Salives. Mirebel accourut de Paris à Dôle : il trouva Mlle de Brun agitée, éplorée, résolue à tout pour échapper à l'alliance qui la menaçait. L'idée de fuir dans un couvent en Lorraine, puisque aucun couvent ne l'aurait reçue en France sans le consentement de son père, lui semblait le seul moyen de résistance possible, et pour arriver à ses fins, son cousin était le guide et le protecteur qu'elle s'était choisi. C'était, il est vrai, la perspective d'une accusation de rapt qu'elle lui offrait; d'autre part un exemple tout récent était de nature à les rassurer l'un et l'autre. Une de leurs parentes, Mlle de Vaudrey, qui, quelques années auparavant, s'était enfuie en Suisse pour y épouser M. Barberot d'Autet, venait de triompher, après une longue lutte, de la résistance paternelle. Son complice condamné à mort avait reçu des lettres de grâce; elle-même, mère de plusieurs enfants, avait obtenu du parlement de Besançon, l'année précédente (1731), le droit de publier et de célébrer son mariage. Dôle, ancienne capitale, ville de noblesse oisive, fut plusieurs fois au XVIIIe siècle le théâtre de semblables aventures, de semblables conflits entre l'autorité paternelle et la jeunesse entraînée par la *voix de la nature*, comme l'on disait alors. Vers 1760, le président de Monnier devait disputer par voie de justice à M. de Valdahon sa fille séduite, au grand scandale de la province (1).

Entre ces deux romans se place, avec des circonstances plus intéressantes, celui de Mlle de Brun et du marquis de Mirebel. Celui-ci, en cédant aux insinuations de sa cousine, ne vit dans l'évasion projetée qu'une affaire sans conséquence; il affirma même avoir parole de M. le Duc que ce prince s'interposerait en leur faveur, et apaiserait M. de Brun. Quant à Mme de Brun, ils ne pouvaient espérer son consentement avoué; du moins ils la savaient au fond d'intelligence avec eux, et ils s'arrangèrent de façon à lui laisser connaître leur projet sans le lui révéler, étant assurés qu'elle ne demandait qu'à amener les choses à ce point où leur mariage serait inévitable. Après qu'ils se furent concertés, Mirebel engagea la mère et la fille à venir passer quelques jours à La Marche, auprès de son père alors souffrant. M. de Brun, comme s'il eût pressenti quelque chose, ne consentit à ce départ qu'à contre-cœur et resta à Dôle.

A peine arrivée à La Marche, la jeune fille s'abandonna de nouveau à sa douleur, et aussitôt parla de fuir. Mirebel hésitait, pressentant les périls d'une semblable aventure. Elle lui répliqua qu'elle préférait s'exposer à tout que vivre plus longtemps ainsi : « Je me suis arrangée, ajouta-t-elle, pour être demain loin d'ici, et si vous ne me prêtez votre chaise de poste, je partirai seule, comme je pourrai. »

---

(1) On trouvera les détails de cette dernière affaire dans trois curieux mémoires de l'avocat Loyseau de Mauléon, le défenseur de Calas. (*Plaidoyers et Mémoires de M. L... D.... M...*, t. III, Londres, 1760.)

Que faire devant une résolution si fortement arrêtée ?
Mirebel affirma plus tard qu'il ne croyait pas à l'accomplissement de ce dessein, et qu'il ne fit aucun préparatif :
cependant une échelle fut déposée par ses soins au pied
de la tour où couchait sa cousine, et celle-ci, à une heure
après minuit, était descendue dans le jardin. Averti par un
de ses gens, à qui il avait ordonné de veiller, Mirebel accourt
auprès d'elle. Après avoir résisté pour la forme à ses
prières, il fait prendre à la ferme voisine des chevaux de
trait qu'on attelle tant bien que mal à sa chaise ; la fugitive y monte avec une femme de chambre, son complice
la suit à cheval. L'aube commençait à naître. A quinze
lieues de là, on trouva des chevaux de poste, et l'on prit
en toute hâte le chemin de la Lorraine (24 mai 1732).
Sur la route, Mirebel faisait passer sa compagne pour une
de ses sœurs, qu'on avait condamnée au cloître, et qu'il
soustrayait à l'autorité tyrannique d'un père.

Des sentiments bien divers les agitaient déjà. Le ravisseur était triste, soucieux, effrayé de son audace involontaire ; la jeune fille gaie, hardie, voyant l'avenir sous
de riantes couleurs : « Pourvu que nous restions ensemble, lui disait-elle dans l'ivresse de sa liberté conquise,
je serais trop heureuse, quand même je devrais gratter la
terre avec mes ongles pour vivre. » Telles sont du moins
les paroles que lui attribua plus tard son complice. D'après elle au contraire, elle aperçut promptement la portée de son coup de tête, et tomba dans le désespoir. Quoi
qu'il en soit, c'était bien, comme le dirent ensuite les méchantes langues, Mlle de Brun qui avait enlevé M. de Mirebel.

Quelles ne furent pas la stupéfaction et la colère du marquis, lorsque le jour suivant, à sept heures du soir, il reçut de sa femme, et dans les termes les plus singuliers, la nouvelle de l'événement! Celle-ci, se sentant d'avance désignée complice, croyait imaginer une excuse en racontant que sa fille s'était sauvée par la fenêtre, en descendant le long d'un mur de quarante pieds, après avoir fermé sa porte au verrou. « Quoique je ne mérite pas
« votre indignation, ajoutait-elle dans son trouble, vous
« me l'allez donner pour toujours.... Je crois que mon
« oncle (le marquis de Tavanes) n'y a point de part, car
« il est dans un état affreux; le mien ne me permet pas
« de paraître devant vous, aussi je vais passer le reste
« de mes jours dans un couvent, si vous le trouvez
« bon (1). »

(1) Mme de Brun semble avoir pris d'avance ses précautions, pour ne pas être accusée de complicité dans un événement qu'elle attendait, et sur lequel elle était décidée à fermer les yeux. Voici la copie d'une lettre adressée par sa fille à Mirebel, six jours avant l'enlèvement :

« Je vous prie, mon cher compère, de presser ma mère le plus que vous pourrez
« pour la faire aller à La Marche, car elle ne compte pas y aller de si tôt. Pen-
« dant que nous n'y sommes pas, je vous prie de faire raccommoder le ver-
« rouil de la porte de ma chambre pour qu'il se ferme sans bruit et aisément;
« il en faut faire de même à la fenêtre. Mes réflexions sont faites ; quand je
« vous verrai, je vous les déclarerai. Si M. le Duc vous protége, et qu'on en
« soit sûr, je suis toute décidée de passer mes jours avec vous.... J'ai pensé
« que la carriole de mon oncle ne vaut rien et que l'on y est aux injures du
« temps, ainsi votre chaise sera plus commode..... »

Pourquoi insiste-t-elle sur ces détails de *verrou* et de *chaise de poste*, qui sont justement ceux que rappelle la marquise, pour plaider les circonstances atténuantes en sa faveur après le rapt? Tout s'éclaircit, si on lit la note marginale postérieure que porte cette lettre :

« Mlle de Brun pense que ce pourrait bien être la lettre que Mme de Brun lui fit écrire à La Marche, car elle se souvient qu'on lui fit écrire quelque chose le soir dans la chambre de Mme sa mère; mais elle ne se souvient pas de ce qu'on lui fit écrire. » (Archives de Brun.)

L'événement fit grand bruit dans la province et jusqu'à la cour, où tant de mésaventures conjugales formaient pourtant la monnaie courante de la chronique mondaine. Le duc de Bourbon, qui avait promis sa protection, le cas échéant, à M{}^{lle} de Brun, ne voulut point voir son nom mêlé à cette affaire ; il fit interdire à Mirebel de venir à Paris, et lui enleva la place de capitaine de ses gardes. Chacun pensait un peu ce que l'avocat Mathieu Marais écrivait alors au président Bouhier : « Voilà « une affaire véritablement tragique. Bussy disait : Il « n'est rien de tel que d'enlever, car premièrement on « a la fille ; les parents font les diables, mais à la fin on « les apaise, et quand ils meurent, on a encore leur bien. « Je crois qu'ici on n'a que la fille, que le père fera le dia- « ble, qu'on ne l'apaisera jamais, et qu'il tuera tout avant « que de mourir. »

Mathieu Marais se trompait pour le ravisseur, qui allait être bientôt et violemment frustré de sa conquête ; en revanche il ne croyait pas sans doute si bien dire pour M. de Brun. C'était un véritable duel qui allait s'engager entre le gendre et le beau-père, si l'on peut leur donner ces noms. A ce duel joignez la colère de M. de Brun contre sa femme, qu'il croit complice du rapt ; les irrésolutions de la jeune fille, qui, au lendemain de sa fuite, se jette avec désespoir aux pieds de ses parents, et vous redirez avec Marais : Voilà une vraie tragédie, dont les personnages sont tous plus dignes d'intérêt que de blâme.

Cependant au bout de trois jours les fugitifs étaient arrivés à Nancy. Sur la recommandation d'un ami de sa famille, M{}^{lle} de Brun obtint presque aussitôt d'être reçue au couvent de l'*Adoration*. Ils écrivirent alors tous deux au marquis, pour solliciter le pardon de ce qu'ils jugeaient être une escapade intéressée, de ce qui passait déjà pour un crime irrémissible. Du côté de la mère, ils pensèrent toute démarche inutile, car ils se croyaient assurés de son consentement :

« Il m'a toujours paru, Monsieur, disait Mirebel, que
« vous n'aviez pas d'aversion pour moi, et même tout le
« monde sait que vous m'avez témoigné de l'amitié en
« toutes occasions. Je fais consister mon bonheur dans
« l'honneur d'être votre gendre, je vous prie d'y consen-
« tir, pour éviter tout l'éclat du contraire, vous assurant
« que personne ne peut vous honorer et vous chérir au-
« tant que moi. Ne vous opposez pas à mon bonheur, me
« trouvant très-heureux de contribuer à celui de Mademoi-
« selle votre fille, pour qui j'aurai toute ma vie la tendresse
« la plus vive et la considération la plus parfaite.... J'es-
« père vous faire oublier par mon attachement ce que
« vous pourrez trouver d'irrégulier dans ma conduite.... »

Mlle de Brun écrivit sous sa dictée une lettre conçue dans le même sens. En attendant une réponse, qui ne vint pas, les fugitifs firent demander un asile à la duchesse de Lorraine, qui résidait à Commercy ; ayant éprouvé un refus qu'ils ne prévoyaient pas, ils prirent le parti d'aller trouver le prince de Nassau, dont Mirebel était connu. Le lundi de la Pentecôte, 2 juin, ils étaient à Sarrebruck, et y entendaient la messe dans l'église paroissiale ; ce fut alors qu'au lieu de poursuivre leur route, et sans doute pour forcer la main au marquis, ils se résolurent à une démarche étrange, qui devait donner lieu plus tard, comme les événements précédents, à des malentendus et à des récriminations entre eux. A la fin de la messe, quand le prêtre descendait de l'autel, Mirebel, se levant et s'adressant en allemand à lui et à l'assistance, déclara à haute voix qu'il prenait Mlle de Brun pour sa femme. Sa compagne fit-elle une déclaration semblable? Reçut-elle de lui un anneau en gage de sa foi? Elle nia depuis, et avec de bonnes raisons, ces deux faits : « Ayant même, racontait-elle, « demandé à mon cousin ce que signifiait ce qu'il venait « de dire, il me répondit que ce n'était rien ; ayant in- « terrogé mon valet de chambre que je voyais rire, et « celui-ci m'ayant dit que j'étais mariée : — On ne l'est « pas, lui répondis-je, sans avoir dit oui, et je ne l'ai « pas dit (1). »

Elle n'eût pas en effet prononcé ce mot avant de l'avoir entendu sortir de la bouche de son père. Toutefois elle consentit à laisser publier son mariage comme réel, et à signer ses lettres *Marquise de Tavanes ;* l'un et l'autre croyaient par ce subterfuge obtenir de M. de Brun un consentement d'autant plus facile que l'affaire se trouverait plus engagée (2). Mirebel fit même dresser procès-verbal de la cérémonie de Sarrebruck, puis, de retour à Nancy, il adressa à M. de Brun une nouvelle supplique :

« Vous savez tous mes malheurs, lui disait-il ; il ne « tient qu'à vous de les augmenter ; je voudrais fort qu'il « n'y eût que moi qui les ressentis, je ne me plaindrais

---

(1) Lettre de Mme de Brun à M. de Brun, 22 septembre 1732.
(2) C'est ce que constate Mirebel lui-même dans l'exposé qu'il adressa au roi pour obtenir ses lettres de grâce, en 1746.

« pas, et je me sacrifierais à votre ressentiment; mais,
« Monsieur, tous mes maux vous vengeront, mais ils ne
« me puniront pas, car je ne les crains pas, ni la mort
« la plus affreuse, puisque j'ai tout sacrifié pour la per-
« sonne que j'ai uniquement aimée et estimée le plus for-
« tement. C'est pour elle que je crains, c'est pour votre
« sang que je m'inquiète, et je voudrais donner tout le
« mien pour faire son bonheur. Nous ne vous demandons,
« Monsieur, que la grâce de ne pas nous haïr : du reste
« nous savons que nous ne méritons rien, et n'espérons
« rien que de réparer par tout ce que vous exigerez de
« nous et ce qui pourra en dépendre la faute énorme que
« la jeunesse, l'amour et l'estime ont causée, jointe au
« désespoir de ne pouvoir faire autrement, toutes au-
« tres voies étant interdites. Je sais la beauté de vos sen-
« timents ; les miens peuvent-ils vous choquer d'adorer
« mademoiselle votre fille, et vous honorer toute ma vie,
« Monsieur? J'ose même assez présumer de votre façon
« de penser pour vous supplier d'écrire à Mgr le Duc
« pour lui demander ma grâce; il n'y a peut-être que
« ce remède-là à ma disgrâce. Un autre que vous serait
« surpris que j'ose espérer en vos bontés; mais moi qui
« vous connais, je sais que vous êtes capable d'une si
« belle action, dont toute ma famille vous remerciera.
« Vous la connaissez, Monsieur, et je ne vois pas qu'il y
« ait rien qui puisse vous choquer que mon action. La
« destinée a peut-être voulu vous forcer à avoir un gen-
« dre qui ne fait consister son bonheur que par la sou-
« mission à vos volontés... »

A cette lettre passionnée, presque éloquente, M. de

Brun devait répliquer par une déclaration de guerre. Dans les premiers moments il affectait, paraît-il, une certaine insensibilité; il répondait, quand on lui parlait de sa fille, qu'elle désirait entrer dans un couvent en Lorraine et que, pour s'y rendre plus sûrement, elle s'était servie de son cousin comme d'escorte; pourtant, plus il considérait les circonstances de son départ, plus il accusait les Tavanes de l'avoir provoqué par cupidité, et sa femme de l'avoir favorisé par haine contre lui-même. Dès ce jour, il se fit le serment de ne leur point pardonner. Quant à sa fille, il eût volontiers vu en elle une innocente victime, si par sa faute elle n'eût marqué sa désobéissance. Il commença donc par écrire son testament, afin de faire passer à des collatéraux ce qu'il pouvait de son immense fortune. Puis il dénonça le ravisseur à M. le Duc, il écrivit au cardinal de Fleury et aux ministres. Il eût bien voulu engager la poursuite judiciaire contre Mirebel sous le nom du procureur général; mais il ne put obtenir cet avantage, quoiqu'il fût venu en conférer à Dijon avec le chef de la maison de Saulx. La nouvelle de l'incident de Sarrebruck le décida à agir.

Le 21 juin, il porta plainte entre les mains du lieutenant criminel d'Auxonne contre Mirebel, son laquais et son valet de chambre, contre le laquais et la femme de chambre de sa fille, contre le portier et le fermier du château, qu'il accusait tous d'avoir favorisé inconsidérément le rapt. Enfin il somma la marquise de faire oublier les soupçons qui pesaient sur elle en allant à Paris pour y solliciter l'extradition de la fugitive par voie diplomatique.

On la vit bientôt arriver. « Peut-être, écrit malignement

Bouhier, va-t-elle aussi dans un couvent, mais sans escorte. » On continuait à taxer ses imprudences de complicité effective; aussi, pour se relever dans l'opinion du monde et la confiance de son mari, elle déclarait à tout venant que sa fille avait été enlevée sans son aveu, qu'elle la voulait faire mettre à la Salpêtrière (1). Elle vint à Versailles et obtint du roi un ordre de la lui remettre, qui fut envoyé au résident de Nancy, avec injonction d'en demander l'exécution en Lorraine même.

En apprenant ces nouvelles, Mirebel comprit que tout était perdu, s'il ne fléchissait son beau-père. Les deux fugitifs séjournaient chez un parent, dans une campagne voisine de Nancy; sans se départir d'une très-grande réserve, ils y vivaient extérieurement comme mari et femme, et étaient traités comme tels. L'infortuné jeune homme prit alors une résolution qui pouvait passer pour extravagante, mais qui, dans l'extrémité où il se trouvait, n'était ni sans habileté ni sans noblesse. Il accourt à Dôle, se présente un matin à la porte de M. de Brun, et pénètre sous un nom emprunté jusqu'à sa chambre. Dès que celui-ci l'aperçut, il se jeta à bas de son lit, et courut à son épée : « Après l'injure atroce que vous m'avez faite, s'écria-t-il, « vous venez apparemment pour m'insulter; vous allez « me rendre raison ! » Puis il ferme les portes et dégaine. Mirebel lui répond en se jetant à genoux, en ouvrant son habit et en lui présentant sa poitrine : « Je ne me battrai

---

(1) « La mère est toujours tenue comme suspecte... J'ai trouvé M. du Montal son frère aux Tuileries; nous en avons parlé ensemble. M. le Duc lui a dit que la m^{ère} était très-suspecte. » (Mathieu Marais à Bouhier, 30 juin, 2 juillet 1732.)

« point, lui dit-il, avec mon beau-père, que j'estime et res-
« pecte. Vous demandez ma tête, je le sais; la voilà, mais
« grâce pour votre fille, qui est très-malade. Je suis au dé-
« sespoir; frappez-moi ou dites-moi dans quelle prison je
« dois me rendre; j'y vais de ce pas. » Le marquis le
somme de nouveau de croiser le fer, et Mirebel s'y refusant obstinément : « Sortez, conclut M. de Brun, une pa-
« reille scène me donnera la mort. — Je ne sortirai d'ici
« qu'en emportant la grâce de votre fille. — Jamais, si
« je la revoyais, elle périrait de ma main ; et si vous ne
« sortez à l'instant, c'est moi qui me tuerai. » Mirebel,
voyant le vieillard, qui n'avait cessé de tenir son épée
nue, près de passer de la menace à l'effet, se retira enfin.
Cette scène violente avait duré une demi-heure.

Sans se décourager, l'infortuné veut épuiser tous les
moyens. Il poursuit d'abord à Besançon, puis dans leurs
terres de Bresse, la sœur et le beau-frère de M. de Brun,
M. et Mme de Boutavan, et finit par les rejoindre à Dôle
même. Il prie M. de Boutavan, qui habitait chez son beau-
frère, de venir le voir à l'auberge où il était descendu, et
tout en acceptant ses reproches, il obtient de lui la promesse de son intervention. Quelques heures après, Boutavan revint : « M. de Brun, lui dit-il, est un homme
inflexible. Le mieux est de retourner en Lorraine ; je
vous instruirai de ce que je pourrai faire en votre faveur. »

Le même jour, il était neuf heures du soir, accablé par
les émotions des jours précédents, Mirebel venait de se
faire saigner, et reposait : c'est à son tour d'être stupé-
fait en voyant entrer dans sa chambre son ennemi :
« Que m'apportez-vous, lui demande-t-il, la vie ou la

mort? » M. de Brun répliqua qu'il venait derechef exiger réparation par les armes, et après l'avoir trouvé inébranlable sur ce point, il partit en lui laissant pour adieux ces paroles : « N'attendez jamais de grâce de moi. Dieu descendrait sur terre qu'il ne me ferait accorder ni mon consentement à votre mariage, ni mon pardon à votre crime (1). »

A ces paroles désespérantes, Mirebel eut encore le courage de répliquer, avant de partir, par une lettre éloquente et touchante :

« Je pars, puisque ma vue vous blesse, plus malheu-
« reux que si j'avais essuyé mille morts. L'effort que je
« me ferai pour me traîner hors d'ici me la procurera,
« à ce que j'espère, puisque vous avez la cruauté de me
« la refuser. Craignez, Monsieur, craignez d'être trop
« bien vengé. On se repent souvent trop tard de n'é-
« couter que ses premiers mouvements. Prenez exem-
« ple sur moi; si je ne les avais pas suivis, je ne serais
« pas ce que je suis, ni ne ferais ce que je fais aujourd'hui.
« Non que ce soit pour moi, qui n'ai jamais pensé d'agir
« de la façon dont vous vous servez pour aigrir votre
« courroux, et qui, loin de chercher à vous offenser, n'ai
« voulu que vous être toujours tendrement attaché et
« respectueusement soumis. Ce sont ceux qui vous peu-
« vent dire le contraire, que je vous prie de me nommer,
« et je me charge du soin de leur faire changer de lan-
« gage.

« Enfin, Monsieur, ne possédant plus rien dans ce

---

(1) Tous les détails de ces entrevues sont tirés d'une lettre d'Henri-Charles de Saulx à M. le Duc, 8 juillet 1732. — Papiers de Saulx.

« monde, je n'ai plus que d'en sortir. J'attends votre
« ordre à Nancy, à mon adresse ordinaire, pour me ren-
« dre dans quelle prison vous le jugerez à propos, et y
« expier un crime aussi énorme que celui dont je suis
« coupable. Sitôt que le procès sera en état, vous n'au-
« rez qu'à me le mander : je vous donne ici ma parole
« d'honneur que j'irai me livrer où vous me l'indiquerez.
« Si je vous demande grâce, c'est pour votre fille : ne la
« condamnez pas sans l'entendre, elle est plus à plaindre
« que vous ne croyez, et n'est pas la plus coupable ; mais
« ce secret ne sortira jamais de ma bouche ; j'aime mieux
« la mort.

« Je vous déclare ici, Monsieur, que mon père n'a pas
« su la moindre chose de ce qui s'est passé, et que je re-
« doute autant et même plus sa colère que la vôtre ; les
« domestiques qui nous ont suivis y ont été forcés par
« moi. Ainsi, Monsieur, prenez garde de ne pas confon-
« dre l'innocent avec le coupable ; c'est moi seul qu'il
« faut punir, je le mérite de toute façon. Au reste, Mon-
« sieur, ordonnez du sort de votre fille, si elle est encore
« en vie, car elle et moi emploierons le malheureux reste
« de notre vie à mériter le retour de votre tendresse, et
« expier une faute que vous me faites sentir bien vive-
« ment. »

Après cette dernière effusion, Mirebel désespéré, la tête de plus en plus troublée, prend la route de Dijon. Il vient frapper une nuit incognito à la porte de son cousin Henri-Charles de Saulx, lui expose son dessein d'aller se jeter aux pieds de M. le Duc. L'idée qu'on pût attribuer à un motif intéressé sa participation à la fuite clandestine de Mlle de Brun lui était insupportable. Après lui avoir prodigué les représentations, le comte de Saulx le laissa aller passer quelques jours près de son père; il écrivit de son côté à M. le Duc le récit de ce qu'il venait d'apprendre, en le suppliant de faire au moins transmettre à Mirebel le prix de la compagnie dont il venait d'être privé. Il crut enfin qu'en dissipant les soupçons injustes du père on vaincrait sa résistance, et il lui fit demander inutilement au nom du coupable son consentement au mariage, s'obligeant d'avance à renoncer à sa fortune. M. de Brun déclarait le mariage bel et bien conclu, et contre son gré; il en appela même comme d'abus devant les tribunaux ecclésiastiques. Autant il tenait à voir prouver le rapt de violence, afin de pouvoir frapper Mirebel, autant il désirait croire à la légitimité de la cérémonie de Sarrebruck; ce qui lui permettait de justifier d'avance sa conduite envers sa fille (1).

Mirebel ne tarda pas à repasser en Lorraine. Il était temps; le 12 juillet, il y eut au bailliage d'Auxonne décret de prise de corps contre lui. Quand il rentra à Nancy, sa complice n'y était plus; le lendemain de son départ pour la Comté, un ordre royal, dont le gouvernement lorrain appuyait l'exécution, était arrivé pour faire transférer Mlle de Brun dans un couvent de Metz. Celle-ci, le jour où elle vit qu'il faudrait tenir tête à son père, quand elle apprit la plainte judiciaire portée

(1) Un de ses hommes d'affaires, Ballyat, lui écrit le 7 septembre 1737 : « L'important serait d'avoir des preuves de la célébration du mariage; mais je ne crois pas que nous puissions acquérir d'autres que celles qui sont au procès. Si au moyen de vingt ou de trente pistoles on pouvait engager le curé de Sarrebruck d'en donner un certificat, cela serait bon. » (Archives de Brun.)

contre Mirebel et les démarches faites à Paris, ne pensa plus à poursuivre la lutte. Elle alla d'elle-même chez le résident de France déclarer qu'elle obéirait, pour bien marquer qu'elle était libre et prête à se soumettre. Le 2 juillet, elle arrivait volontairement à Metz, et, contre son attente, au lieu de rentrer sous l'autorité paternelle, elle vit bientôt se réaliser ce qu'elle craignait le plus, et, tomba entre les mains de sa mère (1). Au bout de trois semaines, elle fut conduite entre vingt-quatre archers à Paris, et enfermée aux Filles de Sainte-Élisabeth (23 juillet); puis sa mère, lasse de ne la voir qu'au parloir, loua au couvent des Filles de la Croix un appartement et la prit avec elle; elle voulait à tout prix lui faire complétement rejeter sur Mirebel la responsabilité de sa fuite, afin de se justifier elle-même aux yeux de son mari. Pour échapper à ses obsessions, la malheureuse use de tous les moyens : à son père, à qui on l'empêche d'écrire, elle parvient à faire passer un acte de soumission absolue, en même temps qu'un acte d'accusation contre la marquise. Menacée d'une maison de force si elle ne veut pas témoigner par écrit contre son ravisseur,

---

(1) « Je suis sensible... à tout ce que souffre ma malheureuse nièce.... malgré les soins que je me donne encore tous les jours et presque seul pour elle qui est au moment de tomber entre les mains de sa mère. C'est ce que vous m'avez dit qu'elle craignait le plus. » (Lettre de M. de Boutavan à Mirebel, 1er novembre 1732. — Pap. de Saulx.) C'est ce qu'affirmait plus tard à M. de Brun la supérieure du couvent de la Flèche : « Elle craint plus que la mort de tomber en d'autres mains que les vôtres. » (Lettre du 25 juillet 1736. — Archives de Brun.)

On alla jusqu'à dire que Mme de Brun avait voulu rendre sa fille indigne de sa succession, en favorisant l'enlèvement, et faire ainsi passer ses biens à son frère, M. du Montal.

elle se dit du moins prête à renoncer à lui, et à lui signifier cette renonciation (1).

M. de Brun ne fut pas touché. La mère et la fille lui semblant toutes deux coupables, il les sépara définitivement l'une de l'autre. En vertu d'une nouvelle lettre de cachet, la seconde fut transférée au couvent des Madelonnettes de la Flèche, sous le nom de Mlle de La Pérouse (2) : il y avait ordre de ne la laisser écrire à personne, pas même, surtout à sa mère, et de lui inspirer la vocation religieuse. Mme de Brun de son côté eut beau déshériter sa fille par testament ; la porte du toit conjugal lui fut fermée à son retour, et un long procès entre les deux époux devait s'ensuivre.

Un autre, plus grave, celui que la colère du marquis avait engagé devant le bailliage d'Auxonne, se dénoua le 14 avril 1733. Le fermier et le portier du château, seuls présents, furent renvoyés des fins de la plainte, et les autres accusés condamnés par contumace. Mirebel devait s'abstenir des compagnies des maisons où se trou-

---

(1) Elle écrit à son père, le 17 septembre : « Votre fille.... sans qu'elle ait jamais pu se voir un instant à portée de vos conseils paternels, que j'ai désirés au delà de toute expression, a été trompée de plus d'une façon ; mais, mon cher père, le respect que la nature m'inspire est au-dessus de tous mes malheurs.... Il n'y a point de faute à imaginer au-dessus de la mienne, tant que vous n'aurez pas la bonté d'examiner par vous-même si d'autres n'y ont pas infiniment plus de part que moi. »
(2) « On dit qu'on a été obligé de l'y transférer, parce que dans la maison où elle était à Paris, elle avait trouvé le secret d'écrire et de recevoir des lettres, et de s'intriguer pour se faire enlever de nouveau. Je crois vous avoir mandé que le marquis de Tavanes, père de Mirebel, était mort depuis peu. Comme avant sa mort il avait fait une donation de tous ses biens à M. le comte de Tavanes, ce dernier s'est emparé de tout, dans le dessein de les conserver au fils, s'il peut parvenir à se tirer de cette malheureuse affaire. » (Bouhier à Mathieu Marais, 3 novembre 1733.)

verait M. de Brun autant de temps que celui-ci le jugerait
à propos, payer quatre mille livres de dommages-intérêts,
et distribuer deux cents livres aux pauvres. Ses complices
étaient bannis pour six ans du ressort du bailliage. Il était
donc simplement condamné pour avoir favorisé l'évasion
clandestine d'une mineure. M. de Brun interjeta aussitôt
appel de cette sentence devant le parlement de Dijon.

Mirebel n'attendit pas le dénoûment de cette affaire
pour passer à l'étranger, près de l'électeur de Bavière,
dont sa famille et lui-même étaient connus. Dès qu'il se
fut assuré là un refuge, il revint en Lorraine, afin de
suivre son procès, et ne négligea rien, sinon pour se
disculper, au moins pour allonger la procédure. Gagner
du temps, c'était préparer et faciliter une transaction,
peut-être un désistement de poursuites. Il n'y a aucune
preuve, faisait-il dire, du rapt de violence, et la plainte
même prouve qu'il n'y a pas eu violence. Une jeune
fille de dix-neuf ans ne descend pas de quarante pieds
de haut par force, et ne prend pas de domestiques avec
soi. Un jeune homme de vingt-cinq ans n'est point un
ravisseur, quand il respecte celle qui part avec lui. Ce
ne peut être au plus qu'une séduction, et encore une
séduction ne s'accomplit-elle pas en un jour ou deux;
c'est une faute, une légèreté de jeunes gens et non un
crime. Enfin, y eût-il rapt, le rapt n'est plus quand il
n'y a plus possession. L'on ne manquait pas de produire
à l'appui des faits analogues, dont l'histoire judiciaire de
ce temps n'est que trop remplie.

Si du moins Mirebel eût été soutenu dans cette lutte
par celle qui l'y avait engagé, et qui se refusait désor-

mais à en être le prix! Il comptait sans la fascination exercée sur elle par son père, qui néanmoins l'accablait, à deux cents lieues de distance, par ses rigueurs calculées et son imperturbable silence. La malheureuse victime qu'on vengeait ainsi contre son gré eut bientôt perdu sa liberté morale comme sa liberté physique. Le couvent lointain où elle était reléguée était choisi, ce semble, avec un art raffiné pour éteindre en elle toute velléité d'indépendance, toute lueur d'espoir, je dirais presque toute intelligence. La correspondance de la supérieure et de l'économe du couvent avec le père de leur nouvelle compagne soulève le cœur. Dans ces lettres sans dignité et sans orthographe, les demandes d'argent et les plates flatteries se succèdent sans relâche. On accable le père de qualifications pompeuses, on lui adresse des rapports qu'on lui fait payer argent comptant, en sollicitant à la fois pour la communauté et pour sa bienfaitrice. Celle-ci, au dire de ses geôlières, manifeste une vocation irrésistible pour la vie religieuse, surtout dans ce cloître qu'elle pourra rebâtir et enrichir à son aise. Le 16 avril 1735, elle a pris l'habit et le voile blanc des novices. Son père n'en persiste pas moins à refuser de faire lever la lettre de cachet qui pèse sur elle; on a beau lui dire qu'il faut que sa fille paraisse libre en faisant profession; il veut l'enchaîner du côté du ciel avant de la délivrer sur la terre (1). En 1736, la lettre de cachet est enfin levée; la novice se résigne à prononcer des vœux

---

(1) « Je veux, écrivait-il au cardinal de Fleury, me procurer toutes les preuves d'une vocation bien marquée, afin que ce sacrifice ne soit pas le sujet d'une seconde scène aussi triste que la première. »

simples qui permettaient le retour au siècle, et elle est immédiatement élue supérieure ; tant on craignait de laisser échapper une des plus riches héritières du royaume ! Singulière supérieure, que ses religieuses vantaient pour sa piété, pour son air majestueux, et qu'elles tenaient au secret, en chartre privée, au nom de qui elles mendiaient assidûment quelques miettes de la fortune paternelle !

Faut-il maintenant la croire, quand elle déclare ne prendre le voile ni par crainte, ni par chagrin, ni par dépit ? Tous ces sentiments se heurtant dans son âme en avaient brisé le ressort, et on n'oserait affirmer la parfaite quiétude d'esprit de la recluse qui signe *sœur Marie de Jésus* des lignes comme celles-ci : « M. de Tavanes, mon oncle, fait
« mille poursuites pour que je lui donne un désistement
« des promesses qu'il dit m'avoir faites et dont je n'ai
« nulle connaissance ; il n'y a point d'engagement entre
« lui et moi. Il a donné ordre à sa sœur, religieuse au
« Grand-Fontevrault, de faire arrêt sur mes vœux par
« MM. les évêques, si je ne lui donne pas la déclaration
« qu'il souhaite ; pour cet effet, il montrera un pré-
« tendu contrat de mariage que je déclare très-faux, car
« je n'en ai nulle connaissance... Je crois qu'il sera
« à propos que je donne ce qu'il demande en ces ter-
« mes : Je ne vous ai ni épousé ni promis de vous épou-
« ser ; je renonce même sur cela à toutes promesses que
« vous auriez pu me faire, ainsi je vous laisse maître de
« votre sort. Pour de mon côté, je le suis sans contesta-
« tion ; je ne veux que Dieu seul pour époux (1). »

___

(1) Lettre à M. de Brun, 3 juin 1736. — Archives de Brun.

Le drame est complet : trois personnages y sont en présence, vulnérables par quelque côté dans l'opinion publique ; tous trois pourtant dignes de pitié et de respect. M. de Brun est inflexible, mais c'est l'autorité paternelle, si grande encore au siècle dernier, qu'il défend dans sa plénitude ; c'est aussi le point d'honneur, dont le vieux gentilhomme demeurera jusqu'au bout l'esclave. Sa fille, après un premier élan vers l'indépendance, ne s'obstinera point, comme l'a fait avec succès Mlle de Vaudrey ; elle s'incline, aimant mieux être accusée d'infidélité à ses promesses que de désobéissance. Au fond du cœur, M. de Brun souhaiterait davantage ; il voudrait qu'une soumission complète lui permît de revoir son enfant, et il lui fait proposer d'épouser le comte de Salives, alors à l'article de la mort ; cette union *in extremis* effacerait sur son nom une tache plus ou moins méritée, et elle serait aussitôt réintégrée dans tous ses droits. Mais elle, comme si elle voulait donner à Mirebel la consolation de n'avoir point de successeur : « J'ai trop peur que M. de Salives n'en revienne. » Cette dernière chance de réconciliation écartée, le père et la fille ne se revirent jamais.

Quant à l'amant chevaleresque et fidèle, placé à cause de sa cousine sous le coup d'une accusation capitale, il persistait à la croire d'accord avec lui, et il refusait d'ajouter foi à des déclarations signées derrière les grilles d'un cloître. Entre chaque ligne de ses lettres il pensait lire la contrainte, et y répliquait par des protestations passionnées qui le plus souvent ne parvenaient pas à leur adresse.

En voici une entre autres qui date des premiers temps de leur séparation, et qu'il envoyait à un parent commun, M. de Vaudrey. Après s'être plaint qu'on a intercepté plusieurs de ses lettres, il ajoute : « Je ne prétends pas
« justifier ma conduite ; je sens tous mes torts et je vou-
« drais de tout mon cœur être le seul coupable et le seul
« malheureux ; mais, Monsieur, soyez persuadé que sans
« l'excès des mauvais traitements que l'on a exercés con-
« tre votre nièce, elle n'aurait jamais pris un parti aussi
« violent ; vous connaissez les personnes et vous en ju-
« gerez plus sûrement que qui que ce soit. Cependant,
« Monsieur, comme j'ai appris que vous vouliez bien
« que j'eusse l'honneur de vous appartenir, je vous sup-
« plie de faire en sorte que l'entêtement de M. de Brun ne
« nous perde pas tous deux. Car Mme de Brun fait tenir à
« sa fille des discours qui la déshonorent et me mettent
« dans la nécessité d'agir comme s'ils partaient de la fille,
« ne pouvant pas m'obstiner de vouloir épouser une per-
« sonne qui dit qu'elle ne m'aime ni ne m'estime. Vous
« savez vous-même, Monsieur, de quelle façon elle nous
« a écrit, si elle peut s'en dédire ; de sorte que je ne vois
« pas de remède à nos maux, si vous voulez bien en
« être touché, que d'avoir la bonté d'écrire à M. le Car-
« dinal, que vous le priiez de faire cesser les procédures
« ou d'évoquer le procès au conseil, pour ne pas perdre
« votre nièce, et d'engager M. et Mme de Boutavan d'en
« écrire autant, puisqu'ils veulent bien approuver mon
« alliance ; car enfin faut-il que M. de Brun seul de son
« parti soit maître de perdre et déshonorer sa fille et par
« conséquent de causer une tache bien disgracieuse, ce

« me semble, pour toute ma maison? Pour moi je ferai
« tout ce que vous jugerez à propos pour réparer ma
« faute. Mes intentions sont bien légitimes et mes senti-
« ments ne démentiront jamais ma naissance. Ainsi,
« Monsieur, je m'adresse à vous pour me prescrire ce
« qu'il faut faire. Qu'en reviendra-t-il à M. de Brun
« quand je serai condamné comme ravisseur et que sa
« fille sera longtemps dans un couvent? Cela ne réparera
« rien. Ne vaudrait-il pas mieux que nous lui sachions
« gré de sa clémence, que de nous plaindre de sa cruauté,
« puisqu'aussi bien elle ne peut rien réparer?......... Que
« faut-il que je fasse? Je suis dans la plus cruelle situa-
« tion du monde par rapport à votre nièce que sa mère
« obsède continuellement.... »

Ainsi abandonné par la fille, Mirebel allait en outre être frappé par l'impitoyable vengeance du père. L'arrêt définitif du parlement de Dijon fut rendu le 10 février 1738. Tout en constatant le consentement de Mlle de Brun, il condamnait l'accusé par coutumace à avoir la tête tranchée devant la principale façade du château de La Marche, à payer cinq cents livres d'amende au roi et six mille livres de dommages-intérêts à M. de Brun; le surplus de ses biens était confisqué. Les deux domestiques furent bannis pour six ans des deux Bourgognes et condamnés à vingt livres d'amende (1).

---

(1) Ainsi l'on appliquait dans toute leur rigueur les ordonnances édictées contre les ravisseurs, sans tenir compte ni de la jurisprudence courante, ni des circonstances du fait. La loi, il est vrai, frappait de mort le rapt de séduction comme le rapt de violence. Par une déclaration récente (1731), Louis XV avait insisté sur l'application rigoureuse de la loi ; mais, dans l'usage le plus commun, les juges n'étaient aussi sévères que si le coupable était de condition fort infé-

Le malheureux Mirebel attendait à Lunéville sa sentence; il apprit bientôt qu'il avait été exécuté en effigie à La Marche le 25 février, et il ne vit plus d'autre moyen de sauvegarder sa liberté et sa vie que de passer définitivement à l'étranger. De là il tenta de rentrer en relations avec sa cousine par l'intermédiaire d'un ami, Bertin du Rocheret, président de l'élection d'Epernay. Celui-ci a raconté en quelques pages intéressantes ses relations avec l'exilé, et les peines qu'il se donnait pour faire parvenir ses lettres à la recluse des Madelonnettes : « Notre entremetteur, dit-il, était le frère Vincent, apothicaire des Carmes des Billettes à Paris. Je recevais les paquets d'Allemagne, et je les remettais au frère Vincent, qui les portait à pied à la Flèche, et m'en rapportait les dépêches que je faisais passer en Hongrie ou en Bavière, et partout où il fallait.... »

Cette nouvelle correspondance ne paraît pas avoir duré longtemps. Tout en reprochant à son cousin d'avoir été trois ans sans lui donner de ses nouvelles, Mlle de Brun, en fille soumise à son père, lui fit dire franchement qu'il ne fallait plus songer à elle. De désespoir l'exilé va chercher la mort en Hongrie, dans la guerre contre les Turcs; blessé, il revient en Bavière, où l'électeur le fait chevalier de son ordre. Il se reprend alors à espérer, il tente de nouvelles démarches : « Dieu m'est témoin, écrit-il à
« un ami le 16 janvier 1740, que je n'ai rien négligé pour
« elle. Si M. le Duc m'avait tenu parole, et si mes propres
« parents n'avaient pas agi contre moi, j'aurais bien mis

rieure, ou quand il s'était rencontré des circonstances aggravantes, telles qu'un mariage avec supposition de témoins.

« son père à la raison, mais enfin vous savez tout ce que
« je vous ai dit sur cela, je ne regrette que son cœur, et
« je sacrifierais tout ce qui me reste, et ma vie même
« pour elle, car je l'aime autant que le premier jour, et
« d'autant plus qu'on l'a traitée indignement. Comment
« ne suis-je pas mort de désespoir de me voir les mains
« liées par la lettre de cachet, et par le respect que je
« dois à son bourreau ? Enfin le ciel m'a fait supporter
« mes maux; il suffit de savoir aujourd'hui qu'elle est
« majeure il y a longtemps, puisqu'elle est née le 13 octo-
« bre 1713 (1), et que la lettre de cachet est levée. Quels
« sont ses sentiments pour moi, afin que j'y conforme les
« miens ? Si elle veut me venir trouver, nous vivrons fort
« bien et fort agréablement à Munich, et j'ai assez pour
« elle et pour moi. Sinon, qu'elle me dise ses raisons,
« ou si elle a renoncé à moi, qu'elle me donne un certi-
« ficat qu'elle a renoncé à tous les engagements qu'elle
« a pris avec moi, pour que je puisse prouver que je ne
« lui ai pas manqué de parole, et que je m'établisse en
« Bavière à la demoiselle que l'électeur veut que je prenne,
« pour prouver que je m'attache véritablement dans son
« pays. Elle est fort jolie, a de gros biens, et est de grande
« naissance. Cependant je vous jure, mon cher ami, que
« je n'en ferais rien, si ma cousine pense encore à moi. »

La gloire militaire ne le consolait pas; et pourtant elle lui vint vite. La guerre de la succession d'Autriche, en le faisant combattre à côté des troupes françaises, le plaça dans une situation parfois singulière. Fait prison-

---

(1) Légère erreur de date. Son extrait de baptême fixe le jour de sa naissance au 21 octobre.

nier par les Autrichiens en Bohême durant la campagne de 1741, et aussitôt échangé, il reçut à son retour auprès de l'électeur, devenu l'empereur Charles VII, le titre d'adjudant-général et le rang de colonel, avec la mission d'aller annoncer aux rois de France et d'Espagne la nouvelle de la prise de Prague. Ce dut être un singulier spectacle que celui de cet homme condamné à mort, se présentant en plein Versailles, sous le titre de baron de Montarlo, protégé par les immunités diplomatiques. L'électeur espérait lui faciliter ainsi les moyens d'obtenir sa grâce. L'envoyé de Charles VII ne gagna rien à sa mission que la tolérance tacite de venir de temps en temps en France. Le roi, en dépit des sollicitations, des mémoires qui furent mis sous ses yeux, se disait lié par le serment du sacre, et hors d'état d'exercer envers un ravisseur, quel qu'il fût, son droit de grâce. Le premier gentilhomme du royaume ne pouvait moins faire que le marquis de Brun, et se montrer moins respectueux envers la parole qu'il s'était donnée à lui-même.

De nouvelles tentatives furent faites pour réconcilier l'exilé avec celui qu'il appelait son beau-père, alors maréchal de camp dans l'armée française. En décembre 1742, Mirebel obtint du prince de Conti que celui-ci préviendrait le marquis en sa faveur. Cette démarche demeura inutile, et le récit suivant fera voir à quelles extrémités peuvent être entraînés en face l'un de l'autre deux hommes, l'un dont rien ne saurait rebuter la générosité, l'autre que rien n'ébranle dans son inflexible résistance.

Le 12 décembre, au camp devant Braunau, M. de

Brun et M. de Mirebel se rencontrèrent chez le général de Seckendorf pour affaires de service; leurs regards se croisèrent sans laisser percer de part et d'autre la moindre émotion. Le premier ayant rempli les devoirs de sa charge se retira, et Mirebel ayant cru qu'il lui faisait signe de le suivre, pensa que les recommandations du prince de Conti l'avaient fait réfléchir. Hélas! il se trompait, car ces instances ayant averti son ennemi des sollicitations dont il allait être l'objet, il fut plus facile à celui-ci de conserver tout son sang-froid et de repousser les avances.

Mirebel le rejoignit dans la rue; en le voyant au premier mot porter la main à son épée, il s'écria : « que, loin de chercher à l'attaquer, il n'avait d'autre envie que de réparer la faute qu'il expiait si cruellement depuis plus de dix ans; qu'il lui demandait seulement de l'écouter; que même, en s'avouant aussi criminel qu'il le paraissait à ses yeux, il comptait sur le pardon qu'un noble cœur, malgré la gravité de l'offense, accorde toujours par générosité et grandeur d'âme. Je suis déterminé, ajouta-t-il, à tout entreprendre pour regagner votre estime, et si vous voulez bien rentrer chez le général de Seckendorf, j'implorerai à genoux, devant tous les gentilshommes, le pardon et l'oubli de ma faute. » M. de Brun ne répondait que par un silence glacial et un regard de mépris. Un certain nombre d'officiers attirés par les éclats de voix de Mirebel faisaient cercle autour d'eux. Celui-ci passa la journée plongé dans une agitation violente, et le marquis lui-même, importuné par la publicité de cette scène, paraissait troublé comme un homme en proie au remords.

Le lendemain, Mirebel, chargé d'une opération militaire, ne put revoir le marquis, mais le 14 décembre il se rendit chez lui, et là, en présence de M. de Lautrec, lieutenant général, il se jeta à ses pieds. M. de Brun le repoussa, disant qu'il le regarderait toute sa vie avec horreur et qu'il l'avertissait de se mettre en garde partout où il le rencontrerait. — « Je n'aurai jamais d'arme contre vous, répliqua Mirebel en tirant son épée et en la déposant aux pieds du vieillard ; je ne viens ici que pour me justifier, et il ne tient qu'à vous de voir toute la droiture de mon procédé. Vous le savez, Monsieur, j'ai été élevé avec Mlle votre fille ; vous ne paraissiez pas éloigné de nous unir, vous en avez souvent parlé à mon père avec quelque complaisance, vous aviez permis à cette chère enfant de s'attacher à moi, c'est sous vos yeux que cette chaîne mutuelle a commencé à se former ; exposée ensuite à de cruels chagrins, elle a pensé devoir s'y soustraire par une démarche illégitime, je l'avoue ; mais le désespoir où elle était la lui faisait trouver raisonnable, et si j'eusse eu la lâcheté de l'abandonner alors, quel est donc le devoir auquel j'aurais été fidèle ? Au reste, Monsieur, en me supposant même aussi criminel à votre égard que je suis malheureux, n'y a-t-il donc point de satisfaction qui puisse vous attendrir ? »

M. de Brun, n'ayant pu l'interrompre, ramassa et lança hors de la chambre l'épée de celui qui l'implorait, et sortit sans même daigner répondre.

Mirebel, se relevant alors, supplia M. de Lautrec, fort embarrassé de sa présence involontaire à cette scène, d'intercéder pour lui ; le marquis étant rentré, il se jeta encore à ses genoux : « Retirez-vous, s'exclama M. de Brun; je vous l'ai déjà dit, vous devriez redouter mes premiers mouvements. » A cette menace, Mirebel, à qui un domestique avait remis son épée, la présenta par la garde au père outragé : « Suivez donc vos premiers mouvements, j'y consens, terminez mes tristes jours et mes malheurs. Ce n'est plus pour moi que je vous parle, c'est pour votre fille infortunée que vous mettez au désespoir; accordez du moins sa grâce au sang que je suis prêt à répandre pour elle; la mort me sera plus douce que la vue de l'opprobre dont vous l'accablez et de l'indigne prison où vous la tenez depuis plus de dix ans. »

M. de Brun repoussa encore une fois l'épée qui lui était offerte, en appelant ses domestiques pour l'habiller. M. de Lautrec s'esquiva, pour n'avoir point à se mêler à un débat si douloureux. Mirebel allait le suivre, mais en ce moment décisif toute l'horreur de sa situation lui apparut : les larmes jaillirent malgré lui de ses yeux, et dans un élan désespéré, il courut se jeter de nouveau aux genoux de l'inflexible vieillard : « Voyez, Monsieur, lui dit-il, dans les seules larmes que j'aie versées de ma vie la sincérité de mon tendre et constant attachement à la victime que vous voulez sacrifier; je ne vous demande rien pour moi, mais pardonnez-lui et faites de moi ce que vous voudrez. » M. de Brun, toujours impassible et sans répondre, fit signe à ses gens de continuer sa toilette. Un officier qui venait d'entrer obligea Mirebel à se relever, en lui disant qu'il en avait déjà trop fait pour un homme de son caractère et de sa condition. Le malheureux se laissa entraîner hors de l'appartement, laissant son épée sur le parquet.

Le lendemain, un courrier impérial apporta une lettre de Charles VII au maréchal de Broglie, le chargeant de s'entremettre auprès de M. de Brun ; le maréchal accepta avec empressement cette mission et eut un entretien de deux heures avec le marquis ; il eut beau lui représenter qu'il se donnait en spectacle à toute l'Europe, que ce qu'on avait d'abord considéré comme un acte de justice de sa part devenait par sa durée d'une rigueur sans exemple ; qu'un droit rigide dégénère souvent en injustice ; qu'il devait au moins avoir égard à l'intervention impériale : M. de Brun devait garder jusqu'au bout la religion du terrible serment qu'il s'était fait à lui-même (1).

Après ces scènes douloureuses, une seule chose soutenait et consolait le malheureux Mirebel, c'était l'espoir que la prisonnière de La Flèche ferait honneur à une telle constance, à un tel dévouement ; et depuis longtemps il croyait s'apercevoir qu'elle voulait à tout prix oublier. Repoussé ici, déçu là, Mirebel fit le dernier sacrifice, avec la vague espérance que Mlle de Brun se déciderait peut-être à l'en récompenser un jour : « Rien
« n'ayant pu vous fléchir, écrivit-il au marquis, et ayant
« aujourd'hui des preuves qu'elle renonce à tout, plutôt
« que de vous déplaire plus longtemps, j'ai cru que, me
« trouvant l'objet qui lui attire tant de malheurs, je ne
« devais pas balancer à lui sacrifier encore tous les droits
« qu'elle m'avait donnés ; et comme elle y renonce volon-

---

(1) *Lettres au sujet du différend de M. le marquis de Tavanes avec M. le marquis de Brun*, 2ᵉ lettre, p. 17-25.

« tairement, je crois la servir que d'en faire de même,
« et vous déclarer, Monsieur, que je me dépars de toutes
« prétentions que je pouvais avoir à son égard, et qu'elle
« est absolument sa maîtresse; aussi je vous supplie
« d'oublier le passé, dont nous n'avons été que trop pu-
« nis, et de lui rendre vos bontés..... (1). »

Mirebel avait continué de grandir en fortune et en réputation à l'étranger. Il fut successivement nommé lieutenant général, chambellan et colonel des grenadiers à cheval de l'empereur, en récompense de ses services. A la mort de Charles VII (1745), pressé plus que jamais du désir de rentrer en France autrement qu'à la dérobée, il refusa les offres du nouvel électeur de Bavière, et pendant que ses amis de France s'obstinaient à le servir auprès de son ennemi (2), il faisait passer à Louis XV un nouveau mémoire où il tâchait de vaincre les scrupules qui arrêtaient la clémence royale à son endroit. Le véritable, le seul obstacle était le marquis de Brun, dont le ressentiment semblait croître avec les années. Sa mort, qui arriva subitement le 29 janvier 1746, changea la situation : les puissants protecteurs de l'exilé, la princesse de Conti entre autres, se mirent à l'œuvre; Louis XV finit par s'apercevoir que la loi ne lui enlevait le droit de grâce qu'à l'égard des rapts de violence. Aussi les démarches des uns et des autres furent-elles bientôt couronnées de succès. Mirebel, sous son vrai nom, put rentrer dans sa patrie.

(1) Lettre du 28 juin 1744.
(2) Lettre de Boisot, premier président du parlement de Besançon, au cardinal de Rohan, 20 février 1745. — Archives de Brun.

De son côté M{{lle}} de Brun, aussitôt qu'elle avait appris la mort de son père, était sortie de son couvent; elle était venue en Franche-Comté pour disputer s'il était possible les biens paternels à l'héritière désignée, sa tante M{{me}} du Montal. On les lui contestait, sous prétexte que sa fuite de 1732 l'en avait rendue indigne, et que cette indignité avait été consacrée par le testament de son père et par celui de sa mère (1). Épouser alors son ravisseur d'autrefois, c'eût été, pensait-elle, enfreindre la volonté paternelle toujours vivante à ses yeux, et rappeler que sa mère avait vu dans ses relations avec Mirebel un motif d'exhérédation. Le désir de rentrer en possession de ses biens, de veiller sur l'honneur d'un nom qu'elle seule représentait, la possédait avant tout; aussi fit-elle dépendre la confirmation de son mariage de la cassation du testament paternel. « Je savais d'elle-même, dit Bertin du Rocheret, que si elle ne rentrait pas dans ses biens..... elle n'y donnerait pas les mains, n'étant pas juste, dit-elle, que son cousin ayant sacrifié sa jeunesse et sa fortune, il poussât l'héroïsme jusqu'à s'attacher pour le reste de ses jours à une fille dont le peu de bien et l'âge ne seraient pas capables de les lui faire passer avec les agréments qu'il pouvait se promettre du grade où il s'était élevé. »

Le comte du Montal s'unit cependant aux Tavanes pour la déterminer à épouser son cousin : il offrit de lui remettre, si elle se mariait, tous les biens maternels; la

---

(1) M{{me}} de Brun ne mourut qu'en décembre 1748. Mais elle était dès lors interdite sous prétexte de démence, et sous la surveillance de ses parents qui craignaient qu'en revoyant sa fille elle ne se repentît de l'avoir déshéritée en leur faveur.

princesse de Conti intervint de son côté ; l'héritière des Brun refusa. A La Flèche, elle avait repoussé, avec la perspective de la liberté, la main de M. de Salives, par considération pour le souvenir de Mirebel ; devenue libre, elle écarta Mirebel à son tour, par respect pour les inébranlables volontés d'un père (1). La contrainte où elle avait vécu durant son enfance, sa longue réclusion à La Flèche avaient développé dans son cœur la passion de l'indépendance. Sur un brouillon d'elle écrit dans sa vieillesse, je lis : « Liberté, seul bien, seul trésor, seul et « unique bonheur de la vie ; lorsqu'on est parvenu à « cet état heureux, mon avis sera toujours de le con- « server très-précieusement. » Cette liberté, elle l'avait demandée à vingt ans à l'homme qu'elle aimait ; à quarante, elle estimait davantage l'indépendance que donne la richesse, même au prix de la solitude. Mirebel, lui, au comble des honneurs que l'ambition peut souhaiter, et malgré l'âge, la maladie qui ne tarda pas à l'emporter, se croyait encore à la première page du roman de sa jeunesse ; il se revoyait à cette nuit de mai où il courait à cheval à côté de la chaise de poste qui emportait sa fiancée : tous deux croyaient alors aller au-devant du bonheur sur cette route de Lorraine qui conduisait l'une à la captivité du cloître, l'autre à la honte d'une condamnation à mort et aux tourments de l'exil. A celui des deux qui avait gardé ses illusions, une déception suprême était donc réservée.

A peine rentré en France, le premier soin de Mirebel

---

(1) *Mémoire pour D^{lle} de Brun... contre messire... Bureau de la Rivière*, p. 49.

fut de courir en Bourgogne, et pour deux motifs également impérieux, faire entériner ses lettres de grâce à Dijon, tendre la main à sa cousine redevenue libre. Après avoir passé suivant l'usage vingt-quatre heures en prison, il alla sans doute à Dôle. Y eut-il entrevue? Nous ne savons rien à cet égard. En tout cas, si elle eut lieu, Mlle de Brun ne lui fit pas un accueil de nature à le convaincre que tout était désormais fini entre eux; car Mirebel, à son retour à Paris, ne paraît pas avoir encore perdu toute espérance : « Mon cousin (le comte de Tavanes) va me remettre mon bien, écrit-il au fidèle « Bertin du Rocheret, et l'on me flatte que Mlle de Brun « réhabilitera son mariage avec moi... J'espère aussi « qu'on me rendra mon grade de lieutenant général. « Voilà bien des espérances, me direz-vous, cher frère, « cela est vrai; le réel, c'est ma grâce, et le reste « viendra vraisemblablement. »

Il se trompait; cette âme généreuse et parfois chimérique se heurta jusqu'au bout à la triste réalité. C'est le sort ordinaire de ces caractères chevaleresques, dont l'antique fermeté sacrifie tout à ce qu'ils croient être le devoir; et ici, de part et d'autre, cette fermeté redoute si peu l'excès, qu'elle finit par commander le respect. Les craintes, les angoisses de Mirebel se trahissent dans une de ces lettres touchantes comme il savait en écrire, et qu'il adressait alors à M. de Montagu :

« Je croyais, Monsieur, que Mlle de Brun n'avait pas « à délibérer pour donner une tournure respectable au « passé, et qu'elle avait fait une assez longue et rude « pénitence et donné d'assez grandes preuves de la plus

« solide piété pour devoir être convaincue..... qu'elle
« n'était plus susceptible d'amour ni de haine, senti-
« ments trop extrêmes, le premier lui ayant coûté et à
« moi pareillement beaucoup trop cher, et le dernier n'é-
« tant pas selon la haute piété dont elle a donné de si
« grandes preuves à La Flèche. D'ailleurs le premier
« sentiment n'est plus de son âge ni du mien qu'autant
« qu'il se peut accorder avec la raison et le devoir, et le
« dernier ne peut me convenir par aucun endroit, si ce
« n'est qu'autant qu'elle me rende responsable de tous
« ses malheurs; mais en ce cas n'aurais-je pas la liberté
« de l'accuser de même des miens? Cependant au con-
« traire je persévère à lui offrir tout ce qui me reste de
« bien et de vie, pour réparer autant qu'il en est en mon
« pouvoir des malheurs dont je ne suis pas plus la cause
« qu'elle ne l'est des miens.

« Je vous avoue, Monsieur, que ma délicatesse est ex-
« trêmement blessée d'imaginer qu'on puisse croire que
« Mlle de Brun ait la moindre raison de me haïr; elle
« sait qu'elle a voulu tout ce qui est arrivé et ne l'a en-
« trepris qu'en prévoyant une longue suite de peines :
« ce qui lui fit me répéter en chemin plus d'une fois que,
« pourvu que nous vécussions ensemble, elle serait trop
« heureuse, quand même elle devrait gratter la terre
« avec ses ongles; ce sont ses propres paroles et senti-
« ments alors. Serai-je donc obligé de produire toutes ses
« lettres?..... Il serait bien affreux pour moi que par
« des conseils pernicieux que je suis persuadé que vous
« n'approuverez jamais, Monsieur, on fît parler Mlle de
« Brun contre sa propre conscience et son honneur;

« c'est uniquement ce qu'elle doit écouter et suivre.....

« Il est bien malheureux pour Mlle de Brun que sa
« très-respectable et très-vertueuse tante, si remplie de
« piété, ne daigne pas l'aider de ses conseils, la consoler,
« la recevoir enfin comme l'enfant prodigue de l'Écriture-
« Sainte. Eh! que devient donc le précepte de pardonner
« même à ses ennemis? Son propre sang en serait-il donc
« exclu? Mais est-ce pardonner que de refuser toute assis-
« tance, et dans quel temps, et après quelle pénitence?
« En vérité, Monsieur, l'avenir ne pourra croire une aussi
« longue vengeance. Dieu qui nous jugera dit lui-même
« qu'il n'est pas venu pour les justes. Sa loi, ainsi que celle
« des hommes, veut qu'on mette un terme à la peine.

« Ma consolation est de m'être acquitté de tout ce que
« je vous dois et à Mme la marquise de Montagu; il ne me
« reste qu'à vous assurer que je sens vivement la gran-
« deur et la sensibilité de votre âme percée avec juste rai-
« son de tant de malheurs, auxquels je n'ai participé que
« par la perte de mes biens, de mes emplois et de ma
« patrie, mais non pas par ce qui doit nous être de plus
« précieux dans la vie, que je crains bien qu'on n'arra-
« che encore à cette malheureuse victime. Je n'aurai à cet
« égard rien à me reprocher ; ayant fait selon les lois
« divines et humaines au delà de ce que je devais, il ne
« pourra m'en rester aucune tache ni aucun blâme. Ne
« paraîtra-t-il pas singulier que la sensibilité soit seule
« de mon côté (1)? ».

Mlle de Brun fut inflexible; le fatal serment de son père

---

(1) Lettre du 4 mars 1746. — Papiers de Saulx.

pesa jusqu'à la fin sur deux existences dignes d'être heureuses. Écartant des souvenirs qu'elle trouvait peu séants à son âge et au voile qu'elle avait porté, elle fut tout entière à sa lutte contre ses parents, et les poursuivit avec une persévérance égale à celle de M. de Brun contre sa femme et contre elle-même. Malgré ses efforts, elle ne put recouvrer sa fortune. Réduite à sa légitime, qui lui suffisait pour vivre honorablement, décorée de la croix de Marie-Thérèse d'Autriche qui lui conférait le titre de dame, elle atteignit les dernières limites de la vieillesse et mourut à Dôle en 1802, à quatre-vingt-neuf ans. Cette richesse dont elle faisait la sauvegarde de son indépendance la protégea en effet durant la tourmente révolutionnaire. Arrêtée et mise en prison, elle dut sa délivrance aux démarches de son homme d'affaires, et à l'abandon qu'elle fit à la république de sommes considérables.

Le marquis de Mirebel n'avait guère survécu à la ruine de ses espérances. Quelques mois après son retour en France, le 13 janvier 1747, il mourut presque subitement. Les cruelles déceptions qu'il venait de subir amenèrent sans doute dans son organisation fatiguée une crise qui l'emporta. Il avait réuni tous les papiers et lettres concernant la grande affaire de sa vie sous une enveloppe avec cette suscription : « Ce qui est sous ce pli appartient à Mlle de Brun, que je veux lui être rendu en main propre. » L'enveloppe seule fut rendue ; les papiers passèrent entre les mains de ses autres parents, de ceux qui disputaient à l'héritière des Brun les biens paternels. Son testament, écrit dès le début de ses épreuves, fut également attaqué, et validé seulement après un long procès. Celle qui avait refusé d'être sa femme eut, en apprenant sa fin soudaine, comme un remords; elle voulut prendre le deuil de veuve, mais la famille de Tavanes lui en refusa la permission, et elle n'osa le faire.

Telle fut la triste et singulière destinée d'un homme qui eût pu arriver sans peine, et par les chemins battus, à la fortune mondaine, à la gloire même, au dire de ceux qui l'ont connu. Ce fut certainement à cette époque le plus digne représentant de sa famille, un des héritiers du maréchal de Tavanes qui ont fait le plus d'honneur à son nom (1). Il possédait de rares talents militaires; sa haute fortune dans les armées impériales le prouve. C'était également un amateur éclairé des lettres et des arts ; il écrivait, sa correspondance le prouve, avec une chaleur et une vivacité communicatives. Malgré ces dons brillants, il paraissait mal à l'aise dans son siècle, dont il censurait avec amertume le luxe, et dont la frivolité répugnait à son âme chagrine et méditative. Dès sa jeunesse, on le traitait de « fou » et de « visionnaire. » Les contemporains du duc de Richelieu n'étaient point faits pour comprendre cet

---

(1) L'abbé Pérau (Vie du maréchal de Tavanes, dans les *Vies des hommes illustres de la France*, 1749, t. XVI) a fait un long éloge de Mirebel, son bienfaiteur : « Dur et pour ainsi dire cruel avec lui-même, généreux et compatissant pour les autres.... noble et haut avec ce que nous appelons les grands.... humble, modeste avec ses vrais amis, tendre, essentiel, attentif, il serait devenu un parfait modèle d'amitié, en mettant un peu moins d'humeur, de prévention, de contrariété dans le commerce.... Censeur souvent outré de la plupart des usages.... il regardait comme une faiblesse de ne pas s'opposer au torrent... L'histoire, les langues, la géométrie et ses différentes parties, la musique, la peinture, en un mot tout ce qui concernait les sciences et les arts paraissait lui être familier. Ses jugements néanmoins manquaient parfois de justesse.... »

émule d'Amadis de Gaule : son principal tort fut de croire à l'amour et à la fidélité du cœur au milieu d'un siècle étranger à ces deux sentiments. Il paya cette croyance de la perte de ses biens, de sa réputation et de sa patrie : héros de roman, comme nous le disions au début de ce récit, mais enfin héros par son caractère et ses malheurs, il méritait de l'histoire sur son nom et sur sa vie au moins un regard et un mot de réhabilitation.

CHAPITRE NEUVIÈME

LA RÉVOLUTION FRANÇAISE

LES DERNIERS SAULX-TAVANES

(1786-1861)

La dernière duchesse de Saulx. — Ses Mémoires inédits. — Récits et épisodes de l'émigration : en Hollande, en Angleterre, en Russie, en Pologne. — Retour en France. — Mme de Saulx à Paris, sous le Directoire et le Consulat. — Sa retraite en Bourgogne. — Fin des Saulx-Tavanes. — Conclusion.

Survient la révolution de 1789; c'est la fin de l'histoire des Saulx, comme de l'ancienne monarchie. Leur nom n'apparaît ni sur les registres du tribunal révolutionnaire, ni sur les listes de la maison de Napoléon Ier. Le chef de la famille, émigré, obscur soldat à l'armée des princes (1792), « propriétaire-cultivateur (1) » sous l'Empire, fait partie de la Chambre des pairs sous la Restauration, et meurt en 1820 à peine connu, même de la France officielle. Sur cette période, nous n'aurions pas une page à remplir, s'il ne nous restait un témoignage précieux à recueillir. Ce témoignage est sorti des mains de la dernière duchesse de Saulx. Ses mémoires inédits, qu'une

---

(1) C'est le titre que lui donne un passeport demandé par lui pour un voyage en Italie, en 1805.

bienveillante communication nous a permis de parcourir, ne sont pas seulement l'écho de souvenirs personnels ; j'y trouve comme l'épitaphe d'une noble famille, tracée par une femme d'esprit et de cœur, qui survécut à tous les siens, et descendit dans la tombe sans avoir tourné la tête vers un monde tout différent de celui de sa jeunesse, et où son nom ne devait plus retentir après elle.

Elle était née Choiseul-Gouffier, dans les dernières années du règne de Louis XV (1). Son père, adorateur fervent, à la suite de l'abbé Barthélemy, du génie hellénique, s'était illustré de bonne heure par son *Voyage pittoresque en Grèce ;* il y avait gagné, outre l'honneur alors incomparable d'être célébré par Delille, une place à l'Académie des Inscriptions et un fauteuil à l'Académie Française. Nommé ambassadeur à Constantinople, il s'y montra un représentant actif et intelligent de la civilisation européenne. Sa fille Aglaé fut élevée dans ce couvent de Bellechasse où Mme de Genlis présidait alors à l'éducation des enfants du duc d'Orléans ; et elle reçut de son père, avec l'esprit naturel, une instruction solide, le goût des lettres anciennes et par surcroît l'art d'écrire (2). A peine sortie de l'enfance, on la maria avec le comte de Tavanes. Elle apporta à sa nouvelle famille je ne sais quel renouveau passager de jeunesse et de vie, et c'est en elle que se résume, durant les cinquante dernières années de leur existence, l'histoire des Saulx-Tavanes.

---

(1) Le 17 septembre 1772.
(2) On a imprimé d'elle *Le Père et la Fille, conte moral, traduit de l'anglais de mistress Opie,* par Mme S. T. V.... Paris, 1802. (Quérard, *France littéraire.*)

Par son origine, son mariage, ses qualités personnelles, elle semblait devoir être un des principaux ornements de la cour de Louis XVI. La Révolution changea son avenir, et, pendant plusieurs années, fit de sa vie une course continuelle à travers l'Europe. Ce sont ses impressions de voyage et d'exil, ce sont les émotions de son retour au spectacle du monde directorial et consulaire, dont elle a voulu, dans sa vieillesse, fixer le souvenir. Ses Mémoires, curieux par la variété des tableaux qu'ils nous offrent, étaient-ils destinés dans sa pensée à être la conclusion d'une longue histoire, la dernière page de ces *Mémoires de Saulx* tracés jusque-là par trois générations d'hommes d'État et de capitaines? Elle y parle en tout cas d'elle-même et des siens avec cet indéfinissable accent d'autrefois dont peu de personnes après elle ont possédé le secret. Nous verrons par quelques extraits comment toutes les épreuves qui frappèrent la noblesse française ne furent pas épargnées à la dernière duchesse de Saulx ; comment tous les sentiments qui avaient traversé les âmes des émigrés agitèrent son âme et trouvèrent sous sa plume une vive et éloquente expression.

Son odyssée commença en 1791. Elle vint avec sa grand'mère s'installer à Tournay ; l'émigration paraissait alors, elle en fait naïvement l'aveu, un voyage d'agrément, de peu de durée. « M. de Tavanes, ajoute-t-elle, après avoir conduit sa mère en Suisse, fit une excursion en Italie, et revint ensuite me rejoindre. Je le revis avec plaisir ; il s'était formé et plaisait dans la société, où il apportait beaucoup de complaisance, et une gaieté qui réunissait le charme du naturel à la vivacité de l'esprit. »

Pendant qu'il allait à Coblentz et à Worms présenter ses hommages aux princes, qu'il rentrait en France pour rendre à son père les derniers devoirs, sa femme séjourna successivement à Trèves, à Bruxelles et à Maëstricht, et ce fut au moment où les décrets de l'assemblée législative changeaient l'émigration en exil qu'elle s'entendit appeler pour la première fois duchesse de Saulx. Après le 10 août, on l'engagea à rentrer en France, son absence n'étant encore constatée qu'en Bourgogne; mais elle s'y refusa, à la pensée des tristes scènes qui ensanglantaient alors Paris. Son mari, capitaine au régiment de Dauphin-Dragon, alla prendre sa place dans les rangs de la noblesse armée, et, la campagne de 1792 terminée, ce tribut payé à ce qui était considéré comme le devoir strict de l'honneur, il vint rejoindre sa femme à Maëstricht. A la fin de cette même année, tous deux, fuyant devant l'armée de Dumouriez, s'embarquaient pour l'Angleterre. Ici commencent les véritables épreuves de la duchesse; nous lui laissons la parole :

« Nous prîmes un bateau assez mauvais qui nous conduisit à Nimègue : il fallait nous y entasser hommes et femmes, y dormir, y manger, y faire sa toilette et sa cuisine. J'étais au supplice, et malgré toutes les représentations qui me furent faites, je me procurai quelques moments de soulagement au moins, en me faisant débarquer pour aller passer une nuit dans une mauvaise auberge placée près de la rive; ce qui n'était point sans danger à cause des mouvements de troupes.

« Les postes autrichiens se repliaient, et nous avions peu d'avance sur les Français : enfin nous arrivâmes à

Nimègue, où de nouvelles tribulations nous attendaient. Les auberges étaient encombrées, et les vivres y manquaient : la chambre qu'on me procura avec grand'peine était séparée par une mince cloison d'une salle dans laquelle étaient entassés sur la paille quarante de nos compatriotes obligés de payer fort cher ce mauvais gîte et un frugal repas.....

« Nous nous embarquâmes à Nimègue sur un bateau meilleur que celui que nous venions de quitter ; mais la nécessité de nous entasser tous dans une très-petite chambre nous fut d'autant plus pénible, qu'un grand nombre d'émigrés obligés de rester sur le pont durant une nuit très-froide sollicitèrent vainement d'être admis auprès de notre cheminée ; l'ouverture par laquelle il fallait descendre obstruée, nous eussions tous été suffoqués ; nous les entendions gémir et frapper les mains et les pieds sans pouvoir les secourir.

« A quelque distance de Rotterdam, nous prîmes pour nous seuls un nouveau bateau et nous atteignîmes cette ville fort tard dans la soirée, supposant bien qu'il serait difficile de trouver à se loger. Mon oncle, M. le comte de Rieux, notre compagnon, et l'abbé Brard, précepteur de mes cousins, furent à la recherche, et je restai seule avec eux (*sic*) dans notre frêle bateau, où nous attendîmes jusqu'à minuit.

« De là je voyais deux dames hollandaises prenant tranquillement leur thé, auprès d'un bon feu, et je me disais que si jamais je me retrouvais dans la même position, je ne demanderais plus rien au sort. Depuis, dans des moments de peine, je me suis retracé les réflexions que je faisais alors.

« Enfin nos compagnons de voyage revinrent nous chercher; il fallait, par un froid très-rigoureux, passer sur un grand nombre de barques qui bordaient le quai et traverser une partie de la ville à pied. Nous arrivâmes dans une bonne auberge, où étaient logés plusieurs Français, qui eurent l'obligeance de se resserrer pour nous céder des chambres. Là j'eus quelques moments de plaisir, me trouvant réunie avec mes amies mesdames de Léon et de Laval..... elles vinrent dîner avec moi à mon auberge, et nous fûmes gaies encore. Au milieu de nos embarras et de nos fatigues, nous détournions nos regards de la triste perspective qui s'ouvrait devant nous. Les incidents d'un voyage pénible offraient même des sujets de plaisanterie. Je me réjouissais d'arriver à Londres, je me flattais d'y trouver les mêmes agréments qu'à Bruxelles, et un intérêt de curiosité s'attachait à notre séjour dans un pays dont les mœurs, les habitudes, le langage, différaient alors de ce que j'avais connu...... Notre traversée fut horrible..... »

A peine débarquée, Mme de Saulx, brisée par la fatigue et les inquiétudes de toute sorte, tombe malade, et la première nouvelle qu'elle apprend à son rétablissement est l'exécution du roi. « Bien des années, écrivait-elle après 1830, se sont écoulées depuis ce déplorable événement, et l'impression n'en est pas effacée en moi. D'autres infortunes royales n'ont fait qu'en ranimer le souvenir. J'ai compati sans doute aux maux de l'exil et protesté contre l'injustice des hommes, mais la condamnation de Louis XVI, ses adieux à sa famille, l'enfant arraché des bras de sa mère s'offrent aussitôt à ma pensée, et c'est pour eux que je trouve encore des larmes. »

Après un court séjour à Hampstaed, aux portes de Londres, M. et Mme de Saulx allèrent en octobre 1793 habiter Swansea, dans le pays de Galles, sans autre jouissance que celle de s'entretenir du triste sort de leurs parents et de leurs amis proscrits comme eux, ou traînés en prison et à l'échafaud. « Ce fut dans ce temps que je donnai le jour à une fille, mon premier enfant ; combien de fois, pénétrée des malheurs attachés à la destinée humaine, l'ai-je serrée dans mes bras, en me demandant ce que serait pour elle cet impénétrable avenir vers lequel je ne la guiderais qu'avec effroi ! Le sort des victimes de la révolution s'offrait à moi ; je me disais que l'espérance avait aussi paré leur berceau, et que leur premier sourire avait porté la joie dans le cœur d'une mère. »

Pendant que Mme de Saulx goûtait peu à peu les charmes d'une vie obscure et indépendante, si nouveaux pour elle, la noblesse émigrée jouait sa dernière partie sur la plage de Quiberon. Le désastre qui s'ensuivit fit évanouir pour longtemps l'espoir d'une restauration royale, et M. et Mme de Saulx se décidèrent alors à passer en Russie. Là le père de la duchesse, M. de Choiseul-Gouffier, avait trouvé l'hospitalité auprès de Catherine II, et obtenu d'elle une pension ; tout *hellénisant* était sûr d'être le bienvenu à la cour de la souveraine qui rêvait de rétablir sur le Bosphore le trône de Constantin. Ses enfants, ignorants de l'avenir, résolurent de l'aller rejoindre. Je ne raconterai point après eux leur voyage, les tempêtes dont ils furent assaillis, leur relâche en

Norwège et en Danemark, me bornant à reproduire la page élevée et émue consacrée par Mme de Saulx au récit de son arrivée :

« Des images séduisantes s'étaient parfois dans ma traversée présentées à mon imagination : jeune alors, j'étais sensible à l'idée des plaisirs qui m'attendaient dans une cour dont j'avais entendu vanter l'éclat et la magnificence. Mais en approchant du terme la perspective perdit de son charme, et je fus effrayée d'aborder une scène nouvelle ; peu s'en fallut qu'un regret ne s'emparât de moi, en quittant ce vaisseau où j'avais peut-être joui pour la dernière fois d'une indépendance qu'allaient remplacer quelques avantages, mais aussi le soin de me dérober à la censure et de soumettre mes démarches au calcul. Il me semblait encore que je rompais un dernier lien avec le pays qui avait pour moi quelque chose du charme de la patrie.

« Arrivée à Cronstadt, je sus que l'on avait reçu ordre d'avertir immédiatement de mon arrivée, et le lendemain matin mon père vint me chercher ; il était accompagné de mon jeune frère Raoul, que j'avais quitté quelques années auparavant partant avec ma mère pour Constantinople. Je fus émue en le voyant traverser la Néva dans une barque pour me conduire sur l'autre rive... Mon père m'attendait à quelque distance du rivage. Je m'élançai légèrement de la barque et courus me jeter dans ses bras ; il m'avait laissée enfant douze ans auparavant. J'éprouvai de la joie et de l'attendrissement en le revoyant, et aussi il me parut ému. Je lui présentai mon mari et mes enfants, et nous partîmes pour Pétersbourg après que j'eus pris congé de mon capitaine. Ce brave homme et les jeunes mousses que je ne devais jamais revoir avaient été pendant six semaines des êtres importants pour moi ; nous avions couru la même destinée.

« Passagers aussi sur la terre, nous voyons successivement disparaître ceux qui nous ont soutenus dans les tempêtes de la vie, soit qu'ils atteignent avant nous cette rive inconnue vers laquelle nous nous précipitons, ou que, rejetés sur la mer orageuse, ils aillent chercher dans de nouvelles vicissitudes d'autres intérêts, d'autres pensées, d'autres opinions.

« A l'époque que je retrace ici, ces réflexions, résultat de l'expérience, étaient loin de ma pensée. J'avais gémi profondément sur les malheurs de la révolution, mais j'ignorais tout ce que la vie renferme de douleurs même dans son cours le plus ordinaire.

« Je me réjouissais de revoir à Pétersbourg mes frères, mes cousins, les abbés leurs précepteurs, compagnons des premiers temps de notre exil, enfin d'anciens serviteurs. Des souvenirs qui remontaient au temps où j'avais été séparée de mon père réveillaient en moi les sensations de l'enfance. Tout ce qui était survenu depuis dans ma situation et mes sentiments remplit la conversation durant le trajet de Cronstadt à Pétersbourg ; la présentation à l'impératrice y tint peu de place. On était surpris que ce fût à mes yeux un aussi petit événement ; lorsqu'on habite la cour, tout y acquiert de l'importance.

« Pour moi, depuis plusieurs années, j'avais vécu d'une manière très-modeste, mais indépendante. Les courts moments passés à la cour de France n'avaient laissé subsister en moi qu'un sentiment de reconnaissance mêlé à une profonde douleur, et le devoir de n'être étonnée d'aucune grandeur. »

Dans ces pages d'un sentiment délicat et profond, et si bien frappées à l'empreinte du temps, il y a plus, si je ne me trompe, que l'élégance et l'allure dégagée propre aux écrivains grands seigneurs du dix-huitième siècle; il y a ce je ne sais quoi qui a éveillé le génie d'un Chateaubriand, et qui a revêtu ici un talent aimable de sa gravité mélancolique. L'imagination s'est élevée sous l'aiguillon des épreuves, elle s'est colorée au spectacle d'horizons plus vastes que celui de Versailles. Nous aurons lieu de rencontrer encore et d'apprécier cette originalité relative.

Le duc de Saulx, après un court séjour en Russie, se rembarqua pour l'Angleterre; il voulait être à son poste, si une nouvelle expédition de Quiberon était tentée. Sa femme, restée seule, s'accoutuma difficilement à l'existence factice de la cour impériale. A défaut de plaisirs, elle y rencontra de nombreux sujets d'observation, jusqu'au moment où son père se résolut à aller habiter une terre dont l'impératrice lui avait fait don en Pologne, sur les frontières de Volhynie. Elle reprit avec joie son existence errante, mêlée des plus singulières surprises :

« Enfin je quittai Pétersbourg. Le palais d'Armide s'était évanoui, je ne voyais plus que vastes plaines désertes, sombres forêts, routes dépourvues de toute trace d'habitations, aux relais placés à de grandes distances, une mauvaise maison dans laquelle on pouvait seulement étendre à terre un matelas et déballer quelques provisions... » Du moins, durant ce voyage monotone, elle retrouvait presqu'à chaque pas la France. C'est d'abord un de ses cousins qu'elle n'a point vu depuis longtemps, voyageur comme elle, qu'elle rencontre dans la cour d'une maison de poste, et avec qui elle partage généreusement ses provisions de voyage ; plus loin, c'est un ancien officier des gardes du corps, devenu directeur d'une école de cadets ; à Kiew, c'est le général russe Chardon, d'origine française : « La générale Chardon, dit-elle, pendant le séjour que je fis dans cette ville fut très-assidue auprès de moi ; elle était, ainsi que son mari, d'une famille de réfugiés sortis de France à l'époque de la révocation de l'édit de Nantes ; c'était parmi elles que l'on cherchait des institutrices pour la plupart des princesses allemandes. La générale Chardon était du nombre ; elle avait habité différentes petites cours d'Allemagne et me racontait des particularités qui m'amusaient. Les réfugiés avaient conservé les habitudes et même le langage de l'époque à laquelle leurs pères avaient quitté la France. Alors on se plaisait dans les longs récits ; les romans de Mlle de Scudéry exerçaient encore de l'influence, et l'éducation de l'impératrice Catherine elle-même en avait reçu l'empreinte : souvent elle employait des mots qui avaient totalement vieilli, sans que personne osât l'en avertir. »

C'est ainsi que les proscrits de Louis XIV et ceux de la Révolution française se rencontraient au loin, devenus étrangers les uns aux autres par l'esprit et les habitudes, et se reconnaissant pourtant, au nom de leur origine et de leurs disgrâces communes. Tels sont les jeux de la Providence et les surprises de l'histoire.

Le séjour de Mᵐᵉ de Saulx en Pologne ne fut pas de longue durée. Son père ayant été rappelé à Pétersbourg par le nouvel empereur Paul Iᵉʳ, elle se résolut bravement à rentrer seule en France; elle savait y retrouver sa mère et ses sœurs, et étant assurée de n'être point elle-même sur la liste des émigrés, se flattait d'obtenir la radiation de son mari. De là, au printemps de 1797, nouveau voyage à travers l'Autriche, l'Allemagne et la Suisse. Ses séjours à Vienne et à Constance lui fournirent encore matière à de piquantes observations; mais partout, on comprendra ce sentiment, c'étaient les amis retrouvés par hasard, c'étaient les confidences échangées sur les épreuves communes et aussi sur la commune patrie qui remplissaient son temps et sa pensée. Elle du moins allait rentrer en France, et ce n'était pas sans un certain frémissement involontaire :

« Enfin le moment de franchir la frontière arriva. Sans avoir eu bien fermement le désir de le différer, je m'étais laissée aller à l'attrait qu'avait pour moi la vie de voyageuse ; l'indépendance lui donnait du charme, et les nouvelles liaisons que j'avais formées mettaient du mouvement et de l'activité dans mon existence.

« Deux bons paysans étaient venus m'attendre au dernier village du pays de Vaud ; je marchai avec eux, pendant que ma voiture vide faisait un détour. Entrée dans la première auberge du territoire français, je fus obligée de boire un verre de vin avec mes conducteurs, qui m'accompagnèrent jusqu'à ma voiture, en formant pour moi des vœux pleins d'affection. C'était en frémissant que je posais le pied sur cette terre ensanglantée et mouvante encore. Des sentiments bienveillants mêlèrent cependant quelque douceur à ces pénibles impressions..... Devenue presque étrangère par ma longue absence, je m'étonnais de retrouver encore quelque chose de ce qui avait existé jadis. J'étais semblable au voyageur qui dans une terre inconnue et lointaine saisit avec avidité toute ressemblance avec sa patrie. »

Dès ses premiers pas sur le sol français, à Dôle, elle se trouva en présence d'une image encore bien vivante de ce passé, d'une personne dont la vie avait rempli le siècle précédent, et que son nom prononcé dut faire tressaillir : c'était Mlle de Brun. La fiancée du marquis de Mirebel, alors âgée de plus de quatre-vingts ans, honorait encore par son esprit, dans sa ville natale, un nom illustré jadis par la politique, et destiné à s'éteindre avec elle. Elle achevait de vivre, entourée d'une étiquette quasi espagnole, et se plaisant à rappeler autour d'elle, par ses habitudes et jusque par son costume, les commencements du règne de Louis XV. Elle accueillit sa jeune parente avec de vives démonstrations d'amitié et ne lui ménagea point les offres de service. Ses malheurs d'autrefois, les luttes et les angoisses qui avaient rempli ses premières années lui faisaient comprendre l'amertume de ces épreuves bien autrement douloureuses de l'exil, qui venaient de lui être épargnées.

Pendant deux années, Mme de Saulx mena en France une existence presque aussi agitée que celle qu'elle avait subie sur la terre étrangère. Elle accourt à Paris pour s'entremettre en faveur de son mari; le lendemain de son arrivée, éclate le coup d'État républicain du 18 fructidor. Elle dut à son tour se dérober aux recherches : la position de son père en Russie, à laquelle on attachait à tort une influence politique, l'avait rendue suspecte; elle fut obligée de se cacher comme elle eût fait au temps de la Terreur. Quelque temps, — ce trait suffira à donner une idée du pêle-mêle où on vivait, — elle logea avec sa sœur chez un ancien chartreux, dont la Révolution avait fait un commerçant, et qui était devenu l'époux d'une fille noble tombée dans la misère. Elles passaient pour des dames de province venues à Paris perfectionner leurs talents. « Nous prîmes en effet de différents maîtres. Peu à peu nos craintes se dissipèrent, nous reçûmes quelques personnes... Lorsqu'il devait se faire des visites domiciliaires, on en était averti d'avance et je sortais dès le matin ; je n'allais point dans le monde, ma société se bornait à des compagnes de couvent que j'avais retrouvées avec plaisir..... J'allais souvent au spectacle... Nous faisions rester un domestique à la porte de la loge, et nous n'avions besoin de l'assistance de personne. »

A côté du tableau de ce petit monde royaliste qui vivait à part, loin des salons du Directoire, je rencontre une page exquise, dans le goût de ces peintures un peu convenues, charmantes pourtant, que le *Génie du Christianisme* allait mettre à la mode :

« Revenant à pied chez moi dans une soirée d'été, je passai devant la porte du couvent de Bellechasse. Je tentai d'y entrer, et ce fut avec beaucoup de plaisir que j'en reçus la permission ; des magasins de fourrages y étaient établis, et l'un des employés me conduisit avec obligeance dans le jardin et la partie de la maison qui subsistait encore. Un ancien domestique en avait la garde. Je le fis appeler, et fus touchée en le revoyant ; comme moi, il tenait aux ruines de cette maison et n'avait pas voulu s'en éloigner.

« Je visitai la chambre que j'avais habitée dès l'âge de six ans. Deux excellentes personnes veillaient alors sur moi, les mères Sainte-Rose et Sainte-Thècle ; leur mémoire m'est chère. Des idées mélancoliques ne s'attachaient pas alors aux cloîtres et aux vastes dortoirs de cette maison : l'on se fût efforcé en vain d'y associer le souvenir des larmes d'une Héloïse ou des austérités d'une La Vallière.

« Les religieuses observaient fidèlement leur règle ; leur piété était éclairée : elles attachaient du prix aux agréments de la société, et quelques-unes d'entre elles conservaient assez de relations au dehors pour qu'une connaissance suffisante du monde donnât de l'autorité à leurs conseils. De jolies fêtes se renouvelaient à diverses époques de l'année, et les cabinets de verdure, les guirlandes de feuillage, la profusion des fleurs ont eu dès lors pour moi un attrait que rien n'a effacé. Les beaux arbres qui formaient un dôme impénétrable aux rayons du soleil avaient été abattus, et il ne restait point de traces des autels que nos mains avaient parés.

« Un mur mitoyen séparait autrefois le jardin des Carmélites de celui de Bellechasse, et deux jolies chapelles se trouvaient adossées l'une à l'autre. Quelquefois, dans les solennités de l'été, on s'y était rendu à une heure fixée, et on y chantait des antiennes en commun, et un verset répondait au verset précédent. Les saintes filles descendues des hauteurs du Carmel trouvaient sans doute du charme dans les voix inconnues dont les accents rompaient pour un moment la monotonie de leurs jours.

« Les derniers temps que j'ai passés à Bellechasse ont été une des époques heureuses de ma vie. Un avenir riant s'offrait alors à moi : naissance, fortune, convenance d'âge, avantages extérieurs se trouvaient réunis en l'époux qui m'était destiné. Tous les agréments que la cour peut offrir devaient joindre leur séduction à la félicité d'une union bien assortie : rien ne manquait au sort que mon mariage me promettait, et cependant, comme si un juste pressentiment m'eût rendue méfiante envers la destinée, j'avais gravé sur l'un des piliers de l'avant-chœur ces mots : tel jour, tel mois, telle année, je suis parfaitement heureuse. Je reviendrai ici, m'étais-je dit; pourrai-je tracer de nouveau ces lignes ?

« J'y revenais en effet; mais le pilier avait été abattu, une rue était projetée dans cette partie de la maison; les sépultures avaient été violées, les religieuses dispersées, et moi j'avais à pleurer des amis, des parents conduits à l'échafaud : d'autres étaient condamnés à un exil dont on ne pouvait alors prévoir le terme ! »

La révolution du 18 brumaire devait rouvrir les portes de la France à ceux qui tenaient la meilleure place dans les affections de Mme de Saulx, son mari et son père. Elle les vit bientôt l'un et l'autre réunis à elle, grâce à l'intervention des maîtres du jour. Si elle ne fit que passer dans cette société bigarrée qui se formait autour de la future impératrice Joséphine, elle vécut encore à Paris quelques années heureuses, jouissant sans arrière-pensée au milieu des siens de cette satisfaction du temps présent, de cette paix publique qui restera l'honneur du Consulat, plus encore que Marengo et que Hohenlinden. Je pourrais détacher encore de ses trop courts Mémoires de vives peintures du monde d'alors, de brillants portraits, de curieuses remarques; je me bornerai à deux fragments : dans l'un, elle raconte une excursion qu'elle fit à Versailles, où elle n'avait pas reparu depuis 1789; dans l'autre, elle décrit son retour en Bourgogne. Ici, c'est la maison de Saulx allant saluer une dernière fois les souvenirs de cette vieille monarchie à laquelle elle ne doit guère survivre; là c'est elle encore, fuyant Paris, la société et le gouvernement nouveaux, et revenant en quelque sorte à son premier berceau, comme les vieillards tourmentés du pressentiment de leur fin, et voulant finir sur la terre de leur jeunesse:

« Ce fut alors que je pris du goût pour les arts. Je faisais avec M. de Saulx des courses dans Paris; nous allions voir des cabinets de tableaux, et le soir souvent à l'Opéra italien, qui était alors très-bon. Son séjour en Allemagne avait ajouté à ses connaissances en musique, et il avait véritablement un très-grand talent pour la peinture. Nous fûmes à Versailles, M. de Saulx, Mme Hélène de Bauffremont (1) et moi. Rien n'était changé alors; les meubles seuls avaient été ôtés, et l'illusion d'une absence passagère frappait pour un moment les regards. J'y cédai : les scènes d'horreur s'effacèrent de ma pensée, et dans la chambre où j'avais vu la reine pour la première fois, je me retraçai sa bonté attentive à dissiper ma timidité.

(1) Mme de Bauffremont devint plus tard la seconde femme de son père, M. de Choiseul-Gouffier.

« Je reconnus ces mêmes feuilles de parquet que j'avais comptées pour placer les trois révérences prescrites, alors d'une grande importance et sujet de plusieurs leçons. La reine avançant ou reculant de quelques pas pour venir au secours de la présentée, elle a aidé mon inexpérience dans les usages nouveaux pour moi : elle compatissait, disait-elle, à l'embarras des jeunes personnes, en se rappelant celui qu'elle avait éprouvé elle-même à son arrivée en France.

« Je revis la galerie ouverte au public que je traversai le jour de ma présentation, pressée par la foule, qui se précipitait sur mon passage.

« Oserai-je retracer de frivoles jouissances, en me rappelant que les diamants mêlés aux roses de ma parure ornèrent la tête de la reine, le jour où déjà elle semblait une victime marquée pour le sacrifice; qu'aux voix adulatrices qui avaient fait tressaillir mon cœur succédèrent bientôt les cris menaçants d'une multitude effrénée? Je revis aussi la salle où, tandis qu'une perspective de plaisir était offerte à ma jeunesse, une main guidée par une puissance surnaturelle semble, ainsi qu'à un festin célèbre, avoir tracé un arrêt de mort. Le roi, la reine, Mme Élisabeth, le duc de Brissac, Mme d'Ossun, assis à la même table, touchaient au terme sanglant de leur vie.

« Rappelée soudainement à ces sombres images, j'ai souvent dans les fêtes de la Russie repoussé la séduction des plaisirs ; elles m'étaient présentes encore, tandis que l'on passait à de nouvelles espérances. . . . .
. . . .
. . . . . « Nous partîmes pour la Bourgogne ; je me ré-

jouissais de voir cette province. Des témoignages d'affection avaient devancé notre arrivée, et la Révolution même n'avait pas ébranlé les sentiments dont MM. de Saulx avaient constamment reçu des preuves. Les différences d'opinion ne se firent point apercevoir à notre égard. Beaucoup de personnes cherchèrent à nous être utiles. Les anciennes idées avaient encore une grande puissance : on parlait avec orgueil des états de la province, et l'on citait souvent M. le comte de Tavanes qui l'avait gouvernée pendant quarante ans, avec une autorité dont l'exercice fut également approuvé de la cour et des habitants de toutes les classes. A cette époque encore l'idée de la puissance seigneuriale était associée dans les campagnes à la chute des principes révolutionnaires. On s'honorait d'avoir occupé des places dans les justices qui en étaient le principal attribut, et les relations avec nos familles étaient rappelées comme des titres d'honneur.

« Une députation composée des notables de Lux était venue au-devant de nous. Un vieux garde du corps fidèle se présenta à cheval, fit trois fois le tour de la cour, en abaissant la pointe de son épée devant la porte ; ancienne coutume alors ignorée de moi. Je n'oublierai pas le pauvre métayer venant nous apprendre, dans l'effusion de sa joie, qu'il était parvenu à soustraire aux vendeurs révolutionnaires quatre journaux de terre, possession importante à ses yeux, ni ces vieilles races de bûcherons, fières de s'être perpétuées d'âge en âge dans la forêt, ni encore ce patois que le modeste villageois aimait à entendre de la bouche du noble seigneur.

« Toutes ces choses ont passé, mais elles restent gravées dans ma mémoire, et retracées dans ce simple récit; elles me parlent des vicissitudes humaines aussi puissamment que l'orateur instruisant du haut de la chaire chrétienne et les rois et les juges de la terre.

« Au premier temps de mon séjour en Bourgogne, je me livrais à l'idée d'une stabilité qui me semblait acquise par l'expérience et suffisamment achetée par de longs malheurs ; le charme attaché à la propriété succédait aux traverses d'une vie errante. Le goût des jardins puisé dans les pays étrangers, et la nécessité de réparer des habitations délabrées portaient les idées vers les constructions, les plantations et même les travaux d'agriculture.

« Nous étions jeunes encore, de longues années de jouissance semblaient promises à nos soins, et la naissance d'un fils combla bientôt nos vœux.

« Le château de Lux, vieux débris d'une forteresse négligée, prit un nouvel aspect : de riants jardins, les arbustes variés dont s'était enrichi le sol de la France vinrent associer leur feuillage à celui des marronniers, vieux témoins d'un autre âge. Mais, hélas ! je devais un jour me reposer seule sous les arbres que j'avais plantés, et les jeux de l'enfance, qu'ils avaient couverts de leur ombre, ne plus me laisser qu'un souvenir associé à la plus amère douleur.

« Nous visitâmes la montagne sur laquelle avait été bâti le château de Saulx : des quartiers de rochers lui servaient de fondements. Alors existait encore la porte qui fermait sa première enceinte et une arcade qui le réunissait à l'église collégiale. Un caractère religieux s'attache à ces lieux, possédés par les anciens chefs des peuples ; des événements surnaturels y trouvèrent longtemps créance, et le passé enveloppé du voile mystérieux tissu par les siècles y commande encore le respect. Là le pouvoir avait été uni à la protection, et les titres à la grandeur appuyée sur des bienfaits.

« Je manque de force pour retracer les années qui succédèrent au temps heureux encore de mon établissement en Bourgogne. Si des jouissances en ont marqué le cours, elles ont été accompagnées des soucis qu'entraîne la prévoyance, et des alarmes unies à de puissants intérêts.

« J'ai connu encore pour ceux que j'aimais l'illusion des espérances..... elle est tombée, et rien ne lui succèdera. Tous les liens qui m'attachaient à la vie se sont rompus successivement, à peine reste-t-il quelques traces de ce que j'ai connu. Les idées, les opinions, les mœurs ont changé, et, semblable aux filles de Jérusalem, je déplore sur une terre étrangère les malheurs de Sion..... »

C'est ainsi que la duchesse de Saulx, dans l'isolement de ses derniers jours, se retraçait à elle-même les souvenirs brillants et agités de sa jeunesse. Nous ne chercherons pas à donner une suite à ses Mémoires, et nous nous arrêterons, à son exemple, là où elle a jugé bon de poser la plume. Elle acheva de vivre dans un tête-à-tête silencieux avec le passé : par ses idées, ses habitudes, ses manières, elle appartenait au dix-huitième siècle ; au fond de ce triste château de Lux, hanté par des légendes sinistres, elle en était restée une vivante image.

Les vieillards du pays ont raconté longtemps qu'à quinze ans, au lendemain de son mariage, elle était venue pour la première fois visiter ce domaine où près de quatre-vingts ans plus tard elle devait s'éteindre. Elle s'en était allée seule, un soir d'été, à l'aventure, errer dans l'immense forêt de Velours, voisine du château. La nuit vint tout à coup et la surprit dans ses rêveries : rendue à elle-même, elle se trouva perdue au milieu des grands arbres et loin des chemins frayés. Elle voulut retrouver son chemin, se jeta au milieu des broussailles; l'ombre croissante accrut sa terreur; il lui sembla entendre des bruits sinistres, voir les futaies se pencher sur elle comme des fantômes menaçants, l'herbe grandir comme une marée montante et l'étouffer... On la retrouva, bien avant dans la nuit, évanouie au pied d'un arbre. N'était-ce pas comme l'image de sa destinée future, de sa vie commencée au milieu d'espérances radieuses, envahie bientôt par la nuit qui se faisait sur la vieille France, traversée par des épreuves de toute sorte, au milieu d'un monde où elle se trouvait égarée, sur un sol tremblant sous ses pieds? Plus tard, lorsqu'elle visita les ruines de Saulx, elle ne pensait encore pas qu'elle apportait le suprême adieu de sa maison à ceux qui l'avaient fondée. Le jour de sa mort (31 décembre 1861), la galerie où étaient rangés les portraits des Saulx-Tavanes était déjà fermée : Roger, pair de France et dernier duc de Saulx, mort depuis le 12 novembre 1845, y terminait le défilé glorieusement ouvert au XVIe siècle par le vainqueur de Renti et de Moncontour.

En passant à notre tour une dernière fois devant ces figures, qui presque toutes illustrent l'histoire de Bourgogne et dont quelques-unes appartiennent à l'histoire de France, nous nous rappelons involontairement une maison plus grande encore, sa contemporaine en quelque sorte dans la vie et dans la mort, la maison de Condé. L'une et l'autre ont traversé côte à côte nos annales, et la Providence semble avoir pris plaisir à appareiller leurs destinées. Presque à chacune des pages de ce livre, le nom des Condés reparaît. Ils s'élèvent au milieu du tumulte des guerres de religion, ils flottent entre les camps rivaux sous la Ligue; ils font la guerre à Richelieu et à Mazarin : puis ils finissent par s'user, eux aussi, dans l'oisiveté corruptrice des cours. En face d'une catastrophe qui coupait en deux l'histoire de France, ils organisent pour l'honneur une vaine résistance armée, et ils se survivaient en quelque sorte à eux-mêmes, revenants d'un monde disparu, quand une mort mystérieuse, presque fatale, est venue frapper leur dernier représentant.

Les Saulx-Tavanes, comme les Condés, sont nés à la renommée au lendemain du moyen âge. De père en fils, ils ont sans interruption porté l'épée; la plupart ont été blessés, huit sont morts au service du roi et de la France. Cette tradition de fidélité n'est sans doute pas absolument intacte, et l'on compte parmi eux des *irréguliers* qu'un moment d'erreur ou une triste nécessité entraîna sous les drapeaux de la Ligue, de la Fronde ou de l'Empire : mais combien de nobles familles pourraient leur envier cette austère figure de Guillaume de Saulx, ce prodige de constance et d'abnégation dans un siècle où la trahison intéressée semblait chose naturelle, ce véritable héros de l'ancienne chevalerie! Enfin ils ont tenu autant à « dire qu'à faire, » en dépit d'un mot de leur plus illustre ancêtre ; comme on l'a remarqué, on ne trouve pas dans notre histoire un autre exemple de plusieurs membres de la même famille témoignant successivement par leurs Mémoires, soit de leurs propres exploits, soit des grands événements dont ils ont été acteurs ou témoins ; et après avoir bien servi, malgré quelques défaillances passagères, la royauté française, ils n'ont pas su ou pas voulu lui survivre. Il en est des familles comme des nations : heureuses celles qui n'ont pas à recommencer leur histoire !

APPENDICE I

TOMBEAU DU MARÉCHAL DE TAVANES. — ICONOGRAPHIE.

M. Jules d'Arbaumont, dans son Essai historique sur la Sainte-Chapelle (Mémoires de la Commission des antiquités de la Côte-d'Or, t. VI), a décrit le tombeau de Tavanes, et en a donné un dessin, d'après un croquis conservé à la bibliothèque de Dijon.

A côté de ce tombeau, sur un tableau fixé à la muraille, étaient inscrits les vers suivants :

> Si par quelques vertus, si mesmes par l'effort
> Des armes l'on pouvoit résister à la mort ;
> Et si pour estre en guerre invincible, indomptable,
> L'on devoit eschapper ce sort inévitable,
> Tavannes ce grand chef ne seroit sous l'orgueil
> De ces marbres dorés, gisant dans le cercueil,
> Et la France, que pieux et féal en sa vie
> Il a sous trois grands rois fidellement servie,
> Vefve de son secours, ores en son malheur
> Ne regretteroit point sa guerrière valeur.
> Ains de tant d'ennemis feroit par sa proüesse
> Encore aux fiers combats redoubter sa vieillesse.
> Mais ce destin fatal qui n'espargna jadis
> Les Cœsars belliqueux, les Scipions hardis
> Luy monstra comme à eux qu'au monde il ne demeure
> Si grand ne si puissant qu'à la fin il ne meure.
> Passans qui contemplés l'ouvrage industrieux
> De ce tombeau superbe, et relevant les yeux,
> Voyez ses gantelets, son ordre, et son espée,
> Son armet et sa lance eslevés en trophée,
> Lisez icy ses faits, et combien il estoit
> Sage, heureux et vaillant quand il en combattoit.
> Issu de sang illustre, et enflé d'un courage
> Hautain et généreux dès l'avril de son âge,
> N'ayant rien proposé que la mort ou l'honneur,
> Et depuis adioignant la prudence au grand cœur,
> Ores aux fiers assauts de cent fortes murailles
> Ores au choc cruel de sanglantes batailles,

Saccageoit, debelloit, et surmontoit encor
La force et le conseil d'Achille et de Nestor;
Mais surtout à Renty, lorsque Henry deuxiesme
Et ce fier Empereur le grand Charles cinquiesme
Couvrant tout l'environ de deux horribles camps,
Après un long doubter, l'un l'autre se choquans,
Irrités, enflammés au sort d'une victoire,
Hazardèrent leur sang, leurs forces et leur gloire,
Là au veu de son Roy, cestuy premièrement,
Parla de batailler, et suivy seulement
De cinquante lanciers s'en alla de furie
Heurter des ennemis la grand gendarmerie :
Et premier devant tous de ses vaillants efforts
Rompit leurs bataillons, couvrit les champs de morts,
Et donnant courageux d'une brave poursuitte
Jusques à leurs canons mit tout le camp en fuitte :
Tant que ce vieux Cœsar qui dessous sa grandeur
Avoit fait belliqueux trembler cette rondeur
Lors quittant la bataille, estonné n'eust point honte
De sauver devant luy d'une vitesse prompte
Sa Majesté vainquë. Adonc Henry vainqueur
Ayant veu foudroyant cet hardi belliqueur
Passer tant d'escadrons, ce grand Tavannes faire
Tant d'armes, tant d'efforts sur un tel adversaire
Après tout achevé, seul l'appellant osta
Son bel ordre du col, et le luy présenta
En loyer de l'honneur de sa victoire acquise.
Et depuis quand Calais des Anglais fut reprise
Par le duc Guysien, ce redoubté seigneur
Eust pour son prisonnier le millord gouverneur
Comme mieux mérité, qui d'une fière audace
Des premiers par la bresche entra dedans la place.
Et Charles quand il fut de nouveau couronné
L'ayant son lieutenant de son ost ordonné
Lors du dessein d'Amboise, il lui remit Valence
Et tout le Dauphiné en son obéissance.
Et aux premiers exploits des troubles survenus
Reprint des ennemis les villes de Tournus
Villefranche, Mascon, Chalon, et Belleville.
Il fut à Moncontour, à Gernac et à mille
Et mil autres conflits où le victorieux,
Cest autre grand Henry, ce Mars venu des cieux,
Sçait assez de combien ses vertus généreuses
Luy servirent partout à ses palmes heureuses.
 Or après ces beaux faits et tant d'autres passez,
Le roy n'ayant de quoy le reconnaître assez,

Luy à qui nul second, second ne debvoit mesme
Tenir après aucun quelque degré supresme
Sur quatre mareschaux que la France entretint
De tout temps sur la guerre, en érigea un quint
Dont en los immortel d'une telle hautesse
Première il honora sa prudente vieillesse.
Et ainsi ne trouvant qui en tant de combats
L'ouvrant d'une grand playe advançât son trespas,
Mourut heureusement, et laissant de sa gloire
Pour ne mourir iamais l'éternelle mémoire.
A la fin plein de iours, plein de vieillesse, et plus
Encore de hauts faits, d'honneur et de vertus,
De iustice en la paix, de proüesse en la guerre,
Rendit son âme au ciel et ses os à la terre.

Sur le piédestal de la statue du maréchal était gravé ce qui suit :

D'hardiesse, d'assault, de conseil, de vaillance,
Je desfits, je prins, j'aidé, je regaigné
Charles-Quint, un millord, Henry, le Dauphiné,
A Renty, à Calais, aux guerres, à Valence ;
Cinquiesme maréchal premier je fus en France ;
Admiral de Levant aux mers j'ay commandé ;
J'ay lieutenant de roy la Bourgongne gardé,
J'ay pour lui-mesme été gouverneur de Provence.
En soixante-trois ans qu'au monde j'ay vescu
Je n'ay rien fors la mort treuvé qui ait vainccu
Ma puissance, mon bras, mon bonheur, ma proüesse,
Dont mon corps, mon esprit et mon renom aussi
Vieil, heureux, immortel, gist, revit, court sans cesse
Au tombeau, dans les cieux, par tout ce monde icy.

(Palliot, *Le Parlement de Bourgogne*, Dijon, 1649, p. 134-136.)

La statue qui surmontait le tombeau du maréchal a été détruite pendant la Terreur, comme celle d'un « monstre de l'humanité. »

Voici les principaux portraits qui nous restent de lui, outre ceux signalés au chapitre Ier de cette histoire :

1° De trois quarts à gauche, en buste, la tête couverte d'un béret et par-déssus d'une toque ornée d'une médaille. On lit au bas : « M. de Tavanes. » Dessin in-folio aux trois crayons, au cabinet des Estampes de la Bibl. nat. côté N E 31 (réserve).

2° En buste de trois quarts à gauche, d'après un crayon de la Bibliothèque Méjanes, à Aix, reproduit dans le livre de M. Rouart, *François Ier chez madame de Boisy*, pl. VII. On lit au bas, en fac-simile, ces mots : « Tavannes, mareschal de France. » A. Angelin del. — Lith. F. Raybaud, Marseille, in-folio. (Ce portrait me paraît être celui de Jean de Tavanes, oncle du maréchal).

3° En buste de profil à droite, dans une bordure ovale de feuille de laurier appuyée sur un socle où se lit l'inscription suivante : « Gaspard de Saulx, seigneur de Tavanes, mareschal de France, admiral des mers du Levant, gouverneur de Provence, conseiller du Roy, capitaine de cent hommes. » — De la Roussière delin. et sculp.

Gravure du dix-septième siècle. In-fol.

4° En buste, de profil à droite, dans un cadre ovale. On lit sur le prédouche qui supporte le cadre : Le maréchal de Tavannes. Signé en bas à droite : De la Fosse fecit. — Costume de fantaisie du dix-huitième siècle. In-8°.

5° En buste, de trois quarts à gauche. Lettre : Gaspard de Saulx, seigneur de Tavannes, maréchal, chevalier de l'ordre et gentilhomme de la chambre du roi, lieutenant de Bourgogne, gouverneur de Provence et amiral des mers du Levant, né en 1509, mort en 1573. — A Paris, chez Blin, imprimeur en taille douce, place Maubert, n° 17, vis-à-vis la rue des trois Portes A. P. D. R. — Sergent del. Ridé sculp., 1788.

Estampe en couleur in-4°.

6° En buste, de trois quarts à droite. Mauzaisse f. 1824. Lettre : « Tavanne. »

Lithographie in-folio.

Nous signalons pour mémoire le portrait appartenant au Musée de Dijon, qui orne un des salons de la préfecture.

Le Musée d'Artillerie possède une armure dite de *Gaspard de Saulx*, à laquelle ressemble beaucoup une autre armure venant de Lux, et déposée au Musée de Dijon.

APPENDICE II

VERS INÉDITS DE CRÉBILLON.

L'arrivée de Nicolas de Saulx à Châlons fut l'occasion d'une querelle littéraire à laquelle, s'il faut en croire un manuscrit de la bibliothèque de cette ville, se rattache le nom d'un poëte illustre, d'un compatriote des Tavanes, de Crébillon.

Le jour où l'évêque vint prendre séance à la *Société littéraire* de Châlons, celle-ci lui adressa une épître toute à sa louange, où elle célébrait entre autres ses triomphes sur le jansénisme, et

>....cet esprit pacifique
>Par qui vient d'expirer la querelle publique.

Cette pièce correcte et plate aurait eu le malheur de déplaire à Crébillon, qui, nonobstant l'« esprit pacifique » de son protecteur, aurait allumé à son sujet la guerre. Il s'ensuivit entre la *Société littéraire* et le poëte un échange d'épigrammes et de satires, une correspondance peu polie, conservée dans un volume manuscrit légué à la bibliothèque de Châlons par M. Arnoux, juge au tribunal civil.

Disons d'abord que nous n'avons rien trouvé dans la vie assez peu connue de Crébillon qui nous permette de savoir comment il est intervenu dans cette querelle. Il venait de perdre à cette époque un petit emploi dont il était pourvu à la cour des aides. Recommençait-il à vivre de la vie de parasite, parmi les familiers de l'évêque? Aurait-il jugé alors à propos de s'égayer sur les poëtes de Châlons, dans le style marotique remis à la mode par J. B. Rousseau? Ceci n'est qu'une conjecture, difficile même à soutenir, en face du vers fameux qu'il a écrit depuis :

>Aucun fiel n'a jamais empoisonné ma plume.

En outre il y avait à Châlons et aux environs plusieurs versificateurs capables de se servir du nom de Crébillon. On se plaisait alors aux mystifications en matière littéraire, même aux supercheries criminelles ; c'était le temps des fameux *couplets* qui firent bannir Rousseau. Enfin les pièces que nous allons citer, quoiqu'elles soient intitulées sur le manuscrit *Satires de M. Crébillon*, ne sont que des copies assez mauvaises faites de diverses mains, et nulle garantie certaine de leur authenticité n'existe.

D'autre part les allusions très-claires et très-précises faites par les adversaires de Crébillon à ses échecs au théâtre, à ses habitudes de parasite, à ses voyages en Normandie et en Champagne, aux couplets de J.-B. Rousseau contre lui, n'auraient pu s'appliquer à d'autres qu'à lui. Si nous savons qu'il haïssait l'épigramme, nous savons également qu'il lui en échappait quelquefois, et qu'alors, dit son biographe, « elles étaient du ton de son esprit, c'est-à-dire fortes et nerveuses ». Or ce sont là les qualités des vers qui suivent, presque les seules.

Nous laissons maintenant la parole au compromettant ami de l'évêque de Châlons :

> Le digne chantre de Mécène,
> Ce Mécène si généreux
> Qui, par malheur pour l'Hippocrène,
> N'eut imitateurs ni neveux,
> Malgré la charité d'Auguste
> A le fournir de descendants ;
> (Précaution utile et juste
> Dont usent encor bien des gens :
> Il est bon de pourvoir de race
> Ceux dont on ne doit voir la fin ;
> Si c'est pécher contre la grâce,
> C'est bien fait pour le genre humain....
> Revenons au fameux Horace ;
> C'est de lui dont je veux parler
> Et même un peu le quereller
> Au grand scandale du Parnasse)
> Il a prêché je ne sais où
> Que par ci par là maître Homère
> Radotait ainsi qu'un vieux fou,
> Ce que Dacier n'approuve guère.
> Mais cet Horace tant vanté,
> Des bons écrivains le modèle,

Dans tout ce qu'il nous a chanté
N'est pas toujours saine cervelle :
Témoin ce qu'il dit quelque part
Que sans Apollon la bouteille
Ferait un Homère d'Houdart
Et de Pellegrin un Corneille.
Laissons au chantre du Lutrin
A s'applaudir de cette antienne :
Horace veut bien quant au vin
Qu'autre thèse je lui soutienne.
Si le vin vaut un Apollon,
Il est bien sûr que la Champagne
Doit valoir la double montagne
Et ne produire aucun Gacon.
L'objection est sans réplique,
J'en atteste tous les buveurs
Qui, pleins d'un Pierry frénétique,
S'estiment tous de grands rimeurs.
Ils ont beau le dire et le croire,
Leur verve reste au fond des pots;
Ce qu'on gagne à force de boire,
C'est tout au plus quelques bons mots.
Il est vrai que d'un La Fontaine
La Champagne fut le berceau,
Qu'un esprit si rare et si beau
La rend plus célèbre qu'Athène ;
Que Racine aux mêmes climats
Fut élevé par Melpomène ;
Mais on ne s'y défiait pas
D'un Brémont et d'un Préfontaine !
Quels diables de rimeurs aussi !
Quel vin leur forma le génie !
Horace dirait à ceci
Qu'ils n'ont bu que du vin de Brie :
Je le crois, et même à foison.
Ainsi la nature inégale
Au pré qui nourrit Bucéphale
Fait vinoter aussi grison.
Quand je vois vos vertus, Tavanne,
En proie à ce couple rimeur,
Il me semble voir le Sauveur
Triomphant, monté sur un âne.

Cette satire, ou plutôt cette longue épigramme souleva naturellement contre Crébillon la *Société littéraire*. Elle lui fit en vers une réponse officielle, lui rappela les sifflets qui avaient accueilli ses dernières tragédies, et lui affirma que la province n'était pas plus disposée à l'indulgence envers lui que le parterre de Paris. Le poëte répliqua :

>Société qui ne faites qu'éclore,
>Si m'en croyez, vous vous séparerez :
>Si des sifflets n'êtes vexée encore,
>Bien vous réponds que point n'en manquerez.
>J'en jurerais à certaine tournure
>De certains vers frappés à votre nom,
>Où sur leur coin n'ai trouvé la figure
>Du blond Phœbus, ains au revers Gacon.
>Or ne se fait par œuvre de chimie,
>Dame nature a seule ce secret.
>Vers ne se font par art d'académie,
>Le seul génie a ce don si parfait.
>N'est bien aisé de boire à la fontaine,
>Pour maints buveurs elle n'est que glaçon :
>Qui d'en goûter n'en connaît la façon
>Au premier trait se trouve sans haleine !
>N'est question de grimper sur le mont,
>Faut y voler, ou gare culebute.
>A tel propos, mon doux ami Brémont,
>Devez sentir qu'avez fait lourde chute.

La *Société littéraire*, irritée de cette persistance de Crébillon à attaquer une compagnie qu'il ne connaissait pas, voulut avoir le dernier mot, mais à une nouvelle provocation de sa part répondit une nouvelle épître :

>Mes confrères en Apollon,
>Que mes vers ne vous fassent peine.
>Dieu ne m'a fait ni beau ni bon ;
>Il en est ainsi de ma veine.
>Il lui prend certains vertigauts ;
>Au fond ma muse n'est pas preste,
>Elle fronde ouvrages nigauds,
>Sans attaquer jamais le reste.
>Trop bien je crois que n'avez mis
>Votre honneur à la bagatelle ;
>Le mettre en péril n'est permis,
>Et le vôtre en aurait dans l'aile.
>Si c'est pour votre bon plaisir
>Qu'avez cousu cheville à rime,
>Le mien peut fort bien en souffrir,

Sans que ce soit pour vous un crime.
On peut rimer impunément,
Et le railleur à tort s'irrite;
Dès qu'il a sifflé largement,
L'auteur et lui sont quitte à quitte.
Ainsi je vous pardonne à tous
Votre muse mal emplumée,
Et vos vers à dormir debout,
Et votre satire enfumée.
Faisons la paix en gens d'honneur,
Nos querelles sont trop légères
Pour ne pas nous traiter en frères....
Hors les vers; pour lors, serviteur.

C'était clore le débat en gardant l'avantage. La *Société littéraire* le rouvrit en attaquant Crébillon, non plus seulement comme poëte, mais comme homme, en le traitant de parasite, en supposant qu'il payait en vers les dîners qu'il avait mendiés à la table de M. de Tavanes, et elle s'attira une nouvelle flagellation, où les coups étaient répartis avec une précision cruelle :

Société brillante et sage
Qu'Apollon choisit pour sa cour,
Heureux mille fois le séjour
Témoin d'un si bel assemblage!
Concours d'esprits doux et légers
D'art, de science et de justesse,
Vrai modèle de politesse
Et surtout pour les étrangers!
Du nombre fameux de quarante,
Paris, cesse de te vanter;
Châlons va sur toi l'emporter,
Et Châlons n'a pas demi-trente.
Sommevelle, Brémont et Deu,
Pour mieux vous rendre mes hommages,
Que n'ai-je un peu de ce beau feu
Qui pétille dans vos ouvrages!
Phénomène pour moi nouveau!
Est-ce l'Etna qui s'éparpille
Ou Phœbus qui lui-même brille
Au sépulcre de leur cerveau?
Qui ne dirait qu'en Sommevelle
Tous ses rayons sont confondus?
Et cependant on dit qu'il gèle
Sur ses pénates morfondus.

O sort dont la rigueur l'assomme,
Qui met en haillons sa vertu,
Et peut réduire un si grand homme
A nous montrer bientôt le c.... !
Crébillon, vilain parasite
Que sa muse à bon droit poursuit,
Puisses-tu te trouver réduit
Aux flancs poudreux de sa marmite !
Société qui possédez
Ce niais de nouvelle espèce,
Ne le troquez, ne le cédez
Pour les sept sages de la Grèce.
Gardez-vous de le renvoyer
Comme vous prétendiez le faire :
Songez plutôt à le choyer,
Deu vous sera moins nécessaire :
Deu, dont vous faisiez peu de cas,
Devient pourtant votre parure.
Si ses livres ne brillent pas,
C'est qu'on a la tête trop dure.
Adieu, mes illustres amis,
Le temps me presse et me harcelle ;
Ce soir, si ce soin m'est permis,
Vous aurez louange nouvelle.

Un nouvel adversaire, mis en cause par Crébillon, vint ouvertement se mêler au débat ; c'était Gacon, poëte aujourd'hui fort oublié, qui fut pour Rousseau et Lamotte ce qu'avait été l'abbé Cotin pour Boileau. Gacon, sans doute un des inspirateurs de la première épître à Tavanes, décocha coup sur coup à Crébillon, pour le compte de la *Société littéraire,* ses plus lourdes et ses plus grossières épigrammes. Il lui disait entre autres, faisant allusion aux couplets de J.-B. Rousseau contre l'auteur de *Rhadamiste :*

Lorsque je trace ton portrait,
Je conviens que cette peinture
N'est point faite d'après nature,
Et qu'il y manque maint beau trait.
Mais ce n'est point par ignorance,
Et j'aime mieux que mon pinceau
Pèche un peu dans la ressemblance
Que de te peindre à la Rousseau.

Crébillon riposta par des bouts-rimés :

> Gacon, quand tu fis mon portrait,
> Où pris-tu, dis-moi, ta peinture ?
> L'art y languit, et la nature
> Ne s'y rencontre en aucun trait.
> Il me semble voir l'ignorance
> Conduire seule ton pinceau,
> Tant j'y trouve de ressemblance
> Avecque ton *Anti-Rousseau*.

Ainsi, pour un bon mot que la rime avec Tavanes semblait avoir amené, il y eut un long échange de traits plus ou moins acérés entre Crébillon et ses confrères de province, les uns et les autres honorant également le nouvel évêque, et se disputant seulement le privilége exclusif de le louer. L'esprit a disparu, il n'y a plus que l'injure dans les derniers vers du poëte bourguignon. Encore faut-il se rappeler en les lisant qu'il avait été traité par ses adversaires de *bourreau de la scène tragique* et de *chien hargneux* :

> Bourreaux du sens et de la rime,
> Oisons bridés de l'Hélicon,
> Avec votre vengeur Gacon
> Digne en effet de votre estime,
> Que je vous méprise et vous plains,
> Pauvres benêts dont l'Arcadie
> A vu naître l'Académie
> Pour le service des moulins :
> Société d'esprit malade,
> Si l'on peut appeler esprit
> Genre aussi grossier que maussade
> En manières comme en écrit.
> Prose sans style et sans Minerve,
> Vers sans sel et sans Apollon,
> Opprobre du sacré vallon,
> C'est pour Châlons qu'on vous réserve !
> Ours mal léché, froid Vaugency,
> Sommevelle pesant et fade,
> L'un ennuyeux, l'autre transi,
> Triste mais parfaite accolade,
> Souffrez que dans ces derniers vers
> Que je dois à votre mérite,

> Mon cœur reconnaissant s'acquitte
> De vos réponses de travers,
> Surtout envers ce bon chanoine
> Qui me provoque sur le pré ;
> Joli champion à mon gré
> Qu'un épagneul de saint Antoine !
> Adieu vous dis par ces couplets,
> Auteurs forgés pour la prisée,
> Associés par les sifflets
> Et pour me servir de risée.

Cette diatribe termina une querelle qui n'eût pas mérité de nous arrêter, si Crébillon ne passait, à tort ou à raison, pour en avoir été le héros.

APPENDICE III

LETTRES INÉDITES DU PRÉSIDENT BOUHIER.

Il peut être intéressant, pour connaître l'état de l'opinion à Paris et en province, relativement au rapt de Mlle de Brun, de lire la correspondance échangée à ce sujet entre le célèbre président au parlement de Dijon, Bouhier, et Mathieu Marais, avocat au parlement de Paris. Les lettres de ce dernier ont été publiées à la suite de ses Mémoires par M. de Lescure (Didot, 4 vol., 1863-1868); celles de Bouhier sont inédites et extraites de la Bibliothèque Nationale, fonds français, manuscrit 25542.

I.

BOUHIER A M. MARAIS.

(Dijon, 31 mai 1732.)

« ..... La grande nouvelle d'ici est l'enlèvement que fit, il y a huit jours, le marquis de Mirebel-Tavanes d'une très-riche héritière de Franche-Comté, qui étoit sa cousine issue de germaine. C'est Mlle de Brun, qui étoit venue avec la marquise de Brun, sa mère, voir le marquis de Tavanes, père du ravisseur, en son château de La Marche, près d'Auxonne. La D^{lle}, qui étoit d'accord avec le cavalier, est descendue la nuit d'une tour, où étoit sa chambre, et s'en est allée avec lui en Lorraine, à ce qu'on dit. D'autres croyent que l'échelle de cordes qu'on a trouvé attachée à la fenestre de sa chambre n'étoit qu'une feinte pour faire croire que Madame sa mère n'étoit pas du complot, quoique bien des gens la soupçonnent d'en estre. Le père de la D^{lle} est de ce nombre, qui est, dit-on, en fureur de ce rapt et qui a fort maltraité Madame sa femme à ce sujet. On dit qu'il est allé se jeter aux pieds du Roy. Il alloit marier Mlle sa fille avec M. le marquis de Mirepoix. Elle est unique et aura un jour plus de soixante mille livres de rente. La mère est sœur du marquis de Montal et cousine germaine du cavalier. Ce qu'il y a de fâcheux pour ce dernier, c'est que M. le Duc, dont il étoit capitaine des gardes, et à qui il avoit écrit son dessein deux jours avant l'exécution, a écrit ici des lettres fulminantes contre lui, et a déclaré qu'il l'abandonneroit dans cette occasion.

II.

M. MARAIS A BOUHIER.

(Paris, 4 juin 1732.)

« Vous m'avez fait bien du plaisir, Monsieur, en m'envoyant le détail de l'enlèvement de Mlle Brun ; je suis fort attaché à M. de Tavanes et je connois fort des personnes qui le sont à la famille de la ravie. Voilà une affaire véritablement tragique, et la fin, quelle qu'elle puisse être, ne peut être que triste. Bussy disoit : *Il n'est rien de tel que d'enlever, car premièrement on a la fille ; les parents font les diables, mais à la fin on les apaise, et quand ils meurent, on a encore leur bien.* Je crois qu'ici on n'a que la fille, que le père fera le diable, qu'on ne l'apaisera jamais et qu'il tuera tout avant que de mourir. Je crois la mère et la fille en fort grand embarras et le ravisseur encore plus. Nos ordonnances font peur. Cela n'est-il pas de votre ressort, où l'on n'entend pas raillerie en matière criminelle ?

III.

BOUHIER A M. MARAIS.

(Dijon, 7 juin 1732.)

« Bussy, Monsieur, devoit bien sçavoir la matière des enlèvemens ; car vous sçavez que dans sa jeunesse il avoit enlevé Mme de Miramion. Mais il ne put rien gagner sur la vertu de la dame. Il n'y a pas d'apparence qu'il en soit de même de nostre ravie, qui aimoit depuis longtems son cousin, et qui lui écrivoit des lettres fort tendres, lesquelles ont été montrées à M. le Duc depuis cette affaire, pour lui prouver que le rapt a été volontaire. Mais on dit que ce prince après les avoir lues n'en a été que plus piqué contre le ravisseur, parce qu'il y a connu qu'il avoit flatté sa cousine de la protection du prince, lequel croit qu'il est de son honneur de montrer le contraire au public, en ôtant au jeune homme la place de capitaine de ses gardes. Il faut espérer qu'on le calmera. A l'égard du père de la D^{lle}, on dit qu'il n'a point encore commencé de procédure, qu'il mène à Dôle sa vie ordinaire, et que quand on lui parle de Mlle sa fille, il répond qu'elle avoit envie de se mettre dans un couvent en Lorraine, et que pour s'y rendre plus seurement, elle avoit pris son cousin pour escorte. Pour la mère, elle est allée, dit-on, à Villacerf, d'où elle doit se rendre à Paris, je ne sçais pourquoi. Peut-estre va-t-elle aussi dans un couvent, mais sans escorte. Le rapt s'est fait dans nostre ressort, à deux lieues d'Auxonne.

IV.

M. MARAIS A BOUHIER.

(Paris, 10 juin 1732.)

« Les circonstances du rapt m'ont fait plaisir, et je vous prie de continuer à me les apprendre. J'avois déjà ouï parler des lettres montrées à Chantilly. Cependant je sais et on dit d'ailleurs qu'elle ne l'aimoit point et qu'elle craignoit toujours ces voyages de La Marche où sa mère l'exposoit. Je vois tous les jours une dame de Bourgogne à qui elle l'a dit elle-même; mais il y a bien du secret dans les cœurs féminins, et on dit aussi que le père est furieux contre sa fille.

> Mais si l'amant qui l'a conquise
> Sait bien la rose cultiver,
> Elle chante en face d'église
> Qu'il n'est rien tel que d'enlever.

V.

BOUHIER A M. MARAIS.

(Dijon, 14 juin 1732.)

« Quelle apparence que Mlle de Brun n'aimât point son cousin ! Seurement pour faire ce qu'elle a fait, il faut qu'elle se soit bien aidée. D'ailleurs nous avons sçu depuis qu'en partant elle avoit écrit à son père une lettre pour lui marquer les raisons qu'elle avoit eues de consentir à l'enlèvement, et qui ne peuvent estre austres que son inclination pour lui. Mais elle avoit peut estre ses raisons pour dissimuler avec la dame dont vous me parlez. On ne sçait point encore précisément le lieu de leur retraite, et ce qui surprend tout le monde, c'est que le ravisseur n'a rien écrit sur cela à M. le comte de Tavanes, chef de sa maison. Du reste la rose qu'il a transplantée dans son jardin ne mérite pas trop d'estre cultivée pour sa beauté, et j'ai bien peur que les empressemens du jeune homme ne finissent encore plus tost que sa bourse, qui n'étoit, dit-on, que très-médiocrement garnie. Cependant, comme dit l'admirable La Fontaine,

> On ne vit ni d'air, ni d'amour.
> Les amans ont beau dire et faire,
> Il faut en revenir toujours au nécessaire.

Je n'entens pas dire encore que M. le Duc ait nommé quelqu'un en la place de capitaine de ses gardes. Mais il est seur qu'il l'a déclarée vacante, et que même il a cassé ici trois gardes, que M. de Mirebel venoit de choisir. Voilà une déclaration bien marquée de son indignation.

VI.

M. MARAIS A BOUHIER.

(Paris, 16 juin 1732.)

« Je vous remercie des nouvelles de Mlle de Brun. Mme de Brun est à Paris et la famille est bien dispersée. Le père dit que sa fille n'a point été enlevée, la mère qu'elle l'a été sans son consentement, et cependant *tertius gaudet.* Je savois déjà que la dame n'est pas si ravissante.

VII.

BOUHIER A M. MARAIS.

(Dijon, 19 juin 1732.)

« M. de Brun a été ici vingt-quatre heures. M. le comte de Tavanes l'a été voir. Cette visite s'est passée avec beaucoup de politesse, mais sans rien obtenir de M. de Brun, qui paroît résolu à poursuivre vivement l'affaire. Il auroit voulu que cela se fût fait sous le nom de M. le Procureur général ou de ses substituts. Mais il n'a pu l'obtenir. On croit qu'il veut éviter le lieutenant criminel d'Auxonne, juge naturel, prétendant qu'il est en trop grande liaison avec le père du ravisseur. Il est reparti pour Dôle. On ne sçait encore le parti qu'il prendra. On dit que les jeunes gens ont passé de Lorraine en Allemagne, et qu'ils sont à Darmstadt. C'est tout ce que j'en sçais.

VIII.

BOUHIER A M. MARAIS.

(Dijon, 24 juin 1732.)

« Comme vous m'avez paru, Monsieur, désirer d'estre instruit de la suite de l'affaire de Mlle de Brun, je vous dirai que M. son père a présenté sa requeste à informer au bailliage d'Auxonne, et qu'il paroît déterminé à pousser l'affaire au plus loin. J'entens dire qu'il n'est pas homme à se laisser fléchir, et cela étant, je ne vois plus de ressource à M. le marquis de Mirebel que de se jeter dans le service de l'empereur. On prétend que c'est son dessein, en cas qu'il perde toute espérance d'accommodement.

IX.

BOUHIER A M. MARAIS.

(Dijon, 28 juin 1732.)

« Je crois vous avoir mandé que M. le marquis de Brun avoit commencé à faire informer pour le rapt de sa fille. D'autre part nous avons appris comment les jeunes gens se sont mariez. La manière en est singulière. Au premier village qu'ils atteignirent en Lorraine, ils furent trouver le curé du lieu pour le prier de les marier, et sur le refus qu'il en fit, comme le lendemain étoit jour de feste, ils furent à l'église pendant la messe paroissiale, et dirent tout haut devant tout le monde que le curé ne voulant point les marier, ils déclaroient publiquement qu'ils se prenoient mutuellement pour mari et femme, et promettoient ce qu'on a coutume de promettre en cas pareil......... Vous sçavez le reste. Voilà qui ressemble assez au siècle d'or si joliment peint par l'ami La Fontaine...

X.

M. MARAIS A BOUHIER.

(Paris, 30 juin 1732.)

« Je vous remercie des nouvelles de Mlle de Brun. On a bien attendu à faire la plainte; la mère est venue ici, qui, pour préliminaire, a demandé sa fille et a dit qu'elle la vouloit mettre à la Salpêtrière; elle s'en retourne sans avoir rien fait, et je ne sais pas si la procédure criminelle avancera beaucoup cette affaire. On dit qu'ils sont mariés à Saarbruck en Lorraine, non par un curé, mais en présence du curé, qui n'a pas voulu les marier, et du peuple, au milieu d'une messe. Il y a bien de la folie à tout cela. La mère est toujours tenue pour suspecte. Cela va être en procédure et n'aura plus rien de curieux que le jugement. Je n'y crois pas d'enlèvement, mais une subornation qui n'est peut-être pas la première, de la manière dont on parle ici, et si le fait est vrai, le rapt ne serait plus rapt.

XI.

M. MARAIS A BOUHIER.

(Paris, 2 juillet 1732.)

« La mère s'en retourne et va se joindre à la procédure pour justifier qu'elle n'est point du procès; je crois qu'elle aura de la peine. J'ai trouvé M. du Montal son frère aux Tuileries; nous en avons parlé ensemble. M. le Duc lui a dit que la mère étoit très-suspecte, mais il prétend bien justifier sa sœur, et il ne m'a point du tout paru approuver la procédure criminelle, qui ne mènera qu'au déshonneur des deux familles. On charge un premier président d'avoir donné ce conseil violent. Nous en verrons les suites; ils disent que le père a son bien en pays de droit écrit et qu'il en disposera aisément.

XII.

BOUHIER A M. MARAIS.

(Dijon, 12 juillet 1732.)

« Je ne sçais si par ma dernière je vous ai mandé que le Mirebel avoit il y a quelques jours passé à Dôle un beau matin, et qu'étant entré chez le M. de Brun, il lui avoit dit en l'abordant qu'ayant appris qu'il en vouloit à sa teste il venoit la lui apporter, ajoutant tout ce qu'il avoit cru de plus propre pour l'attendrir. Le premier mouvement du M. de Brun fut de porter la main à la garde de son épée. Ensuite, voyant la posture humble du jeune homme, il se contenta de lui faire des reproches très-vifs, et de le prier de sortir de chés lui. L'autre contesta assez longtems, et fut enfin obligé de le quitter, sans pouvoir rien obtenir. De là il est venu ici incognito, et y est resté vingt-quatre heures. Il a été aussi quelques jours chez M. son père, et enfin est allé rejoindre sa proye. Il avoit envie d'aller aussi se jeter aux pieds de M. le Duc; mais sa famille l'en a empêché, sçachant les dispositions de ce prince. On dit que la teste de ce pauvre garçon paroît un peu troublée. Ce sera bien pis, quand il sera à sa dernière pièce; car je le crois assez court d'argent.

XIII.

M. MARAIS A BOUHIER.

(Paris, 18 juillet 1732.)

« La place de capitaine des gardes de M. le Duc est donnée à M. d'Anlezi, qui vient d'épouser Mlle de Gassion; le ravissement a fait là un beau coup d'épée; il y a deux mariages; l'on dit la demoiselle à Metz.

XIV.

BOUHIER A M. MARAIS.

(Dijon, 22 juillet 1732.)

« Je ne sçavois pas que M. le Duc eut disposé de la place de capitaine de ses gardes. J'en suis fâché pour le pauvre Mirebel, qui est perdu sans ressource, s'il ne fléchit le beau-père, à quoi je vois peu d'apparence. Il y a décret de prise de corps contre le ravisseur, qui pour surcroit de chagrin n'aura plus retrouvé sa belle à Nancy. A la prière du Roy, Mme de Lorraine l'a fait conduire à Metz, où elle a été enfermée dans un couvent jusqu'à nouvel ordre, ou jusqu'à ce que le jeune homme tente un nouvel enlèvement. Mais je crois qu'il ne se trouve pas assez bien du premier pour recommencer.

XV.

M. MARAIS A BOUHIER.

(Paris 24 juillet 1732.)

« Je ne le (Mirebel) croyois pas décrété de prise de corps. On dit qu'il n'y a rien dans les informations, mais il y a une preuve littérale dans une lettre qu'il a écrite à son beau-père. La belle est à Metz; elle y a une tante qui est abbesse. M. d'Audiffret aura fait la dernière action de son caractère en demandant qu'on lui livre cette brebis égarée.

XVI.

M. MARAIS A BOUHIER.

(Paris, 11 août 1732.)

« Mme de Brun est toujours ici; Mlle sa fille est en lieu triste et n'est plus en la *possession* de M. de Tavanes. Il y aura apparemment quelque appel à votre Parlement de la procédure extraordinaire. Je trouve que cette dépossession fait beaucoup, et d'autant plus qu'elle s'est faite en l'absence. Mme de Brun devroit bien s'apaiser.

XVII.

M. MARAIS A BOUHIER.

(Paris, fin octobre 1733.)

« ... On dit Mlle de Brun retournée chez elle, et que M. de Tavanes est revenu dans les terres de France par l'occupation de la Lorraine.

XVIII.

BOUHIER A M. MARAIS.

(Dijon, 3 novembre 1733.)

« M. de Mirebel n'a point encore quitté la Lorraine, où il est en seureté par la protection de la duchesse douairière. Pour Mme sa mère, elle avoit voulu en effet revenir à Dôle chez M. son mari, pendant qu'il est à l'armée d'Alsace. Mais n'y ayant trouvé que les quatre murailles, elle a été obligée de revenir à

Venarey, terre que lui a laissée Mme de Druys sa mère, qui est morte pendant mon absence. Voilà un mécontentement bien marqué de la part du mari. A l'égard de sa fille, je ne sçais si vous sçavez qu'elle est à La Flèche, dans une espèce de couvent de Magdelonnettes, où elle ne voit personne. On dit qu'on a été obligé de l'y transférer, parce que dans la maison où elle étoit à Paris, elle avoit trouvé le secret d'écrire et de recevoir des lettres, et de s'intriguer pour se faire enlever de nouveau. Je crois vous avoir mandé que le marquis de Tavanes père de Mirebel étoit mort depuis peu. Comme avant sa mort, il avoit fait une donation de tous ses biens à M. le comte de Tavanes, ce dernier s'est emparé de tout, dans le dessein de les conserver au fils, s'il peut parvenir à se tirer de cette malheureuse affaire.

APPENDICE IV

GÉNÉALOGIE DES SAULX-TAVANES.

Le P. Anselme (*Histoire généalogique*.... t. VII), La Chesnaye des Bois (Ier *Supplément*, p. 531-539), Dom Plancher (*Histoire de Bourgogne*, t. II), et Moréri dans son *Dictionnaire* ont publié des généalogies de la maison de Saulx. On en trouve d'autres manuscrites aux Archives de la Côte-d'Or (Papiers de Saulx), et à la Bibliothèque nationale (cabinet des titres); cette dernière est de la main de Chérin. Nous avons contrôlé les renseignements donnés par ces généalogies avec ceux que fournissent les Papiers de Saulx, et avons consulté en outre avec fruit : 1° la *Gazette de France*, 2° les *Notes prises aux archives de l'État civil de Paris*, par M. de Chastellux (*Revue hist. nobiliaire*, nov. et déc. 1874), 3° à la Bibl. Nat., le fonds Saint-Esprit, t. VIII, etc.

§ I.

COMTES, PUIS DUCS DE SAULX-TAVANES.

I.

JEAN DE SAULX (1) épousa, le 18 avril 1504, Marguerite de Tavanes, dont :

1° *Guillaume* (de Villefrancon), mort le 12 mars 1563.
2° GASPARD, qui suit.
3° *N....*, prieur de Saint-Léger près Auxonne.
4° *Bénigne*, épousa Léon de Neuchèzes.

II.

GASPARD, né en mars 1509, mort le 19 juin 1573. Épousa, le

---

(1) Jean de Saulx était le quatorzième descendant de Gui, premier du nom, qui vivait sur la fin du XIe siècle.

16 décembre 1546, Françoise de La Baume-Montrevel (2), dont :
- 1° *Henri-Charles-Antoine*, mort en 1563.
- 2° GUILLAUME, qui suit.
- 3° *Jean* (voir § VI).
- 4° *Jeanne*, née en 1547, épousa le 1ᵉʳ janvier 1570, Réné de Rochechouart, baron de Mortemart; morte le 22 octobre 1626.
- 5° *Claude*, épousa, 1° le 21 janvier 1588, Jean-Louis, marquis de La Chambre, 2° Louis d'Ancienville de Bourdillon, marquis d'Epoisses; morte le 25 mars 1639.

III.

GUILLAUME, né en 1551, mort en juillet 1637. Épousa, 1° le 18 octobre 1570, Catherine Chabot, 2° le 4 juillet 1620, Jeanne de Pontailler (3).

Il eut de son premier mariage :
- 1° CLAUDE, qui suit.
- 2° *Joachim*, né vers 1599, mort en 1635 (4).
- 3° *Éléonore*, baptisée le 5 février 1576, épousa, 1° le 31 décembre 1596, Joachim, seigneur de Dinteville, 2° en 1608, Aimé de Rochechouart, seigneur de Tonnay-Charente.
- 4° *Françoise*, épousa, le 7 septembre 1604, Joachim de Bussy, seigneur de Brion; morte en avril 1654.
- 5° *Jeanne*, religieuse à Beaumont.
- 6° *Anne*, née en 1600, épousa, le 23 août 1623, Jacques, seigneur de Tigeri; testa le 9 novembre 1664.

Il eut de son second mariage :
- 7° *Jean* (voir § V).

---

(2) Son testament est daté du 18 avril 1608; aussi le P. Anselme et tous les généalogistes placent sa mort vers cette époque. L'acte de partage des dettes de sa succession constate qu'elle est morte le 11 avril 1611.

(3) Le P. Anselme et Chérin ont reculé la date du premier mariage de Guillaume jusqu'au 18 octobre 1576, Catherine Chabot étant née seulement en 1561. La date de 1570 ne serait-elle pas celle des fiançailles? Nous savons d'une façon authentique que la fille aînée de Guillaume, Éléonore, fut baptisée dès le 5 février 1576.

(4) Il fut tué en duel par un gentilhomme du duc d'Épernon.

IV.

CLAUDE (5), baptisé le 14 mai 1582, testa le 12 septembre 1638. Épousa, le 4 août 1613, Françoise Brulart, dont :

1° *Gaspard*, né le 25 décembre 1616, abbé de Sainte-Marguerite de Troyes, testa le 26 février 1670.
2° JACQUES, qui suit.
3° *Noël* (voir § IV).
4° *Nicolas*, baptisé le 3 novembre 1621, chevalier de Malte, mort le 27 octobre 1659 (6).
5° *Joachim*, mort en 1636.
6° *Louis*.....
7° *Charles-Roger* (posthume).
8° *Marie*, née le 11 janvier 1616, épousa Louis Gallo is comte d'Auvillars; testa le 27 mars 1656.
9° *Charlotte*, née le 8 mars 1618, religieuse ursuline à Dijon.
10° *Madeleine*, née en 1627, religieuse bénédictine à Châtillon, morte le 10 septembre 1674 (7).
11° *Rose*, religieuse ursuline à Semur en Auxois.

---

(5) « Le nom de Saulx est celui qui a donné à la noblesse un plus grand nombre d'élus; on en trouve sept depuis 1618..... Claude (1618), Charles (1626), Henri (1629), Gaspard (1639), Jacques (1648), Henri-Charles (1730), Charles-Michel-Gaspard (1754). » (Catalogue et Armoiries des gentilshommes qui ont assisté à la tenue des états généraux du duché de Bourgogne. — Dijon, 1760.)

Claude mourut à Bayonne, au retour du siége de Fontarabie. — Sa femme, Françoise Brulart, appartenait à une des plus illustres familles de robe de la Bourgogne; son père était premier président au parlement. Elle eut deux cent mille livres de dot, et testa le 3 août 1662.

(6) Vertot le nomme, à l'année 1631 (date de sa réception), dans la liste des chevaliers du Prieuré de Champagne.

(7) Elle fut élevée auprès de sa grand'tante, ancienne abbesse des Bénédictines de Puy d'Orbe. Elle entra dans ce monastère comme postulante le 12 août 1644, et fit profession en 1646, sous le nom de sœur *du Calvaire*. Elle vécut encore trente ans, « avec beaucoup de vertu et dans un grand dégagement d'esprit, refusant toujours autant qu'elle a pu les charges qui pouvaient lui donner quelque honneur. Sa dernière maladie a été une grande fièvre avec fluxion sur la poitrine et sa mort a été fort paisible. » (Livre des Vêtures et Obituaire du mon. de Puy d'Orbe. — Archives de la Côte-d'Or).

V.

Jacques, né le 18 mars 1619, mort le 22 décembre 1683. Épousa, le 25 juillet 1644, Louise-Henriette Potier de Tresmes (8), dont :
- 1° *Réné*, mort le 16 décembre 1668 (9).
- 2° Charles-Marie, qui suit.
- 3° *Gaspard*, mort en 1677.
- 4° *Henri* (voir § III).
- 5° *Jeanne-Marguerite*, baptisée le 15 décembre 1653, religieuse ursuline à Dijon, morte le 21 juin 1718.

VI.

Charles-Marie, né en 1649, mort le 29 juin 1703, épousa, le 3 février 1683, Marie-Catherine Daguessseau, dont :
- 1° *Léon-Charles*, né en 1685, mort le 14 avril 1705.
- 2° Henri-Charles, qui suit.
- 3° *Nicolas*, né le 11 septembre 1690, archevêque de Rouen, mort le 10 mars 1759.
- 4° *Charles-Henri*, né en 1698, mort le 21 juillet 1768.

VII.

Henri-Charles, né le 7 décembre 1686, mort le 30 août 1761. Épousa, le 3 mars 1712, Marie-Anne Amelot (10), dont :
- 1° Charles-Michel-Gaspard, qui suit.
- 2° *Nicolas-Charles*, né le 31 janvier 1721, abbé de La Crète près Langres, mort le 15 juillet 1745.
- 3° *Charles-Henri-Paulin*, né le 15 avril 1723.
- 4° *Henriette-Marie-Pélagie*, née le 14 juillet 1716, épousa, le 6 mars 1731, Louis-Henri de Vienne.

---

(8) Elle était veuve d'Emmanuel de Faudoas, et apporta par contrat 180,000 livres qui lui avaient été données à raison de son premier mariage.

(9) Il fut tué au siège de Candie.

(10) Sur son mariage, voir le *Journal de Dangeau*, 21 décembre 1711. Elle mourut à Dijon, le 12 janvier 1741, à quarante-neuf ans.

5° *Françoise-Marie-Ursule,* née le 5 avril 1718, épousa, le 19 décembre 1733, Claude-Réné de Thibault de Noblet, marquis des Prez.

VIII.

CHARLES-MICHEL-GASPARD (11), né le 31 octobre 1713, mort le 2 février 1784. Épousa, 1° le 3 mars 1734, Marie-Casimire de Froulay-Tessé, 2° le 1ᵉʳ avril 1783, Susanne Le Maistre de Laage.

Il eut de son premier mariage :
1° CHARLES-FRANÇOIS-CASIMIR, qui suit.
2° *Charles-Dominique-Sulpice* (voir § II).
3° *Marie-Anne,* née le 16 septembre 1749, épousa, le 7 septembre 1767, Louis-François, comte de Rieux; morte le 6 avril 1771.

IX.

CHARLES-FRANÇOIS-CASIMIR (12), né le 11 août 1739, mort en janvier 1792. Épousa, le 23 avril 1759, Marie-Éléonore-Eugénie de Lévis-Chateaumorand, dont :

1° *Gaspard-Vincent-Joseph,* né le 6 juin 1766, mort le 28 mai 1768.
2° CHARLES-MARIE-CASIMIR, qui suit.

(11) Nommé enseigne le 31 mars 1730, il devint l'année suivante colonel du régiment de Quercy, et plus tard brigadier (*Mémoires de Luynes,* t. III, p. 160). Il servit en 1744 et 1745 sous le prince de Conti et le maréchal de Maillebois en Italie, et en 1747 et 1748 fit partie de l'armée du maréchal de Saxe. Ce fut lui qui vendit Le Pailly, moyennant la somme de 190,000 livres. On peut lire une anecdote plaisante à son endroit dans la *Correspondance de M*ᵐᵉ *du Deffand* (éd. de 1809, lettre du 21 mai 1766, en note).

(12) Il y a aux Papiers de Saulx un état dressé par lui de ses services et de ses pensions, comme pièce à l'appui d'une demande d'indemnité qu'il adressait (mars 1791) au gouvernement d'alors. On y voit que ses traitements se trouvaient réduits à 11,700 livres, et nous savons d'autre part que ses dettes s'élevaient à plus de seize cent mille livres. Il était entré au service comme mousquetaire le 12 avril 1754, et était parvenu au grade de maréchal de camp le 1ᵉʳ mars 1780. Il avait fait les campagnes d'Allemagne de 1757 à 1762. — Il est parlé de sa femme, Mˡˡᵉ de Lévis, dans une lettre de Mᵐᵉ du Deffand à Horace Walpole du 23 août 1778.

3° *Gabrielle-Charlotte-Éléonore*, née le 8 mars 1764, épousa, le 15 juin 1784, Esprit-Boniface, vicomte de Castellane ; morte en 1827.

4° *Catherine-Charlotte-Eugénie*, née le 24 octobre 1767, épousa, le 13 février 1787, Charles-Alexandre-Innocent Le Sénéchal, comte de Kercado ; morte le 9 janvier 1853.

X.

Charles-Marie-Casimir, né le 5 avril 1769, mort le 15 juin 1820. Épousa, le 1er mai 1786, Aglaé-Marie-Louise de Choiseul-Gouffier, dont :

1° *Roger-Gaspard-Sidoine* (13), né le 12 juin 1806, mort le 12 novembre 1845.

2° *Louise-Emmeline*, née le 15 février 1794, épousa, le 24 février 1817, Jean-Baptiste-Thomas-Hippolyte, marquis d'Aloigny-Rochefort ; morte le 8 mars 1866.

3° *Charlotte-Clémentine*, née le 31 mars 1795, épousa 1° le 20 février 1825, Alexandre-Élisabeth-Michel, vicomte Digeon, 2° le 5 janvier 1830, le général Eugène Lheureux ; morte le 17 décembre 1855.

4° *Gabrielle-Isaure*, née le 24 mai 1802, épousa, le 18 juin 1822, Alexandre-Paul, comte Greppi ; morte le 2 juillet 1871.

§ II.

DEUXIÈME VICOMTE DE TAVANES.

IX.

Charles-Dominique-Sulpice (14), né le 29 janvier 1751. Épousa, le 7 mai 1771, Antoinette-Pauline-Catherine Feydeau de Brou, dont :

(13) La branche aînée de la maison de Saulx n'est plus représentée que par les enfants de ses sœurs, M. le vicomte Digeon, Mme la comtesse Edouard de Barthélemy, M. le comte Greppi et Mlle Louise Greppi.

(14) Il fut colonel du régiment de la Reine-infanterie. « Sa tête s'était dérangée peu avant la Révolution ; il est resté en France. » (*Mss. du comte d'Espinchal*, émigré. — Bibl. de Clermont-Ferrand). Il vivait encore en l'an XI.

1° *Charles-Joseph-Dominique*, né le 4 août 1772, mort le 2 février 1783.

2° *Aglaé-Caroline-Justine*, née le 25 décembre 1773 (épousa un neveu de Besenval).

3° *Gaspard-Louis-Marie*, né le 7 décembre 1777, mort vers 1805.

§ III.

PREMIERS VICOMTES DE TAVANES.

VI.

Henri (15), né en juin 1658, mort le 13 août 1734. Épousa, le 1ᵉʳ janvier 1682, Marie de Grimouville, dont :

1° Charles-Henri-Gaspard, qui suit.

2° *Léon*, né le 19 février 1686, mort le 11 juin 1719.

3° *N....* (tué sur les vaisseaux du roi).

4° *Louis-Armand-Melchior*, né le 2 janvier 1691.

5° *Marie-Thérèse*, abbesse de Saint-Andoche d'Autun.

VII.

Charles-Henri-Gaspard (16), né le 25 août 1683, mort le 5 novembre 1753. Épousa, le 23 juin 1721, Élisabeth Mailli-Dubreuil, dont :

Françoise-Henriette, née le 13 juin 1722, morte le 17 octobre 1725.

§ IV.

MARQUIS DE TAVANES ET DE MIREBEL.

V.

Noel, mort en 1679. Épousa Gabrielle Joubert de Barrault, dont :

---

(15) Il fut mestre-de-camp du régiment d'Orléans (V. *Journal de Dangeau*, t. III, p. 53; t. IV, p. 264).

(16) Il fut premier gentilhomme du duc de Bourbon, lieutenant général en Mâconnais, gouverneur de la tour du pont de Mâcon, etc. Dangeau parle de lui t. XVIII, p. 138-139.

1° *Nicolas*, jésuite.
2° Louis-Armand-Marie, qui suit.
3° *Marguerite-Henriette* (17), épousa 1° Louis de Montsaulnin, marquis du Montal, 2° Eustache Louis-Marion, marquis de Druys; morte en 1733.

VI.

Louis-Armand-Marie, mort en 1733. Épousa, le 24 avril 1694, Catherine de Choiseul de Chevigny, dont :
1° *Maximilien-Emmanuel-Marie-Anne* (18), né le 24 mars 1704.
2° *Louis-Henri*, né le 27 juin 1705, mort le 13 janvier 1747.
3° *N....* (19), religieuse à Fontevrault.
4° *N....* religieuse clarisse à Auxonne.
5° *N....* religieuse ursuline à Dijon.
6° *N....* abbesse de Lanchart.

§ V.

MARQUIS DE TAVANES ET DU MAYET.

IV.

Jean (20), mort le 17 octobre 1665. Épousa, le 17 octobre 1643, Jeanne-Françoise de Pontailler, dont :

(17) Son premier mari mourut en 1686. Le second, major de la gendarmerie, fut tué à la bataille de la Marsaille. Il est question d'elle dans les lettres de Mme de Sévigné.
(18) N'est pas mentionné par La Chesnaye-des-Bois. Moréri place à cette date la naissance d'une fille portant à peu près les mêmes noms.
(19) Mme du Deffand, étant aux eaux de Forges en 1742, mentionne parmi les personnes qu'elle y rencontra une religieuse de Fontevrault, « qui s'appelle Tavanes... n'est pas bête... et sent sa fille de condition; elle me conte... tout ce qui se passe à Fontevrault. » (Lettres des 3 et 8 juillet 1742.) Un peu plus loin on lit : « Je commence à être assez ennuyée de notre dame de Tavanes ; nous l'avons eue hier et aujourd'hui à dîner ; en voilà pour quelque temps. » (Lettre du 11 juillet.)
(20) Le P. Anselme l'a confondu avec Henri de Mirebel, fils du vicomte Jean, et a fait de lui l'adversaire de Jacques de Saulx pendant la Fronde bourgui-

1° JEAN, qui suit.

2° *Éléonore*, née en 1644, épousa, le 31 octobre 1665, Michel du Faur, comte de Pibrac.

V.

JEAN, né le 3 janvier 1646, mort le 14 novembre 1717. Épousa, en 1671, Anne-Louise de Bourbon-Busset, dont :

1° *Charles-Phœbus*, né le 23 juin 1675, mort le 6 mars 1706.
2° NICOLAS, qui suit.
3° *Marie-Anne*, née le 21 novembre 1672, épousa, le 29 mars 1705, Claude-Joseph de Digoine, marquis du Palais.
4° *Éléonore*, née le 16 février 1674, épousa, le 5 avril 1705, Paul de Loriol, comte de Digoine.

VI.

NICOLAS, né en mars 1677, mort le 17 octobre 1707. Épousa, le 14 juin 1714, Antoinette de Sève, dont :

1° *Pierre*, né le 7 janvier 1717, mort en 1743 (21).
2° *Benoiste-Marie*, née le 6 janvier 1716.
3° *Marie-Anne-Horace*, ondoyée le 19 avril 1718, épousa, en juin 1739, Jean-Baptiste d'Eyssat du Prat.
4° *Virginie*, née le 16 juin 1719.

§ VI.

VICOMTES DE TAVANES ET DE LUGNI.

III.

JEAN, né vers 1553, mort vers 1629. Épousa, 1° le 14 janvier

---

gnome. Ce qui est vrai, c'est que son fils, nommé Jean comme lui, eut un long procès avec Jacques, au sujet de la substitution faite par le maréchal de Tavanes à son second fils.

(21) Il mourut des suites des blessures qu'il avait reçues à la bataille de Dettingen (Pérau, *Vie de Gaspard de Saulx*).

1579, Catherine Chabot de Mirebel, 2° en 1594, Gabrielle des Prez de Montpezat (22).

Il eut de son premier mariage :

1° CHARLES, qui suit.

2° *Claude,* née en 1584.

3° *Éléonore,* née en 1585, épousa, le 27 juillet 1606, Jacques d'Apchon d'Albon.

Il eut de son second mariage :

4° *Henri,* né le 22 mai 1597, mort le 11 octobre 1653. Épousa, le 1er mai 1635, Marguerite Potier de Tresmes.

5° *Jacques,* baptisé le 1er juin 1600, mort en 1621.

6° *Melchior,* abbé d'Hauterive et de Sainte-Marguerite de Troyes, testa le 26 août 1636.

7° *Lazare-Gaspard,* chevalier de Malte, mort en 1637 (23).

8° *Guillaume-Léonor,* mort le 26 janvier 1644 (24).

9° *Claude,* épousa, le 13 juillet 1618, Antoine Joubert de Barrault; morte en 1663.

10° *Anne,* épousa André de Grimaldi, comte du Beuil; morte en 1665.

11° *Jeanne,* religieuse de la Trinité à Poitiers.

IV.

CHARLES...., épousa Philiberte de La Tour-Occors, dont :

1° *Claude-François,* mort en septembre 1646.

2° *Claire-Françoise,* épousa, le 2 janvier 1647, Charles-François de La Baume, marquis de Saint-Martin.

(22) Sa première femme mourut en 1587. La seconde, morte en 1653, fut inhumée auprès de lui dans la chapelle de Sully.

(23) Il commandait au combat de Poligny le régiment de cavalerie d'Enghien; il fut tué l'année suivante en poursuivant les Espagnols jusqu'aux portes de Turin (*Gazette de France* des 30 juin 1638 et 9 novembre 1639).

(24) La *Gazette de France* du 25 mai 1635 le mentionne comme s'étant distingué au siége de Saint-Honorat. Dans les *Lettres de Mazarin* (t. I, p. 112) il y en a une du 28 février 1643, qui lui est adressée. Il mourut l'année suivante gouverneur d'Asti.

TABLE DES MATIÈRES

Introduction.

Chapitre premier. — Les guerres d'Italie et de religion. — Gaspard de Saulx (1509-1562).

I. Les maisons de Saulx et de Tavanes. — Gaspard de Saulx ; son origine, sa naissance (1509), ses premières armes. — Sa faveur auprès du duc d'Orléans. — La *bande enragée des enfants de France*. — Mariage de Gaspard (1546). — Son portrait. — Sa situation en Bourgogne et à la cour d'Henri II. — Part qu'il prend à l'occupation de Metz. — Il est gouverneur de Verdun. — Son brillant fait d'armes à Renty. — Il est nommé lieutenant général en Bourgogne (1556). — Sa campagne en Italie à la suite du duc de Guise. — Le bastion de Saulx à Dijon........ 1

II. Le protestantisme en Bourgogne. — Ses progrès, ses tendances. — Esprit politique et religieux des Bourguignons. — Attitude de Gaspard en face des réformés, des catholiques, de la cour. — Séditions d'Auxerre et de Dijon. — Campagne de 1562. — Gaspard reprend Châlon-sur-Saône aux huguenots. — Il assiège à deux reprises Mâcon. — Marche sur Lyon. — Il est remplacé par le duc de Nemours. — Suite de la guerre en Bourgogne. — État de la province après la paix d'Amboise.. 17

Chapitre deuxième. — Les guerres de religion en Bourgogne. — Gaspard de Saulx (1563-1568).

I. Accusations portées contre Gaspard après la paix d'Amboise (cruauté, cupidité). — Sa vie et son pouvoir en Bourgogne. — Sa famille. — Le château du Pailly. — Passage de Charles IX et de Catherine de Médicis à Dijon. — Les Confréries du Saint-Esprit ; leur origine. — La seconde guerre de religion en Bourgogne. — Gaspard à l'armée royale en 1567... 47

II. État de la Bourgogne après la paix de Longjumeau. — Passage des Allemands. — Arrivée du prince de Condé à Noyers. — Gaspard organise publiquement la ligue bourguignonne. — Plaintes de Condé et de Coligny. — Gaspard reçoit l'ordre d'enlever à Noyers les chefs protestants. — Comment il s'acquitte de sa mission............................ 67

Chapitre troisième. — Les guerres de religion dans l'Ouest et à Paris. — Gaspard de Saulx (1569-1573).

I. Gaspard tuteur militaire du duc d'Anjou. — Ses sentiments à l'égard des Guises. — Campagnes dans l'ouest de la France. — Affaire de Jarnac. — Bataille de Moncontour. — Dernier séjour de Gaspard en Bourgogne. — Il résigne ses fonctions. — Il est nommé maréchal de France. — Sa rivalité avec Coligny. — Son rôle dans le massacre de la Saint-Barthélemy. — Il tombe malade et meurt à Sully (1573). — Son tombeau. — Jugement 87

CHAPITRE QUATRIÈME. — La Ligue. — GUILLAUME ET JEAN DE SAULX (1573-1595).

I. Guillaume de Saulx, lieutenant du roi en Bourgogne. — Jean en Pologne, à la suite du duc de Mayenne, en Turquie. — Attitude des deux frères au début de la Ligue. — Aventures de Jean comme gouverneur d'Auxonne. — Sa lutte avec les bourgeois. — Il est fait prisonnier. — Son évasion. — Ses deux tentatives pour reprendre Auxonne (1586)... 125
II. La Bourgogne de 1589 à 1595. — Guillaume chef du parti royaliste. — Il s'établit à Flavigny. — Ses courses armées dans la province. — Ses démêlés avec ses auxiliaires, Vaugrenant et le maréchal d'Aumont. — Jean gouverneur de Rouen pour la Ligue. — Son expulsion, son rôle dans les armées de Mayenne. — Il est nommé lieutenant général en Bourgogne. — Les deux frères en présence. — Henri IV et le maréchal de Biron devant Dijon. — Soumission de Jean. — Comment Guillaume fut récompensé de ses services.................................. 144

CHAPITRE CINQUIÈME. — Entre la Ligue et la Fronde. — GUILLAUME ET JEAN DE SAULX (1595-1637).

I. Mort de la maréchale de Tavanes. — Ses deux filles Claude et Jeanne. Vieillesse et mort de Guillaume (1637). — Ses Mémoires. — Le vicomte Jean et Henri IV. — Il écrit les Mémoires de Tavanes. — Ses avis au roi Louis XIII. — Ce qu'il pense de l'Espagne, de la guerre contre les Turcs. — Ses vues sur la constitution de la France et la réforme de l'Église. — Abus judiciaires qu'il signale. — Ses idées sur la noblesse et sur l'éducation des nobles. — Sa méthode de composition, son style, son autorité historique. — Sa conclusion. — Comparaison avec La Noue et Bussy-Rabutin... 171

CHAPITRE SIXIÈME. — La Fronde. — JACQUES DE SAULX (1620-1683).

I. Les Tavanes et les Condés. — Jacques de Saulx, ses Mémoires. — Son rôle sous la Fronde. — Il tente de soulever Dijon (1650). — Il est défait à Arc-sur-Tille par son cousin le marquis de Tavanes. — Assiégé dans Bellegarde, il capitule. — Son séjour à Montrond, en Picardie. — Sa retraite sur Stenay. — Il est lieutenant de Condé dans la campagne de 1652, à Étampes, au faubourg Saint-Antoine. — Son duel avec M. de Quintin. — Sa retraite en Bourgogne. — Son amitié avec Bussy-Rabutin. — Il meurt (1683).. 205

CHAPITRE SEPTIÈME. — La cour de Louis XV. — HENRI-CHARLES ET NICOLAS DE SAULX (1687-1761).

I. Les Saulx-Tavanes à la cour. — Une sœur du chancelier Daguesseau ; sa légende. — Henri-Charles de Saulx, commandant en chef en Bourgogne

(1687-1761). — Ses querelles avec le Parlement, le président de Brosses.
— Une mercuriale inédite de Daguesseau. — Relations d'Henri-Charles
avec la cour. — Son fils et son petit-fils à Versailles. — Le premier duc
de Saulx (1786) 239

II. Nicolas de Saulx (1690-1759). — Ses études théologiques. — Il est
nommé évêque de Châlons ; sa conduite à l'égard des jansénistes. — Son
attitude à la cour comme premier aumônier de la reine. — Il est nommé
archevêque de Rouen, cardinal, grand aumônier du roi. — Son caractère, ses vertus, son testament. — Les serfs de Montbenoît 262

CHAPITRE HUITIÈME. — La province au dix-huitième siècle. — HENRI
DE TAVANES-MIREBEL (1705-1747).

I. Un héros de roman au dix-huitième siècle. — La branche de Tavanes-
Mirebel. — Henri de Mirebel enlève sa cousine Ferdinande de Brun
(1732). — Leur fuite en Lorraine. — L'aventure de Sarrebruck. — Colère de M. de Brun. — Son entrevue avec Mirebel à Dôle. — Mlle de Brun
est ramenée à Paris, enfermée aux Madelonnettes de La Flèche. — Mirebel est condamné à mort. — Sa fuite, sa haute fortune dans les armées de l'Empire. — Nouvelle entrevue avec M. de Brun au camp de
Braunau. — Mirebel obtient sa grâce. — Sa cousine refuse de l'épouser.
— Il meurt (1747) ; jugement 271

CHAPITRE NEUVIÈME. — La Révolution française. — LES DERNIERS SAULX-
TAVANES (1786 1861).

I. La dernière duchesse de Saulx. — Ses Mémoires inédits. — Récits et
épisodes de l'émigration : en Hollande, en Angleterre, en Russie, en Pologne. — Retour en France. — Mme de Saulx à Paris, sous le Directoire et le Consulat. — Sa retraite en Bourgogne. — Fin des Saulx-
Tavanes. — Conclusion 315

APPENDICE I. — Tombeau du maréchal de Tavanes. — Iconographie... 339
APPENDICE II. — Vers inédits de Crébillon........................ 343
APPENDICE III. — Lettres inédites du président Bouhier........... 351
APPENDICE IV. — Généalogie des Saulx-Tavanes.................. 361

www.ingramcontent.com/pod-product-compliance
Lightning Source LLC
Chambersburg PA
CBHW060051190426
43201CB00034B/674